初中学科考试命题研究丛书

浙江省教育厅教研室　组织编写

丛书主编　何东涛

U0955284

数学命题技术研究

孙军波 等　编著

浙江教育出版社·杭州

图书在版编目（CIP）数据

数学命题技术研究 / 浙江省教育厅教研室组织编写 ; 孙军波等编著. -- 杭州 : 浙江教育出版社, 2024.4
（初中学科考试命题研究丛书 / 何东涛丛书主编）
ISBN 978-7-5722-7729-0

Ⅰ. ①数… Ⅱ. ①浙… ②孙… Ⅲ. ①中学数学课－考试－命题－研究－初中 Ⅳ. ①G633.602

中国国家版本馆CIP数据核字(2024)第074054号

责任编辑 王婷婷　　**责任印务** 陆 江
美术编辑 曾国兴　　**封面设计** 刘 欣
责任校对 何 奕

初中学科考试命题研究丛书
数学命题技术研究
CHUZHONG XUEKE KAOSHI MINGTI YANJIU CONGSHU
SHUXUE MINGTI JISHU YANJIU
浙江省教育厅教研室 组织编写
丛书主编 何东涛
孙军波 等 编著

出版发行 浙江教育出版社
（杭州市天目山路40号 电话：0571－85170300－80928）
图文制作 杭州天一图文制作有限公司
印　　刷 浙江新华印刷技术有限公司
开　　本 710mm×1000mm 1/16
印　　张 20
字　　数 298 000
版　　次 2024年4月第1版
印　　次 2024年4月第1次印刷
标准书号 ISBN 978-7-5722-7729-0
定　　价 56.00元

本书编著人员　(以姓氏笔画为序)

王华鹏　孙军波　李继选　杨一丽

时爱荣　章才岔

前言

改进命题技术，促进素养教学

中共中央、国务院印发的《深化新时代教育评价改革总体方案》明确指出："教育评价事关教育发展方向，有什么样的评价指挥棒，就有什么样的办学导向。"考试命题是当前教育评价的重要形式，对办学导向具有重要的引领作用。教育部发布的《关于加强初中学业水平考试命题工作的意见》也强调："考试命题对学校教育教学具有重要引导作用，是健全立德树人落实机制、扭转不科学教育评价导向的关键环节，对于全面贯彻党的教育方针和发展素质教育具有重要意义。"当前，为贯彻培养学生核心素养的教育理念，纸笔测试亟须变革传统的命题内容和形式，需要以素养立意的试题形态来支撑并推进基础教育教学的发展，实现培育"完整的人"的育人目标。

1997年，原浙江省教委决定将中考命题权下放到地市，经过三年过渡，到2000年，全省各地市的中考均实施自主命题。浙江省教育厅委托浙江省教育厅教研室（以下简称"省教研室"）开展各地市中考试卷质量评价工作，这既是对考试命题工作的管理，又是对考试命题的研究与指导。省教研室一直把提高中考命题质量作为指导初中教学、推动教学改革的着力点，每年举办一次中考试卷质量评价与中考命题人员培训活动，坚持至今。

在多年的工作研究中，我们积累了大量的中考试卷质量评价的资料，积极发展基于实践的学科命题理论。特别是自2012年起，省教研室改进了命题人员的培训方式，采用以“做中学”“伙伴学”为特征，包括两轮实战磨卷和关于命题技术的生成性讨论的“实践研修模式”，提高了命题研究的水平，加强了全省命题队伍的建设。在随后的几年中，浙江省将试卷质量评价、命题人员研修、教学导向分析、考试说明修订以及命题技术研究等工作系统地结合在一起，形成了具有浙江特色、对提升初中教育教学质量产生重要影响的命题培训方式。

我们真切感受到一线学科教师对命题指导的迫切需求，努力尝试提高命题能力的研修模式。为将我们的思考和研究惠及广大学科教师，从更广泛的层面提高学科命题水平，改进教学检测和评价，2016年，省教研室启动初中学科评价研究项目，组织相关教研员和骨干教师研究编写了“初中学科考试命题研究丛书”，希望能够深入浅出、理论联系实际地阐述检测与评价原理，帮助广大一线学科教师掌握命题基本技能，促使区域性的大规模考试和学校教学检测都能更加科学有效，积极促进教师的教和学生的学。丛书出版后，得到了省内外广大学科教师的肯定和支持，有效提高了相应学科教师的命题水平，促进了各地试卷命题质量的提升。

2022年4月，教育部颁布新版义务教育课程方案和学科课程标准，这为素养命题提供了依据，使素养试题研究走向了深入。各学科教研员带领骨干教师努力研究基于核心素养考查的试题内容和形式，获得了很多可喜成果。我们基于这些经验和成果，在各地市中考命题和各地期末考试实践验证的基础上，明确并提出了素养命题的内涵和特征，这也标志着浙江省初中素养命题的研究和实践已渐趋成熟。

于是，我们决定再次修订这套丛书，努力以核心素养为考查目标，通过命题技术的改进来全面提升试题质量，达成新课程标准要求的“教—学—评”一致性。经过数次修改，这套基于多年实践研究、新修订的各学科的检测与评价著作终于呈现在大家面前。“初中学科考试命题研究丛书”包括语文、数学、英语、科学和社会科五册。在丛书的构思与研制中，我们希望能体现以下特点：

第一，方向性。教学检测必须呼应课改方向，助推课堂教学改革。本套丛书体现“基于标准，素养立意；易而不死，活而不难”的命题原则，强调各学科要突出基础性、应用性和工具性，使考试评价与学生生活及现代社会相联系，考查学生在真实情境中分析问题、解决问题的素养水平。

第二，专业性。本套丛书分学科编写，力求体现学科特性。同时，丛书编写立足于2022年版义务教育课程标准，严格按照学业质量标准的相关要求，在阐述命题理论和进行命题实践时，努力指向中国学生发展核心素养和各学科核心素养的内容。

第三，实践性。本套丛书的最大特点是来自实践，并指导实践。丛书基于这些年来浙江省各地市学业考试中被广泛认可的优秀试题，以及各地期末考试中的优秀试题，深入阐释学科原理，注重命题技能实训，以满足一线教师研习命题技术之所需。

第四，实用性。丛书编写坚持以读者为中心，充分考虑读者需求，突出“如何命题”的程序性知识。我们在运用相关理论对优秀试题进行命题技术解析时，力求做到让学科教师看得懂、学得会。

第五，前瞻性。本套丛书充分学习借鉴了当代中国教育评价改革的优秀成果和PISA（国际学生评估项目）测评、SOLO（可观察的学习成果结构）分层评价等经典测评理论和方法，用以分析试题，科学评判价值，引领一线教师按照素养导向要求提高命题技术，助推教育教学改革。

我们认为，合格的教师必须学会设计作业，优秀的教师肯定能命制高质量的试卷。《义务教育课程方案（2022年版）》指出，要“全面推进基于核心素养的考试评价，强化考试评价与课程标准、教学的一致性，促进‘教—学—评’有机衔接。增强日常考试评价的育人意识……提高作业设计质量”，从而有效减轻学生过重的学业负担。这就要求各地重视一线命题研究与辅导，积极推广基于自主命题的校本研修，让教师在真实的命题实践中提高命题以及把握教学标准的能力。本套丛书正是呼应这一需求而推出的学科命题研究成果。衷心希望这套丛书能带给读者多样化、深层次和成长性的启发，切实引导广大教师的命题观念更新及行为转变，促进广大教师的专业发展。

尽管我们在本套丛书的编写和修订过程中一直本着严谨的态度，但难免还会有纰漏之处，恳请各位专家和教师不吝赐教。

浙江省教育厅教研室丛书编写组

2024年3月

目　录 MULU

第一章　考试命题概述

考试在我国已有一千多年的历史，从古代的科举考试（古代读书人参加的人才选拔考试），到现代的高考、初中学业水平考试，以及各种选拔人才、工作人员的资格考试等，都以考试的结果为录取标准之一。考试，在一定程度上起到了维护公平、公正的作用。

当前的考试有哪些类型？如何评价一份试卷的质量？考试的命题应遵循哪些原则，有什么方法和策略？本章将对这些问题进行介绍。

第一节　考试的类型与功能

考试是依据一定的心理学和教育学理论，通过试题作用于学生，根据学生的反应情况，对学生的心理特质和教育情况进行描述的过程，它是一种间接的测量。

人的知识、智力和技能虽然是存在于人脑中的主观的东西，但也具有可测量性。因为，人们通过各种方式所获得的知识、智力和技能必然要通过各种实践活动表现出来，然后转化为客观的东西；而只要是客观存在的东西，人们便能感知、反映它，并且能够体现出不同个体之间的差别。考试虽然并不是测量知识、智力和技能的唯一方法，却是迄今为止人们创造的诸多测量方法中，比较客观、公正、准确、高效的一种方法。

考试可分为广义和狭义两种。广义的考试，泛指人类社会一切测度和甄别人的身心各方面的群体或个体差异的活动，如体能测验、性格测验、单元测验、期中考试、期末考试、毕业考试、升学考试、教学效果诊断考试、业务考核、各种竞技比赛等。凡人类社会具有测度、考查、检验、评鉴和甄别人的德、学、才、识、体等个体差异作用的活动，都属于考试的范畴。狭义的考试，是由主试者根据一定的社会要求，在一定的场所，采取一定的方式、方法，选择适当的内容，对应试者的德、学、才、识、体诸方面或某方面进行有组织、有目的的测度或甄别活动。

一、考试的基本类型

当前，初中数学考试有以下这些类型：入学考试、单元测验、期中考试、期末考试、初中学业水平考试、教学质量监测等。

下面，我们从考试的规模、考试的作答方式等几个维度分别讨论不同类型的考试。①

（一）根据考试的规模分类

根据考试的规模分类，有：校内考试，如单元测验、期中考试、期末考试等，这些常称为小规模考试；校外考试，如初中学业水平考试、教学质量监测等，这些常称为大规模考试。

单元测验。这是最常用的一种测试形式，往往不作或少作专门的复习准备，一般在按照教学计划正常教学时进行。单元测验的试题，较少使用综合题，较多使用客观性试题，其作用是检测学生对概念的理解是否清楚，对方法的运用是否理解。单元测验中，涉及前单元知识的综合题分值也不宜设定过高。

期中、期末考试。期中、期末考试是为了检测学生半学期或全学期所学知识进行的考试，它有利于学生比较正式地检测这段时间学习的水平。根据考试成绩，学生可及时地调整学习心态和方法，更有效率地进行下一阶段的学习。

初中学业水平考试。这项考试也常称为中考，是建立在义务教育基础上的选拔性考试。初中学业水平考试要考虑初中学生升入高中后继续学习的潜在能力，但高中教育仍属于基础教育的范畴，因此，它既要考查

---

① 任子朝.中学生数学学业测试研究[M].北京：教育科学出版社，2001.

基础知识、基本技能和基本思想、方法，又要考查学科能力。

教学质量监测。教学质量监测常在义务教育阶段进行，有国家、省、市等各级的监测，它可以为各级教育行政部门提供教学质量报告。对义务教育实施情况的定期监测，特别是对一些关键区域、关键问题的跟踪监测，可以呈现学生在具体的知识技能、过程方法等方面的优势与不足，反映地方、学校在教育决策中存在的问题，客观、深入地描述义务教育的质量，使各级政府能够及时掌握义务教育的动态信息，从而为政府和教育行政部门制订教育发展规划、进行科学决策提供依据。国家教学质量监测也能向学校、教师、学生以及家长提供有针对性的反馈报告。反馈报告不但能描述当下学生的学习质量，而且可以通过对不同地区、不同年级、不同背景的学生学习质量的比较，找到影响学生学习质量的因素。报告能提供关于教学改善和学习改进的指导性意见，为教师教学问题的解决和学生学习质量的提高提供专业支持。

（二）根据考试的作答方式分类

根据考试的作答方式分类，可以分成笔试、口试和操作考试。

笔试是数学考试的主要形式，应试者书面回答主试者的问题，是笔试的基本特征。笔试具有实施经济、内容深广、质量易控、结果客观等特点，但也存在许多不足，如对应试者素质与智力的检测，除对记忆性知识、记忆能力、文字表达、逻辑推理能力、独立判断能力等是直接检测外，对应试者其他能力的检测多是间接检测，缺乏实证性。笔试有开卷和闭卷之分，两者在检测应试者知识与能力方面各有所长。

口试的目的是考查学生的思维敏捷性、灵活应变能力和口头表达能力。因为口试能够根据学生的反应及时调整发问的难度，所以它可以更准确地检测学生的水平和能力。

操作考试是一种要求学生通过实物模型、尺规教具去直接感知和探索事物的考试。它对促进学生动作技能、研究技能乃至诸多心智技能的发展都具有重要而独特的作用。

我们常把口试、操作考试等形式的考试称为表现性评价，它是通过客观测验以外的行动、表演、展示、操作、写作等更真实的表现来评价学生的口头表达能力、文字表达能力、思维能力、创造能力、实践能力的评价方法。

表现性评价是指对学生在实际完成某项任务或一系列任务时所表现出的在理解与技能方面成就的评定，也指对学生在具体的学习过程中所表现出的学习态度、努力程度以及问题解决能力等一些测验所无法反映的深层学习指标的评定。表现性评价比较适用于评定学生运用知识的能力，学科之间知识整合的能力，以及决策、交流、合作等能力。

（三）根据考试的解释分数的方法分类

根据解释分数的方法分类，考试可分为常模参照考试和标准参照考试。

考试既可以衡量学生的相对水平，又可以衡量学生的实际水平。我们把用于衡量学生相对水平的考试称为常模参照考试，把用于衡量学生实际水平的考试称为标准参照考试。所谓“常模”，就是指学生群体在该考试中的平均成绩，某个学生学习成绩的好坏，是以该生的成绩和常模（平均分）比较而定的，因此这种考试是相对的。所谓“标准”，就是指某门课程既定的标准，在标准参照考试中，以学生是否达到标准来确定学生成绩的好坏，因此标准参照考试不是参照别人的学力水平来决定名次，而是参考某把事先规定好的“尺子”来决定学习成绩，这种考试是绝对的测量。

相对测量最大的优点是客观性强，经过近百年的发展，相对测量已有一套完整的测量和统计方法，它适用于竞争性较强的选拔性考试，如高考、初中学业水平考试。其缺点在于学生的成绩和教育目标直接联系不多，缺乏教育意义。绝对测量是指以预先规定的学习目标为测量基础，测量每个学生的达标程度。绝对测量的最大优点在于学生成绩和教育目标相联系，具有教育意义，如高中毕业会考。

如果仅仅从卷面上分析，很难区分出常模参照考试与标准参照考试的不同之处。两者都可以使用相同的测试方式，甚至是相同的试题，两者的答题指令也相似，两者的试卷都可以为标准化试卷。然而，尽管两者有上述这些共同点，但是它们之间也有不少重要的差异。首先，两者的测试目的不同。常模参照考试的目的是将考生与考生作比较以区别每个考生成绩的好坏。而标准参照考试则将考生与事先规定的标准作比较，以描述考生的行为，决定考生是否达到标准，评估教育或训练计划的成败。其次，考试的内容细则有差异。这是指在程度上，标准参照考试比常模参照考试的内容细则更详细、更明确，可以用于解释考试分数。再者，选题标准不一样。常模参照考试的选题标准往往取决于试题的统计数据。一般而言，难度值在0.3～0.7之间，区分度值高于0.3的试题，都被认为是好题。最后，对考分的解释不一样。常模参照考试对考分不作推论，解释考分的基础是某些参照群体的行为。相反，标准参照考试对考生解答特定试题的表现不感兴趣，感兴趣的是将考生考试时的行为扩展到更广泛的能力范围。常模参照考试的成绩常用百分制，标准参照考试的成绩常用等级制。

常模参照考试和标准参照考试各有其用途。常模参照考试被广泛地应用于教学和教育管理的各个领域，其主要用途有二：一是用于各种目的的甄别、分类和选拔，如比较学生成绩的好坏，将学生按学习能力分高、中、低等级，招收大学本科生和研究生等；二是用于教学的例行公事，如记录学生各门学科的成绩，以便作为毕业和升学的凭证。标准参照考试常用于职业考核和证书考试，如医生资格、律师资格、驾驶执照考试等。在学校里，标准参照考试用于衡量教学计划是否成功，发现学生学业的不足之处，追踪学生的学习进展。

（四）根据考试的顺序分类

根据教学中运用考试的一般顺序来分，考试可分为安置性考试、形成性考试、诊断性考试和终结性考试。

安置性考试，是在学期开始或单元教学开始时，确定学生现有水平，以便有针对性地做好教学安排而常用的测试。它能得到以下信息：一是学生是否具备学习这一课程或这一单元所必需的基本知识和技能。二是对于将要学习的新内容，学生已经了解与掌握了哪些内容。测试结果可以提示教师，在教学过程中应如何妥当地处理教材内容，哪些内容可以跳过不讲或简要概括讲解即可，哪些内容要详细地讲。三是不同学生的学习能力、学习兴趣、学习习惯和学习特点是什么。测试结果可向教师提供有关教学模式和教学安排的信息，以便教师考虑要不要采用分组教学的方法，要不要变换教学模式等。当前学校常采用的摸底考试(或者学习某一项内容前的考试，即前测)就属于安置性考试。

形成性考试，是通过诊断教育方案或计划、教育过程与活动中存在的问题，为正在进行的教育活动提供反馈信息，以提高实践中正在进行的教育活动质量的测试。一般来说，形成性考试不以区分评价对象的优良程度为目的，不关注对被评价对象的分等鉴定。日常的一些考试，包括课堂学习活动评比、日常家庭作业评定、课外活动参与点评、学习效果自评、学习档案、问卷调查、访谈、家长对学生学习情况的反馈与评价、平时测验等都属于形成性考试。

诊断性考试，是指为探测与确定学生学习困难的原因而进行的一类测试。虽然各种测试都具有一定的诊断功能，但诊断功能的实现程度却因测试设计类型的不同而不同。诊断性考试能发现那些用形成性考试难以准确辨别的学习困难，这些困难往往是学习困难者较长期存在且会周期性出现的认知缺陷。如果一个学生总是在计算时出现不必要的错误，并且教师试着采用不同的辅导方法后，该学生仍不能得到显著改进，就需要对其进行更专门、更详细的学习困难诊断。如同医生看病一样，教师要从学生学习困难的根源去探究，施以由专家命题的学业诊断性考试。

终结性考试，是指在教育活动发生后关于教育效果的判断。一般来说，它与等级鉴定、关于受教育者和教育者个体的决策、教育资源分配的决策相联系。学校的期末考试或毕业考试、结业考试等定量评价，以及项目报告、小论文、表演或演示等形式，都属于终结性测试。

二、 考试的基本功能

这里我们讨论的主要是考试的教育功能。考试的基本教育功能是指考试对学校和教育发展所起的作用。考试之所以具有教育功能，是由考试的自身特点以及考试与教育之间的关系决定的。从考试的自身特点看，它具有检查和评价教育效果的作用。这样，考试不仅成为教育过程中的组成部分，还成为教育管理的重要方法。

（一）考试的基本教育功能表现形式

考试的基本教育功能主要表现在以下几个方面：

1. 考试具有诊断和反馈功能。

考试的诊断是指教育者借助考试的结果来分辨学生成绩的优劣，诊断出问题所在及出现原因，以便进一步帮助学生认识问题、解决困难、渡过难关。考试成绩对学生形成信息反馈之后，学生可以根据反馈的信息对学习行为进行自我调整。由于学生存在个体差异，不同学生的自我调整能力是不同的，因此教师需要根据考试结果对学生的类型、知识结构和能力发展水平进行较为合理的诊断，根据诊断结果，分清不同的对象，采取不同的方法，矫正错误，弥补缺陷。教师在用考试的方式对学生进行诊断时，要注意两个问题，即保证诊断的正确性和把握诊断结果使用的分寸。诊断的正确性，要求教师对考试失败原因的判断必须准确无误，以便对学生在学习中存在的问题对症下药。教师使用诊断结果时，要注意让学生能够接受，并愿意改正自己的缺点，这样学生就会自觉地调整学习方法和学习态度，迎头赶上。

在教育领域，考试作为一种检查学习效果的手段有一定的反馈作用，反馈的结果能对学生起激励作用。由于考试结果可以反映被试者对知识掌握的程度以及问题所在，故被试者往往会十分关心自己的考试成绩。当考试成绩作为一种信息反馈给被试者时，考试就会对被试者产生很大的影响。学生一般把考试结果的形成归为四种原因，即个人能力、努力程度、考试难度和个人运气。成绩好的学生一般会产生自豪感，多数人会把成功的原因归为运气和努力。而成绩差的学生可能会产生一种羞耻感，他们面对失败会有两种表现类型：一种把考试成绩差的原因归于个人能力和努力程度不够，他们一般表现为能够和愿意接受帮助，继续努力迎头赶上；另一种把考试成绩差的原因归于考试难度太大和自己运气不好，这部分学生不愿继续努力，缺乏学习的动机。可见，考试成绩反馈的信息对学生学习动机的影响很大。成绩好以及虽然成绩差但把失败原因归为个人能力和努力程度不够的学生，对考试成绩反馈信息的反应是积极的，他们能够适当地调整自己的学习方式，并加倍努力学习，以便进一步取得好成绩。相反，对成绩差又把原因归为考试难度太大和运气不好的学生，考试成绩反馈的信息往往会使这部分学生产生自暴自弃的想法。那么，如何利用考试的信息反馈作用调动学生的学习积极性，以及分清哪些学生可以强化反馈，哪些学生应弱化或延迟反馈，就成为教师必须注意的问题。

2. 考试具有引导和导向功能。

考试，尤其是大规模考试，怎样考、考什么、效果如何，都会立即引起学生、教师、学校、学生家长及社会的高度重视，并使他们的学习和工作紧紧地围绕着考试展开。考试既能反映教学的基本任务，又能促使教学双方完成教学任务，并检验教学目标实现的程度，可以能动地调整教学双方的情绪和节奏。所以，有人说考试就像一根神奇的“指挥棒”，考试的要求指向哪里，教师和学生就会向哪里去努力，以期达到考试的要求，取得优异的考试成绩。考试的内容、考试的重点、试题的结构等都对教学起着十分重要的导向作用。因此，对考试和命题的研究就显得尤为重要，我们要充分发挥考试的“正能量”，利用考试引导教学及教育管理工作，明确教育方向、强化目标意识、改进教学方法。

3. 考试具有激励和强化功能。

考试是检查教学效果的重要手段，能否在考试中取得优异成绩是衡量教与学有效性的重要指标。考试可以激励学生平时认真学习，考前认真复习，以取得优异的考试成绩。一般说来，考试成绩优秀，体现学生学习的成功，促使他们更加勤奋地学习，而考试成绩不理想也能刺激学生勤奋学习，以争取在下次考试中取得较好的成绩。这种“成功的体验”或者“成功的欲望”能极大地激发学生的积极性和上进心，促使他们更加勤奋地学习，这就是考试的激励功能。争取在考试中取得好成绩，这是一种积极的心理内驱力。我们要重视这种内驱力的积极作用，不能忽视它，要正确合理地加以利用，从而达到强化学习效果的目的。考试作为一种检验教师教学成果的手段，对教师也有激励作用。教师通过考试分析学生学习中存在的问题，加以反思，不断改进教育教学工作。学生取得好成绩会使教师产生成功感和自豪感，进一步激发教师教书育人的热情，激发教师提高教学质量的积极性，激励教师全身心地投入教学工作。

4. 考试具有评价和选拔功能。

从教育者的角度看，考试结果又可以作为评价学生的主要依据。当教育者评价学生的知识、能力、品德等方面时，有许多参考指标，比如平时表现等。但在诸多可参考的指标中，考试成绩这种指标更易于把握。这是因为，其一，考试用同一标准去测试不同的学生，从表面上看，考试对任何学生都是公平的，以考试成绩为评价的依据更有说服力。其二，在没有外界干扰的情况下，一般说来，只要考试内容与学习内容相一致，那么学习努力的程度、能力的高低与考试分数成正比。这样，通过考试成绩，教师可以判定学生对知识掌握的程度和能力发展水平。其三，由于考试一般以试卷为媒介来进行，考试成绩的高低，由学生卷面上答案对错的多少来决定，并且试卷是可查的，从卷面也可以去分析学生解决问题的能力。由此，考试就含有教育者对受教育者评价的效果，考试成绩就是评价的依据。当然，在实际教育工作中，仅凭考试成绩来判定一个学生的知识、能力水平高低，容易忽视品德等其他因素，也容易造成片面追求升学率的弊端。但正因为考试具有评价功能，所以考试成为选拔人才的主要方法之一。因为通过考试评价出"知识的多少和能力的高低"是选拔人才的重要依据，所以每年的高等学校招生、中等学校招生都通过高考、初中毕业升学考试，并依据一定的标准划定分数线录取新生。

（二）实现考试基本教育功能的主要途径

1. 考试影响着教学内容、教学过程和教学管理。

人们通常把考试，尤其是升学考试，称为学校教育的"指挥棒"。虽然这种说法不一定准确，但它说明了考试对学校教学起着重要作用。考试的"指挥棒"作用主要通过三个方面来实现。

（1）考试内容直接影响着学校的教学内容。

学校，尤其是中学，面临着升学任务，当前这项任务离不开考试。升学考试的内容对学校教学内容的影响具有权威性，往往是选拔考试考什么，学校就重点教什么，而选拔考试不考的内容，一般不被学校重视。这种现象有一定的普遍性，古今如此。比如，古代科举考试的主要内容是"四书""五经"，学校授课的内容便以"四书""五经"为主，不论官学、礼学，还是书院，都是如此。明清时期，科举采用“八股文”取士，书院都把“八股文”作为重要教学内容。当时一些启蒙主义思想家对此深恶痛绝，然而有趣的是，这些人办的书院还是把“课试”文章作为重要讲授内容之一。这说明考试对学校教学内容的影响很大，现代考试也是如此。考试对学校教学内容的影响会使人们产生一种错觉，把考试由手段看作一种目的，颠倒了考试与学习的位置，这种现象的出现主要是由于人们对考试的作用认识不清。

因此，命题时要考查的知识和技能，应当突出学科的核心，其侧重点应实现下表中的转变。

命题侧重点的转变

命题时不必过分强调的内容	命题时应强调的内容
枝节内容	核心内容
零散的知识	具有良好结构的知识
单纯的事实	应用性较强的知识和原理
偏重记忆的内容	理解力和推理能力
学生还不理解的知识	学生理解的知识

(2) 作为教学中的一个环节，考试影响着教学过程。

一般来说，考试是检查教师教学水平和学生学习效果的方法和手段，但由于考试具有反馈激励、评价诊断等功能，考试不但表现为一种检验方法，而且对于教师的情感以及学生的学习动机都有着一定的影响。教师从学生的考试成绩来了解学生的兴趣、爱好、能力等，进而因材施教。同时，考试也是对教师教学效果的一种检验，当一位教师所教授班级的大多数学生取得好成绩时，教师的喜悦程度不亚于学生本人，反之亦然。考试对学生的作用表现得更加明显，一般情况下，成绩好的学生有成就感和优越感，考试能激发学生的学习动机，增强自信心，进一步努力学习。从青少年的学习动机分析，他们的短期学习动机占主导地位，考试分数对他们具有相当大的影响，往往由考试分数的高低决定他们对某门学科的好恶。成绩差的学生表现出失落感和焦虑的心情，往往害怕别人提及学习成绩，对这部分学生，如果教师能正确引导，考试对他们同样能起到激励作用，否则相反。所以,考试虽然仅仅是教学中的一个环节,却影响着整个教学过程。

(3) 考试影响学校管理,成为学校和教育行政部门管理学校的重要着眼点。

在学校内部,考试成为学校管理的重要组成部分,它在学校管理机制运转中起着“指挥棒”的作用。学校管理者借助入学、期中、期末、毕业、升学考试使学校教学工作一环扣一环地进行,并且把学生的考试成绩作为评价任课教师水平高低和班级好坏的重要依据,这样,考试的教育功能就通过学校管理体现出来。从教育行政部门来看,考试是督促所属学校的一种方法。教育行政部门管理学校主要通过两个途径,即通过对经费发放的控制来管理学校和通过会考等形式的考试来督促学校。后者体现了考试的教育功能。比如为了提高基础教学的质量,由教育行政部门组织省、市或地区采用统一会考的形式来加强基础教学。

2. 考试影响着受教育者的知识结构和思维结构。

升学、就业以及对学生才能的评价都以考试成绩作为重要的依据,当考试结果通过反馈作用于被试者时,不但影响被试者的知识掌握,而且直接影响其智力发展。一般来说,在各种竞争性考试中,应试者为了不在竞争中被淘汰,就必须按照考试要求的内容、标准去学习和准备。客观上应试者是在按照考试要求来调整自己以往的知识结构。考试对人的智能结构产生了一种内在的影响,使人的智能结构不自觉地按考试引导的方向发展。考试对人智能结构的影响主要表现在以下两个方面:

(1) 考试内容的变化不断调整着学生的知识结构。

从考试的历史发展看,古代的考试内容侧重人文。中国古代考试重经术,封建士子的知识结构以“四书”“五经”为核心,考试不考科学技术知识,因此,应试者多数就不懂这方面的知识。西方古代的考试重古典人文学科和宗教,因而在英国工业革命以前,西方知识分子的知识构成以古典人文知识和宗教知识为主。到了近代,随着生产力的发展和科学技术的进步,考试的内容开始由以人文学科为主向文理并重的方向发展,人们的知识结构也出现了变化,科学技术成为人们知识构成的重要组成部分。当代社会中的考试内容开始向精深广博的方向发展,现代人的知识结构也开始向综合化发展。

(2) 考试的内容和方法影响着人的思维结构。

不同的考试内容和考试方法对人思维结构的影响是不同的。以知识内容为主的考试,仅仅要求学生把书本中现成的结论答出便能获得好的成绩。这种考试势必造成人们的思维结构向机械性记忆和死记硬背的方向发展。中国古代科举考试是十分典型的知识性考试,考试方法采用帖经墨义,结果使中国古人养成了背书传统,不仅蒙学以背诵为主,而且成人也以博学强识为荣。以考查能力为主的考试,要求学生不但要掌握一定的知识,而且必须能够灵活运用这些知识去分析问题、解决问题。比如,现代的标准化考试,采用主观性试题和客观性试题相结合的方式,既考查考生的知识,又考查他们的能力,引导考生的思维结构向综合、立体、创造性的方向发展。

总之,考试的反馈作用直接影响着人的知识结构和思维结构,如何利用考试培养学生的创造性思维和综合运用知识的能力,就成为每一位教育工作者的重要任务。①

第二节 试卷质量指标的控制

试卷作为考试的载体,其质量对考试的有效性起到至关重要的作用。对于试卷质量的研究不能仅凭经验,而要综合考量,制定试卷质量分析指标体系,从而参考标准控制试卷质量。

试题质量控制的结果对提高命题质量,提升考试效果,改进师生的教与学,都能起到一定的作用。以下以定性的方式,从试卷的导向性、科学性、适标性、有效性、难易度五个控制指标入手,分析试卷质量控制体系,以确立提高命题质量的途径。

① 刘民.试论考试的教育功能[J].教育科学,1998(3).

一、试卷的导向性控制

试卷的导向性，要求试卷内容坚持立德树人，体现学科素养，符合课程标准，面向全体学生，加强与社会实际、学生生活实践的联系，重视对过程与方法的考核，引导学生求知问学、增长见识、丰富学识，以促进学生全面发展，落实义务教育课程改革的理念。

（一）重视基础知识，面向全体学生

数学的基础知识和基本技能是学生进一步学习必不可少的重要内容，因此，试题需要按照《义务教育数学课程标准(2022 年版)》(以下简称“《课程标准 2022 年版》”)中的四大领域：“数与代数”“图形与几何”“统计与概率”“综合与实践”，合理地安排试题比例与权重，关注学生的数学基本素养。

例1 1. 实数 -2 的绝对值是 （ ）

A. -2　　B. 2　　C. $\frac{1}{2}$　　D. $-\frac{1}{2}$

2. 实数 $2, 0, -3, \sqrt{2}$ 中，最小的数是 （ ）

A. 2　　B. 0　　C. -3　　D. $\sqrt{2}$

3. 如图 1-2-1 所示是由四个相同的小正方体组成的立体图形，它的俯视图为 （ ）

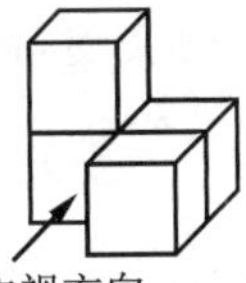

图 1-2-1

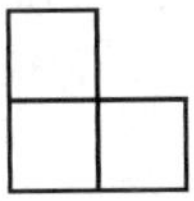

A.

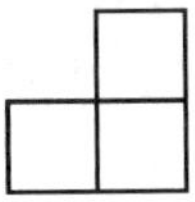

B.

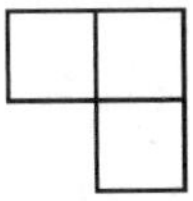

C.

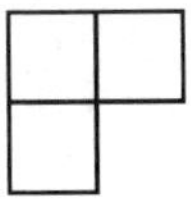

D.

[**评析**]以上三题中的绝对值、数的大小比较、立体图形的三视图等知识点均是初中阶段数学学习的基础性内容，较好地体现了学业水平考试的基础性与普适性，考查起点低，体现了初中学业水平考试命题的毕业考试功能。

（二）联系生活实际，关注核心素养

引导学生用数学的眼光去观察现实世界，用数学的知识、思想方法去

分析问题。为此,《课程标准(2022 年版)》要求,设置贴近学生生活的实际应用情境,考查学生问题的分析和解决、信息的获取与处理、数学建模等基本能力。

例2 李师傅将容量为 60 L 的货车油箱加满后,从工厂出发运送一批物资到某地.行驶过程中,货车离目的地的路程 s(单位:km)与行驶时间 t(单位:h)之间的关系如图 1-2-2 所示(中途休息的时间不计).当油箱中剩余油量为 10 L 时,货车仪表屏会自动显示加油提醒.设货车平均耗油量为 0.1 L/km,请根据图象解答下列问题:

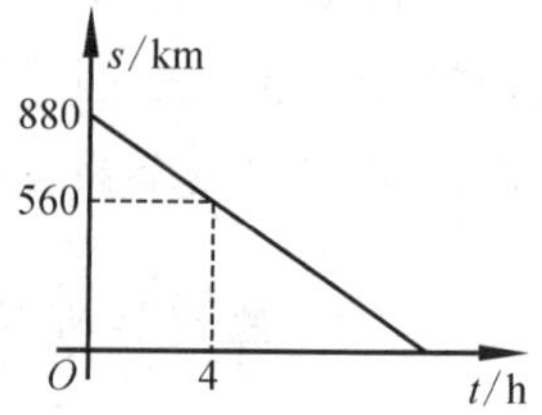

图 1-2-2

(1) 直接写出工厂离目的地的路程.

(2) 求 s 关于 t 的函数表达式.

(3) 当货车仪表屏显示加油提醒后,行驶时间 t 在怎样的范围内,货车应进加油站加油?

[**评析**]本题将一次函数与实际行程、油量问题相结合,考查学生运用函数知识解决生活问题的能力,体现函数思想对于实际生活的真实意义。通过解决问题,引导学生养成生活中以函数等知识解决问题的意识,引导学生理解汽车加油提醒功能的基本原理。这样的试题有利于引导教学注重创设真实情境,围绕教学任务,选择贴近学生生活经验的素材,注重情境的育人功能。

(三) 重视过程方法,转变教学方式

体现《课程标准(2022 年版)》倡导的,如经历数学知识的形成与运用过程,鼓励自主探索,注重数学知识之间的联系等。试题常常通过呈现一个从认识、理解、解释到应用与拓展的完整的探究材料,让学生经历动手操作、探索发现、猜想证明的问题探究过程,突出对数学本质的理解。

例3 将一张三角形纸片按如图 1-2-3 所示的步骤①至④折叠得图⑤,然后剪下图⑤中的阴影部分,则阴影部分展开铺平后的图形是

( )

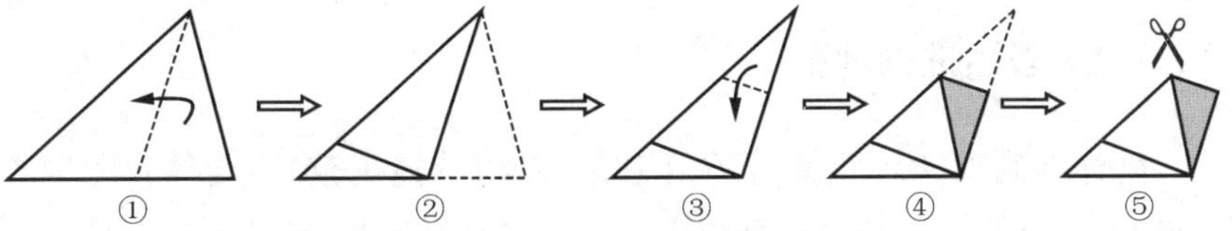

图 1-2-3

A. 等腰三角形　　B. 直角三角形

C. 矩形　　D. 菱形

[**评析**]本题通过三角形折叠后展开，突出经历观察、实验、操作过程，重点考查了判定特殊三角形、特殊四边形的条件，对相关知识点掌握情况的考查比较准确、有效。这样的试题可以引导教师改变单一的讲授式方式，更加关注学生的动手实践，让学生在实践中探究，在交流中体验，在反思中提升。

二、 试卷的科学性控制

试卷的科学性，要求试卷内容科学、无差错；试题表述准确、用词规范，图文匹配、题意明确；参考答案和评分标准科学合理、关注过程、易于操作。

（一）内容科学无误

试题简洁、明了、无歧义是提高试卷科学性的重要因素。命制试题时，试题内容要表述准确、简洁，试题可采用文字与图形、表格相结合的呈现方式，以清晰、直观地表达题意，帮助学生准确理解，确保试题的科学性。

例4　底面半径为 4，母线长为 3 的圆锥的侧面积为________.

[**评析**]根据圆锥侧面积公式 $S_{圆锥侧面}=\pi rl$，得 $S_{圆锥侧面}=12\pi$，即可得出答案。但画出图形可知，母线长应该大于底面半径，即母线长为 3，底面半径为 4 的圆锥是不存在的。所以原题出现科学性错误。也就是说，满足题目条件的几何图形不存在，这也是试题出现科学性错误的常见情况。

（二）表述准确规范

陈述准确、简明、严谨，不存在理解歧义；陈述规范，不会导致考生产生题意理解偏差；充分考虑学生生活经历（阅历）的差异、学生已有学科知识的储量、学生个人兴趣爱好的发展差异等因素。

例5 以下四个标志中，是轴对称图形的为 （　　）

A.  B.  C.  D. 

[**评析**]本题考查轴对称图形的理解和判断，题干选取学生熟悉的四个标志，使得在本题的考查中，带有赏心悦目的观感，使得考生能以愉悦的心情考试。同时，本题配以图形呈现，使得整份试卷活泼生动，给人以美的观感，提升了试卷的科学性，也提高了试卷的亲和力。

例6 下列结论错误的个数为 （　　）

①圆内两条不平行的弦的垂直平分线的交点一定是圆心；

②圆的切线垂直于过切点的直线；

③圆的切线垂直于圆的半径；

④圆心到直线的距离不大于半径，则这条直线和圆相交；

⑤两圆圆心距小于两圆半径之和，则两圆相交.

A. 1　　B. 2　　C. 3　　D. 4

[**评析**]在解答本题时，通过逐条验证分析，知道题目的5个结论中只有①正确，也就是说有4个结论错误，这样应该选择D。但如果一名学生在分析这5个结论时，得到的是只有⑤正确，这时选择的也是D，但这名学生的解答过程是错误的，也就是说，即使这名学生的解答过程有误，但仍可能选出正确选项。这个现象的出现，说明了该题设计的科学性欠缺，这是一道设计不合理的题目。

（三）评分标准合理

设计试题时，我们还要关注预设切实可行的评分标准，评分标准要有较强的指导性和可操作性，一是要表述准确、细致，不存在理解歧义，确保一致性；二是各试题评分标准的给分点要明确，便于阅卷者掌握和操作，这能在一定程度上保证评分结果的可靠性。

例7 小聪、小明准备代表班级参加学校“党史知识”竞赛，班主任对这两名同学测试了6次，获得如图1-2-4所示的测试成绩折线统计图. 根据图中信息，解答下列问题：

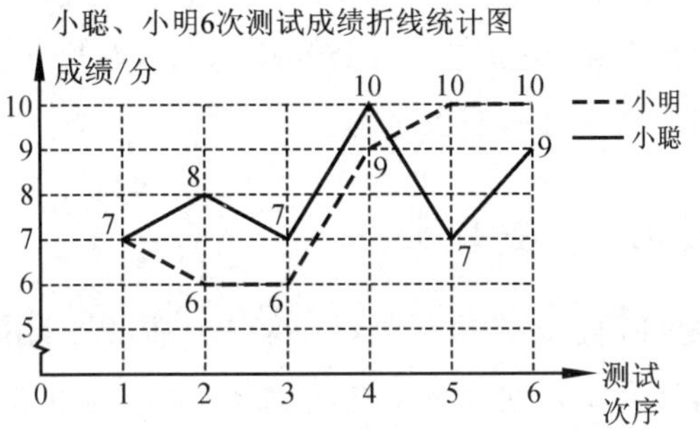

图1-2-4

(1) 要评价每个同学的平均成绩，你选择什么统计量？求这个统计量.

(2) 求小聪成绩的方差.

(3) 现求得小明成绩的方差为 $S^2_{小明}=3$(单位：平方分). 根据折线统计图及前面两题的计算，你认为哪名同学的成绩较好？请简述理由.

既设评分标准：

(1) 平均分. 1分

$\bar{x}_{小聪}=\frac{1}{6}\times(7+8+7+10+7+9)=8$(分)，

$\bar{x}_{小明}=\frac{1}{6}\times(7+6+6+9+10+10)=8$(分). 3分

(2) $S^2_{小聪}=\frac{1}{6}\times[(7-8)^2+(8-8)^2+(7-8)^2+(10-8)^2+(7-8)^2+(9-8)^2]$ 1分

$=\frac{4}{3}$(平方分). 1分

(3) 答案不唯一，如：

①从平均数看，$\because \bar{x}_{小聪}=\bar{x}_{小明}$，$\therefore$两人的平均成绩一样.

②从方差来看，$\because S^2_{小聪}<S^2_{小明}$，$\therefore$小聪的成绩比较稳定，小明的成绩波动较大.

③从平均数和方差来看，$\because \bar{x}_{小聪}=\bar{x}_{小明}$，$S^2_{小聪}<S^2_{小明}$，$\therefore$两人的平均成绩一样，但小聪的成绩更稳定. 2 分

[**评析**]本题第(3)题的答案是开放的，评分标准中列出了考生可能出现的选择不同统计量的三种答案，答案说明具体明确，阅卷教师有据可循，可以减小阅卷误差，提高了评分的信度。像本题这种设计开放题的方法，值得在命题实践中继续加以完善。

三、试卷的适标性控制

试卷的适标性，要求试卷命题以《课程标准（2022 年版）》为唯一依据，注重试题与社会实际和学生生活的联系，试题要重点考核学科素养，以及运用所学知识分析问题和解决问题的能力，以落实新课程理念，体现过程和方法的价值取向。

考试命题的适标性是确保考试目标达成的策略与方法，对初中数学的教和学具有直接的引导作用。同时，命制科学、有效的试题也是初中课程教学对考试的客观要求。

（一）考试目标恰当

在实际考试中，也有一些试题的内容会超出义务教育内容范围，这既与考试宗旨相违背，导致试卷的适标性缺失，也不利于引导教师按照《课程标准（2022 年版）》的要求进行日常教学。

例 8 形如$\begin{vmatrix} a & c \\ b & d \end{vmatrix}$的式子叫做二阶行列式，它的运算法则用公式表示为$\begin{vmatrix} a & c \\ b & d \end{vmatrix}=ad-bc$，则依此法则计算$\begin{vmatrix} 2 & 1 \\ -3 & 4 \end{vmatrix}$的结果为（　　）

A. 11　　B. -11　　C. 5　　D. -2

[**评析**]把初中阶段尚未学到的学习内容，拿来作为考查学生学习能力的考题，容易产生教学中过早下放各种数学内容的倾向，促使初中教师

在超出义务教育内容范围的情形下组织日常教学，加重教师和学生的负担，不应提倡。应该指出的是，任何考试都不能随意拓展《课程标准(2022年版)》的内容范围。

(二) 内容联系实际

把现实生活中学生熟悉的一些“资源”作为命题的素材，这样的试题不但使学生感到亲切，而且有助于学生在解决问题的过程中感受数学的价值，有利于引导学生关注社会，关注数学与生活的联系，增强用数学的意识，这就是《课程标准(2022年版)》所倡导的学习方式。

例9 如图①所示是一座抛物线型拱桥的侧面示意图. 水面宽 AB 与桥长 CD 均为 24 m，在距离点 D 6 m 的点 E 处，测得桥面到桥拱的距离 EF 为 1.5 m，以桥拱顶点 O 为原点，桥面为 x 轴建立平面直角坐标系.

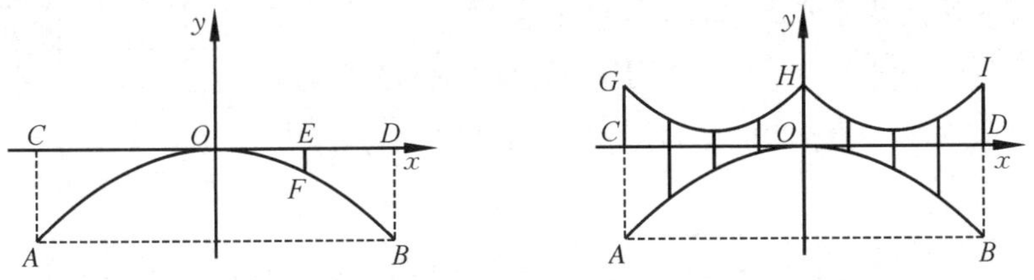

① ②

图 1-2-5

(1) 求桥拱顶部 O 离水面的距离.

(2) 如图②，桥面上方有 3 根高度均为 4 m 的支柱 CG，OH，DI，过相邻两根支柱顶端的钢缆呈形状相同的抛物线，其最低点到桥面的距离为 1 m.

①求出其中一条钢缆抛物线的函数表达式.

②为庆祝节日，工人在钢缆和桥拱之间竖直装饰若干条彩带，求彩带长度的最小值.

[**评析**]本题给出图象与实际相结合的背景，是考生极为熟悉的，采用图文结合的方式呈现问题，解决所设问题的关键是准确地把由文字叙述的有关数量转化为抛物线的函数表达式、抛物线上点的坐标以及坐标系

里的点等，既考查考生由函数图象建立解析式的能力，深入地考查考生对函数意义与性质的理解和运用，又在一定程度上考查了考生借助函数解决实际问题的能力，实现对生活分析能力、数学建模能力、问题解决能力的考查。

（三）重点考核素养

数学核心素养是通过数学活动逐步形成与发展的正确价值观、必备品格与关键能力。这些素质是通过长时间的学习所形成的思维，通过这种思维促成基础知识的积累，增加基本技能，形成基本经验，从而达到学科所要前进的基本目标。在命题设计上，往往突破传统考查方式，将知识、技能、方法与高阶思维的考查有机融合，指向数学核心素养。

例10 如图 1－2－6，在 6×4 的方格纸 $ABCD$ 中，请按要求画格点线段（端点在格点上），且线段的端点均不与点 A,B,C,D 重合.

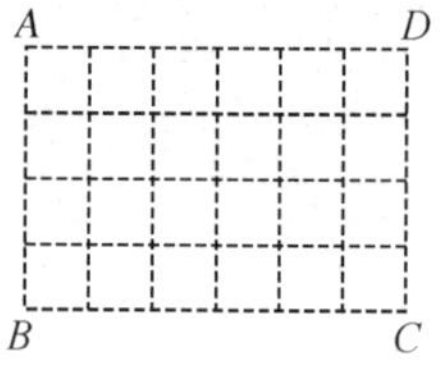

图 1－2－6

(1) 在图中画格点线段 EF,GH，使点 E,F,G,H 分别落在边 AB,BC,CD,DA 上，且 $EF=GH$，EF 与 GH 不平行.

(2) 在图中画格点线段 MN,PQ，使点 M,N,P,Q 分别落在边 AB,BC,CD,DA 上，且 $PQ=\sqrt{5}MN$.

[**评析**]本题是一道结论开放题，入口宽，要求学生画出符合条件的图形。解题过程涉及几何直观和分类思想，主要考查学生的合情推理和演绎推理能力，体现了命题者对学生个性化与创造能力的关注。“格点”问题是教材中的“课题学习”内容，本题对教师如何开发教材和培养学生研究性学习能力方面有一定的启示作用，也体现了教学对学科素养的形成所起到的潜移默化的作用。

例11

【推理】

如图①，在正方形 $ABCD$ 中，E 是 CD 上一动点，将正方形 $ABCD$ 沿着 BE 折叠，点 C 落在点 F 处，连结 BE,CF，延长 CF 交 AD 于点 G.

(1) 求证：$\triangle BCE \cong \triangle CDG$.

【运用】

(2) 如图②，在【推理】条件下，延长 BF 交 AD 于点 H. 若 $\frac{HD}{HF}=\frac{4}{5}$，$CE=9$，求线段 DE 的长.

【拓展】

(3) 将正方形改成矩形，同样沿着 BE 折叠，连结 CF，延长 CF，BF 交直线 AD 于 G，H 两点，若 $\frac{AB}{BC}=k$，$\frac{HD}{HF}=\frac{4}{5}$，求 $\frac{DE}{EC}$ 的值（用含 k 的代数式表示）.

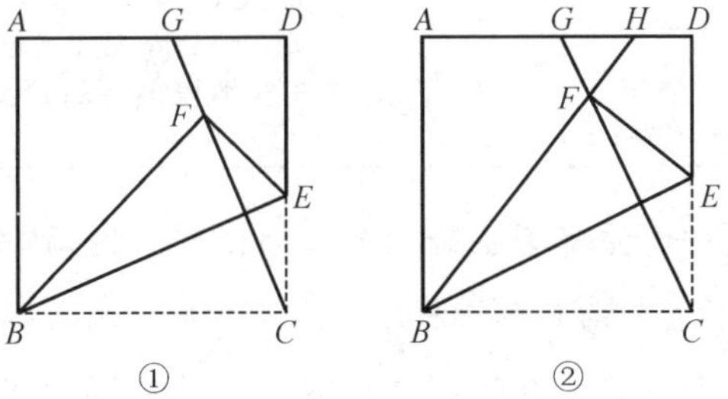

图 1-2-7

[**评析**]本题的设计由浅入深，层层递进，环环相扣。正方形背景下的折叠，通过空间图形与平面图形的观察以及图形与数量关系的分析，得到 $\triangle BCE \cong \triangle DCG$，以及 $\triangle HGF$ 和 $\triangle BCF$ 都是等腰三角形，这些结论为一般的矩形背景下的折叠提供了继续探究的基础。这样设置由特殊到一般探索数学结论的问题背景，可以引导学生经历"操作—猜想—验证—应用—拓展"完整的探究过程，感悟事物的本质，形成解决问题的思路，提高学生分析问题、解决问题的能力，同时也有助于增强学生的分类讨论意识。

四、试卷的有效性控制

试卷的有效性要求试题的代表性较好，能力考查全面、恰当；试题情境合理、素材真实，无陈题、偏题，怪题，有新题型；试卷结构简约、题量（阅读量）适当、编排科学、梯度合理。

(一) 试题的代表性好，能力考查全面恰当

许多试卷中会设计解方程、解不等式试题。除了传统、规范的解方程、解不等式的题目外，我们还可以把解方程、解不等式作为本质问题，设计出形式新颖的问题，丰富考查形式。

例12 小敏与小霞两位同学解方程 $3(x-3)=(x-3)^2$ 的过程如下框：

小敏：	小霞：
两边同除以 $(x-3)$，得 $3=x-3$， 则 $x=6$.	移项，得 $3(x-3)-(x-3)^2=0$， 提取公因式，得 $(x-3)(3-x-3)=0$， 则 $x-3=0$ 或 $3-x-3=0$， 解得 $x_1=3$，$x_2=0$.

你认为他们的解法是否正确？若正确请在框内画“√”；若错误请在框内画“×”，并写出你的解答过程.

[**评析**]这道题虽然没有明确要求解不等式及解方程，但较为明显地提示了正确解方程、解不等式是解决问题的合理方法。题目将运算技能的考查蕴含在具体问题的解决中，其解题过程涉及对“方程与不等式”概念的理解、对算理的理解及运算法则、运算律的运用情况。考生解决这类问题一般是根据算理解不等式、选择适当的方法解二次方程。因此，这类题目所考查的具体技能性目标和能力目标的要求，在一定程度上可以抽象为《课程标准(2022年版)》对该技能和能力的基本要求，即这道题目的设计能很好地代表对“方程与不等式”的教与学的要求。

(二) 试题情境合理、素材真实，无陈题、偏题、怪题，有新题型

试题题材的选取要贴近学生的学习和生活现实，要较多地运用学生熟悉的题型或回归教材，体现“以学定考”的思想，确保学生在公平的情境中展示自己的真实水平。

例13 由于木质的衣架没有柔性，在挂置衣服时往往不太方便操作. 于是，小敏设计了一种衣架，在使用时能轻易收拢，然后套进衣服，最

后松开即可. 如图①,衣架杆 $OA=OB=18$ cm. 若衣架收拢时,$\angle AOB=60^\circ$,如图②,则此时 A,B 两点间的距离是______ cm.

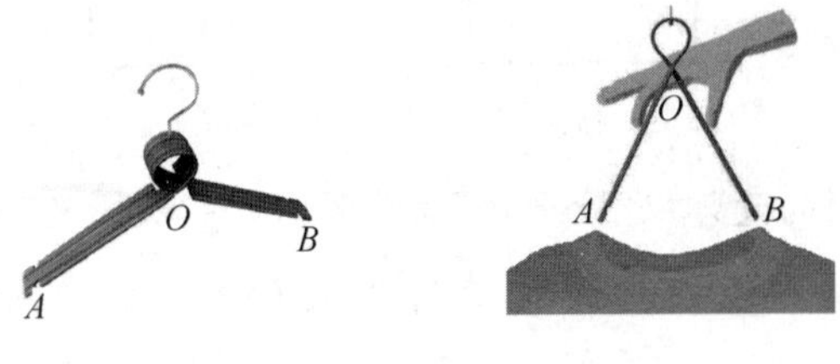

图 1-2-8

[**评析**]本题在设计时,以日常生活中常见的衣架为载体,以实际遇到的问题为出发点,即在使用衣架挂置衣服时,操作不太方便的情况。遇到问题时,就是我们发挥聪明才智的好机会,问题引导我们进行小发明、小创造,如设计这种能收拢的衣架。解答该题,不只是寻找答案,更重要的是渗透一种善于动脑、动手解决生活、工作中遇到的问题的思想。试题背景素材新颖,提高了试题的有效性。

例14 我们已经学习了一元二次方程的四种解法:因式分解法、开平方法、配方法和公式法. 请从下列一元二次方程中任选一个,并选择你认为适当的方法解这个方程.

①$x^2-3x+1=0$;②$(x-1)^2=3$;③$x^2-3x=0$;④$x^2-2x=4$.

[**评析**]本题考查的是一元二次方程的解法,但没有像常规考法一样仅给出一个方程或考查学生用某一种给定方法求解,而是将四种解法作为考查的核心,要求考生任选一题并选择适当的方法,引导考生经历选择方程和合适解法的过程。题目不仅抓住了问题的关键,同时又为学生提供了发挥空间,有利于激发考生的思维。此题通过合理设计问题,提高了考查的有效性。

例15 如图所示的“放缩尺”可用来绘图,四个转动点中,点 A 的位置固定在画板上,其余三点可以移动. 若点 P 沿图形的边界绕行,则点 Q 所绘成的图形可以是 ( )

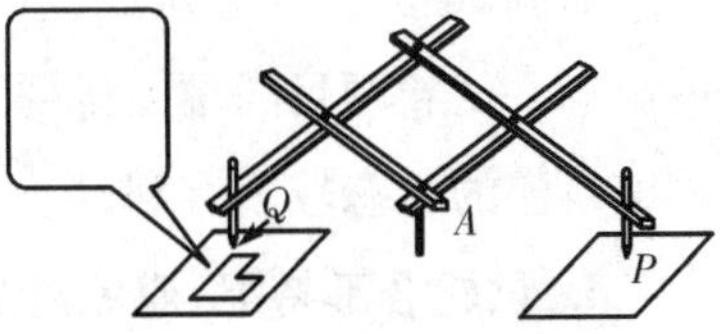

图 1-2-9

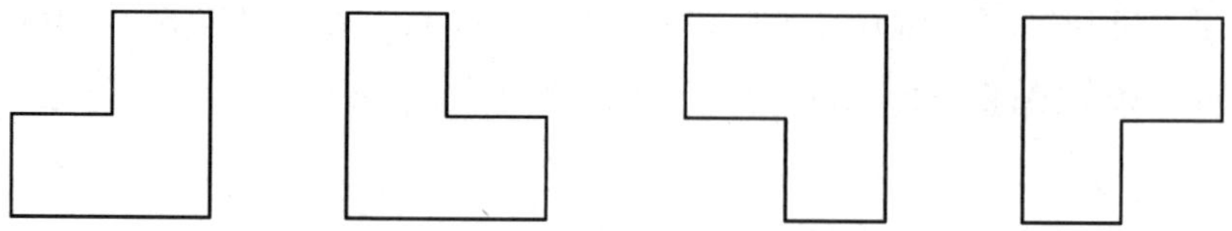

A.　　　　B.　　　　C.　　　　D.

[评析]本题的设计以“放缩尺”为背景，根据“放缩尺”画图的原理，从点 P 沿图形的边界绕行的规律，来导出点 Q 所绘成的图形。本题的考查，实现了“多考一点想，少考一点算”，但对于“放缩尺”这一素材，有的学生可能接触、学习过，有的学生可能从没接触、学习过，这样会造成试题背景的不公平。本题从反面说明，背景的不公平会造成试题有效性的缺失。

（三）试卷结构简约、题量（阅读量）适当、编排科学、梯度合理

设计试卷时，从便于学生作答的角度对整卷进行结构编排，这样对于提高试卷的有效性能起到积极的作用。

1. 控制字数，保持整卷美观。

命制试卷时，要注意控制整卷题量和题目字数，排版合理，图形简明，呈现的方式生动活泼，使试卷赏心悦目，减少学生答题的畏惧感（特别是对成绩中等的学生和学困生而言），有利于发挥学生的真实水平。

2. 提供便利，方便学生答题。

命制试卷时，注意同一道题目不跨页，尽量减少、控制使用生僻词语，减少不必要的提示性、说明性语言，留出足够的解答空间，以及根据问题的实际需要提供必要的备用图等，减少非数学原因所导致的学生的审题和答题障碍，突出对学生掌握数学知识情况和运用数学知识能力的考查，保证考试结果的可靠性。

3. 难度呈阶梯排列，利于学生调适心态。

命制试卷时，注意避免整份试卷题目难度排列不当对学生水平发挥的影响。试卷题目的难度排列平缓、有梯度地上升，对学生在考试过程中调整自己的心态较为有利。

4. 试题合理搭配，避免对学生的不利影响。

命制试卷时，要防范个别题目可能造成的对学生整场考试的不利影

响，“新”题平和，题目“有点新意”而不是全新，从而较好地避免个别题目对学生整场考试的结果产生不利影响。

五、试卷的难易度控制

试卷的难易度要求整卷难度控制适当（如初中学业水平考试试卷的难度要求控制在 0.75 左右），试卷难度基本稳定，波动范围小（如波动范围要求控制在 ±0.03 以内）。

试卷的难度是最受关注的，控制试卷的难度要做两件事：一是难度预估，二是难度调整。

难度预估，要考虑影响试卷难度的因素，这些因素主要有：试题的新颖程度，试题的可理解程度，试题的综合程度，试题的阅读量等。还可以对比往年测试相同内容的试卷，由这些试卷中相同位置、相同内容、相同类型的试题来预估试卷的难度。

难度调整，就是根据预估难度，对试卷进行调整，将偏难的试题修改得容易些，将偏容易的试题修改得难一些。当遇到无法修改的试题，不能调整难度时，可以考虑换题。

（一）试卷整卷难度控制适当

对试卷难度的控制，要做的工作有两方面：一是当预估难度偏大时，要把试题修改得容易些；二是当预估难度偏小时，要把试题修改得难一些。下面分别介绍这两方面的工作。

1. 通过增加考查思维深度的方法将试题改难。

例16　已知 $\angle\beta$ 和线段 a, b（如图 1-2-10）．用直尺和圆规作 $\triangle ABC$，使 $\angle B=\beta$，$BC=a$，$AC=b$．这样的三角形能作几个？

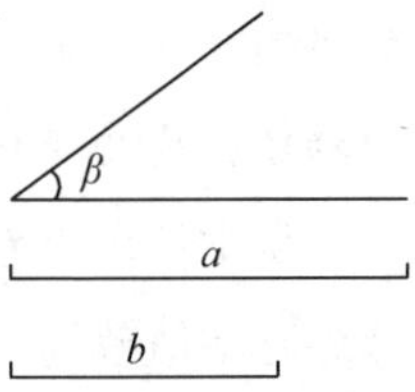

图 1-2-10

［**评析**］该题是已知两条边长及一条边的对角作三角形，一般条件下有三种情况，如图 1-2-11 所示。

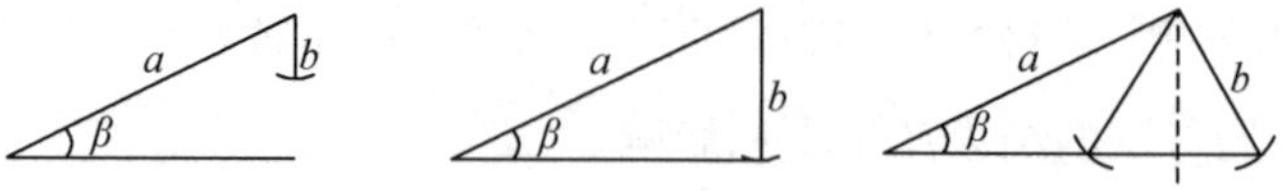

图 1-2-11

而本题的条件属第三种情况，能作两个三角形。

如果要让该题加大难度，进一步考查学生的思维能力，可将题中的已知图形去掉，并改为“已知作图结果，求满足的条件”。改编如下：

改编题 1：用直尺和圆规作$\triangle ABC$，使 $BC=a$，$AC=b$，$\angle B=30^\circ$，若这样的三角形只能作一个，则 a，b 间满足的关系式是________。（答案：$a=2b$ 或 $b\geqslant a$）

如果要再加大难度，还可以改编成以下两题，将已知的“$\angle B=30^\circ$”改为“$\angle B=35^\circ$”，即将$\angle B$ 改为非特殊角，这时要结合三角函数的知识来解答（该题只适合九年级学生），题目的难度加大。而更一般地，将“$\angle B=35^\circ$”改为“$\angle B=\beta$”，这时的解答需要有进一步的抽象思维能力，可以将题中的部分条件特殊化，如令 $\beta=35^\circ$，让学生尝试寻找解题方法。

改编题 2：用直尺和圆规作$\triangle ABC$，使 $BC=a$，$AC=b$，$\angle B=35^\circ$，若这样的三角形只能作一个，则 a，b 间满足的关系式是________。（答案：$b=a\sin 35^\circ$ 或 $b\geqslant a$）

改编题 3：用直尺和圆规作$\triangle ABC$，使 $BC=a$，$AC=b$，$\angle B=\beta$（β 为锐角），若这样的三角形只能作一个，则 a，b，β 间满足的关系式是________。（答案：$b\geqslant a$ 或 $b=a\sin\beta$）

以上四道题目，难度逐步加大，在某项测试中，通过大样本统计（1 000份试卷以上），我们得到原题的实测难度系数为 0.71，而改编题 3 的实测难度系数为 0.32，可见试题的难度是随着题目中图形和具体数据的抽象程度的变化而变化的。

从本例可以看出，删去题目中直观的图形，而只留下文字叙述，或将部分已知值改为字母，能增加试题的抽象程度和考查的思维深度，从而加大试题难度。

2. 通过减少运算量、降低题目起点、增加入口宽度等方法将试题改易。

命题中，两道题目的修改过程如下：

例17 如图 1-2-12，BE 是 $\triangle ABC$ 的角平分线，在 AB 上取一点 D，使 $DB=DE$.

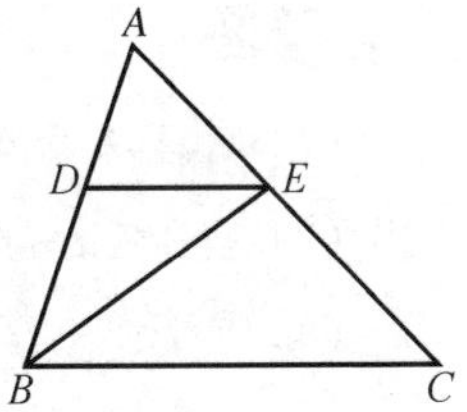

图 1-2-12

(1) 求证：$DE /\!/ BC$.

(2) 若 $\angle A=65°$，$\angle AED=45°$，求 $\angle EBC$ 的度数.

［答案：(1) 略　(2) $\angle EBC=35°$］

［**评析**］本题的第(1)题考查等腰三角形的性质和平行线的判定，第(2)题利用平行线的性质求角的度数，考查面较窄、浅。若要加大该题难度，进一步考查学生的思维能力，还可以从边的维度，考查图形中边长之间的关系。改编如下：

改编题 1：如图 1-2-12，BE 是 $\triangle ABC$ 的角平分线，在 AB 上取一点 D，使 $DB=DE$.

(1) 求证：$DE /\!/ BC$.

(2) 若 $\angle A=60°$，$\angle AED=45°$，求 $\dfrac{AD}{BD}$ 的值.

$\left[答案：(1)\ 略\quad (2)\ \dfrac{AD}{BD}=\dfrac{2}{\sqrt{6}}=\dfrac{\sqrt{6}}{3}\right]$

仔细审查改编题 1，第(2)题与第(1)题联系不够紧密，可以根据平行的结论，增加对相似三角形性质的考查。故对改编题 1 作如下修改：

改编题 2：如图 1-2-12，BE 是 $\triangle ABC$ 的角平分线，在 AB 上取一点 D，使 $DB=DE$.

(1) 求证：$DE /\!/ BC$.

(2) 若 $\angle A=60°$，$\angle AED=45°$，求 $\triangle ADE$ 与 $\triangle ABC$ 的面积之比.

［答案：(1) 略　(2) $\triangle ADE$ 与 $\triangle ABC$ 的面积比值为 $10-4\sqrt{6}$］

改编题 2 在考查三角形面积之比时，需要利用第(1)题的结论先证明两个三角形相似，使两小题之间的联系更加紧密。考查的知识点从角的维度拓展到边的维度，思维的广度和深度都有所增加，且同时增加了代数的运算，加大了试题难度。

3. 通过减少不确定量、增加小题间的衔接等方法将试题改易。

命题中，两道题目的修改过程如下：

例18 已知二次函数 $y=-x^2+6x-5$.

(1) 求二次函数图象的顶点坐标.

(2) 当 $1\leqslant x\leqslant 4$ 时,函数的最大值和最小值分别为多少?

(3) 当 $t\leqslant x\leqslant t+3$ 时,函数的最大值为 m,最小值为 n,若 $m-n=3$,求 t 的值.

[答案:(1) 顶点坐标为(3,4) (2) 函数的最大值为4,最小值为0 (3) $t=3-\sqrt{3}$ 或 $\sqrt{3}$]

[**评析**]本题的第(1)题考查"已知二次函数"的顶点坐标,第(2)题考查的是确定闭区间内的最值问题,第(3)题考查的是不确定闭区间内的最值(闭区间的间距确定)。该题的第(2)题中,对称轴在已知区间内,需要考虑函数的最值问题。第(3)题从确定区间变成了不确定的区间,此时分类讨论的情况较多。命题组认为,把第(3)题的3种不确定改为2种不确定,能降低题目难度。如果给出函数的最小值,就能求出取得最小值时自变量的值,从而确定自变量的范围和函数的最值,使第(3)题与第(2)题的联系更加紧密。

改编题1:已知二次函数 $y=-x^2+6x-5$.

(1) 求二次函数图象的顶点坐标.

(2) 当 $1\leqslant x\leqslant 4$ 时,函数的最大值和最小值分别为多少?

(3) 当 $t\leqslant x\leqslant t+3$ 时,函数的最大值为 m,最小值为0,求 t 和 m 的值.

[答案:(1) 顶点坐标为(3,4) (2) 函数的最大值为4,最小值为0 (3) $m=4$,$t=1$ 或 2]

仔细审查改编题1,第(3)题在确定最小值后,利用方程即可求出 t 和 m 的值。故命题组认为,若第(3)题给出的是最大值,求最小值的范围,需要利用二次函数和不等式的性质解决此问题,更能体现此题的核心。故对改编题1作如下修改:

改编题2:已知二次函数 $y=-x^2+6x-5$.

(1) 求二次函数图象的顶点坐标.

(2) 当 $1\leqslant x\leqslant 4$ 时,函数的最大值和最小值分别为多少?

(3) 当 $t \leqslant x \leqslant t+3$ 时，函数的最大值为 4，最小值为 n，求 n 的取值范围.

[答案：(1) 顶点坐标为(3,4)　(2) 函数的最大值为 4，最小值为 0　(3) $-5 \leqslant n \leqslant \frac{7}{4}$]

改编题 2 在给出最大值后，仍需分类讨论最小值，在解答中，经历了已知自变量求函数值和已知函数值求自变量值的过程，且仍利用了二次函数的性质求解，考查核心知识的同时，相对于改编题 1 已增加难度，但仍比原题简单。

命题中，无论是像解答题这样的主观性试题，还是像选择题、填空题这样的客观性试题，都会遇到需要调整难度的时候。本例中对原题的改编，从初拟的原题到改编题 2，通过减少运算量、降低题目起点等，使难度逐步降低，且题目整体的结构、文字表述等也更加合理，更加自然。从改编题 2 中可以看出，适当增加条件，增加试题解答的入口宽度，也能降低难度。①

试题评价中有许多指标，难度是最受关注的指标之一，也是在考试后进行试卷分析的许多统计量中，最基本、最重要的一个统计量。在命题时，调整难度是最基本的命题技术。

把握试卷难度是一项重要的工作。难度系数达不到考试要求，说明试卷不符合学生实际学习情况，设计不够科学。命题前要罗列影响难度系数的主要因素，具体有以下几方面：学生对试题表达方式的熟悉程度，试题所涉及知识的综合程度，试题的文字量，试题呈现的方式（文字、图、表）等。

（二）试卷难度基本稳定，波动范围小

命题时，要确保试卷难度稳定，不因为试题内容、结构的变化而出现大的波动。特别是大型考试的命题，每年的试题难度要保持基本稳定，不

---

① 许芬英."浙江省中小学学科教学建议"案例解读　初中数学[M].杭州：浙江教育出版社，2015.

出现大起大落，不出现“大年小年”（一年容易、一年难），这是对难度控制提出的一个要求。为适应课程改革、教学改革的需要，考试试题内容、形式等可能会出现微调，但在进行这些微调时，整卷难度必须保持“等值”，即在这一题或几题调高了难度，就必须在那一题或几题调低难度，保证整卷的难度不变或变化很小。这样的试卷，利于日常的教师教学、学生学习，利于稳定教学秩序，确保教与学按照其规律进行，努力减少因为试卷难度的变化给教学带来的负面影响。

控制难度的主要做法有：

一是每位命题人员独立估计每道试题的难度。排除过度学习给命题的难度控制带来的影响，以所教班级成绩中等偏下学生的平均水平为基准来估计。同时，分学习优秀的学生和学习后进生的水平来估计难度，并以此推算试卷中需设置多少比例的思维能力要求较高的试题。

二是分两端估计难度，即学习后进生最多能得几分，学习优秀的学生一般会失几分。对不同难度系数的题目做出说明，如 0.9 左右难度系数的选择题和填空题，要求解答时能一步到位，不需转弯，不设陷阱，使学生一看便知答案。为保证达到预定的难度系数，命题前要确定各解答题的难度结构，使整卷的难度达到预期。试卷初稿成型后，各命题组成员必须调整思维方向，克服思维定式，重新认识和审查各试题，对试卷的难度作进一步的思考和审视，实实在在地把握好整卷的难度。

三是题目的设置应紧密联系学生的生活和社会实际，努力创设能引起学生兴趣、符合学生认知水平，又能联系实际的试题情境。在设置情境时，对复杂的实际事物的表述尽量简化。

试卷质量控制具体项目包含的内容，可从定量或定性的角度来划分指标，从而分析控制试题质量，以上我们讨论的是如何从定性的角度来控制，当然也可从定量的角度（定量角度的指标一般为效度、信度、难度、区分度等）来分析。

一份质量较高的试卷，其测试结果应是学生学习能力、理解能力、综合分析能力的具体体现，也应是学校教学效果的客观反映。然而在实际应用中，一些试卷并没有发挥其应有的作用，主要原因是试卷质量没有得到充分的保证。所以命制试卷时，对试卷质量的控制是非常重要的。

第三节　命题技术与操作流程

考试的命题是考试的中心环节，考试的指导思想及考试能否发挥其应有的作用，主要体现在命题上。考什么和怎样考，对学生的学习起着“指挥棒”的作用，如果试题脱离本学科课程标准的基本内容，就考查不出学生在本学科中的真实学业成绩。如果考试只考要求记忆的内容，就会使学生养成死记硬背的习惯，阻碍学生智力的发展，影响教学改革的决策。因此，我们必须认真严肃地对待考试命题，提高命题的质量，使考试充分发挥促进学生学习和改进教学效率的作用。

一、命题的原则

《课程标准（2022 年版）》明确指出：要发挥评价的育人导向作用，坚持以评促学、以评促教。学业考试的成绩不仅是学生毕业和高一级学校招生录取的重要依据，还为评价区域和学校教学质量、改进教学提供重要参考。

基于以上的评价目的，对于考试，作为评价的重要应用场景之一，必须发挥其应有的作用，而命题是考试的载体，《课程标准（2022 年版）》中对命题提出了以下原则：

坚持素养立意，凸显育人导向。以核心素养为导向的考试命题，要关注数学的本质，关注通性通法，综合考查“四基”“四能”与核心素养。适当提高应用性、探究性和综合性试题的比例，题目设置要注重创设真实情境，提出有意义的问题，实现对核心素养导向的义务教育数学课程学业质量的全面考查。

遵循课标要求，严格依标命题。全面理解和体现课程标准要求，依据课程标准规定的课程目标、内容要求、学业要求和学业质量命题，各领域考查内容所占比例与其在课程标准中所占比例大体一致，难易程度大体平衡，保证命题的科学性。

根据以上命题原则，我们对初中阶段的考试命题作以下思考。

（一）重构命题框架

考试的本质，是通过考生在不同试题上的反应，推测其所具有的学科素养或学科能力的程度。指向核心素养的考试命题需要遵循核心素养的学习和发展路径，围绕整体性的课程目标、整合性的课程内容，基于教、学、评一致性的要求，重新构思命题基本框架。

《课程标准（2022年版）》在学业质量描述中指出：数学课程学业质量标准主要可从以下几个方面来评估学生核心素养达成及发展情况。

（1）以结构化数学知识主题为载体，在形成与发展“四基”“四能”的过程中所形成的抽象能力、推理能力、运算能力、几何直观和空间观念等学科素养。

（2）从学生熟悉的生活与社会情境，以及符合学生认知发展规律的数学与科技情境中，经历“用数学的眼光发现和提出问题，用数学的思维与数学的语言分析和解决问题”的过程中所形成的模型观念、数据观念、应用意识和创新意识等学科素养。

（3）学生经历数学的学习运用、实践探索活动的经验积累，逐步产生对数学的好奇心、求知欲，以及对数学学习的兴趣和自信心，初步养成独立思考、探究质疑、合作交流等学习习惯，初步形成自我反思意识。

为此，我们可以以结构化数学知识主题为载体，以情境创设为突破口，对命题立意与指向进行适度重构，关注学生在不同情境中提出问题、分析问题与解决问题的能力，积极创设能够引发核心素养表现的评价任务，让学生在经历“三会”的过程中考查他们在数学核心素养行为表现方面的发展状况。

根据学业质量标准的叙述，本书设计如下表格。

<table>
<tr><th rowspan="3">知识主题</th><th colspan="9">核心素养</th><th colspan="3">问题情境</th><th rowspan="3">水平层次</th></tr>
<tr><th colspan="4">数学眼光</th><th colspan="2">数学思维</th><th colspan="3">数学语言</th><th rowspan="2">现实情境</th><th rowspan="2">科学情境</th><th rowspan="2">数学情境</th></tr>
<tr><th>抽象能力</th><th>几何直观</th><th>空间观念</th><th>创新意识</th><th>运算能力</th><th>推理能力</th><th>模型观念</th><th>数据观念</th><th>应用意识</th></tr>
<tr><td></td><td></td><td></td><td></td><td></td><td></td><td></td><td></td><td></td><td></td><td></td><td></td><td></td><td></td></tr>
</table>

在命制试题、编制试卷的过程中，我们需要关注以下几点：

（1）题目的情境要合理，符合现实情境、科学情境、数学情境等实际情况，不能生编硬造。

（2）考查内容应围绕数学内容的主线，整体把握知识体系，聚焦学生对重要数学概念、定理、思想和方法的理解与应用；注重数学本质和通性通法，淡化解题技巧。

（3）立足问题解决，突出思考探究，超越教材与题型，可在综合实践活动、拓展性课程建设与研究性学习中寻找思路。

（4）研制开放性问题，考查学生的创新意识和思维过程。不应拘泥于特定的解题方式和结论，鼓励考生从多角度思考问题、解决问题。

（5）尝试过程性、形成性评价的评分标准。

（二）明确命题导向

考试仅仅是一种手段，不仅要考查学生学了什么，更要考查学生是怎么学的；不仅要关注学生当下的能力水平，更要关注学生未来的发展。这才是数学考试命题的价值取向。要想达到这样的要求，关键在于命题者对数学课程核心价值的准确理解，对数学考试评价目标的准确把握，对年段学情的准确了解。唯有这样，考试评价才能真正成为学生成长的助推器，成为引导数学教学的风向标。

1. 对教师教学的导向。

重视数学基础知识教学。数学基础知识包含数学基本概念、定理、公式、法则、规律等，是数学素养的根基和载体，而熟知知识的发生过程，是学生牢固掌握知识的基础。近几年的命题虽然在传统命题的基础上做了许多新的尝试，但在命题中始终强调数学基础知识的重要性，要求教师系统全面地传授课本知识，让学生充分了解知识的产生及发展过程，保证学生拥有牢固的知识基础。

重视数学思想方法的渗透。数学思想方法是数学的精髓，数学思想方法就是对数学事实与理论经过概括后产生的本质认识，是解决数学问题的基本观点和根本思想方法。重要的数学思想方法需重点考查，以考查学生挖掘和应用数学思想方法的能力，这是命题者的追求。在教学中，只有不断渗透数学思想方法，加深学生对数学思想方法的领悟、运用和内化，学生的数学素养才能得到真正的提升。

2. 对学生学习的导向。

中考命题内容和方法的创新，对学生学习数学的方式会产生较大的影响，如数学开放题在中考数学试卷中的出现。数学开放题给了学生较大的认知空间，引导学生在平时的学习中可以把一些常规题、结论完整的题目改造为给出条件，先猜结论，再进行证明的题目；也可以改造为多个条件，需要整理、筛选以后才能求解或证明的题目；还可以改造成要求运用多种解法或得出多个结论的题目。开放题的解答能培养学生的发散思维能力，培养学生的创新意识和能力。编制一些变换结论、缺少条件的题目，增加学生对试题的发散猜想。当然，试题的更多命制方式引导着学生学习方式的改变，导向教育目标的实现。

二、 命题的技术

命题技术是指依据考试的性质和功能，将课程标准中所规定的内容要求、学业要求，素养要求，以及考试性质决定的难度要求、题型要求、分值分配要求转化为试题、编制成试卷的思维方式、操作方法和手段。

命题的关键是把握素养、问题、情境和知识 4 个要素在命题中的定位及相互关系。情境的设计、知识的运用、问题的提出与解决应有利于实现对学生核心素养的测试。

（一）试题的命制

在命题技术上，需要基于学科大观念构建不同知识领域的命题主线，需要呈现不同陌生度的问题情境，选取合适的设问角度，合理组织语言文字，制定评分标准等。实际操作中，试题的命制主要有选题、改编与新编三类。

1. 选题是指选用某些现成的题目作为试题。

选题可适当改动，比如：改变题目的描述方式，改变题中的数字、文字，改变题型等，但保持了原题的基本风格、基本解法和难度，在平时诊断性测试如单元检测等可以选题为主，但大规模测试如期末考试、学业水平考试等考试中,应以改编与新编题为主。

2. 改编是指以一个现成的题目为基础,经过修改成为一个使用的试题。

改编的主要方法有:改变题中条件的文字描述;用同类型概念或可比性的性质替代原题的条件;用等价命题、逆命题、否命题取代原命题;对原题作一般化或特殊化的处理;改变题目中的条件或结构(增强或减弱);对题目进行外包装;更改题型或改变提问方式或变化为探索性、开放性的题目;对若干成题进行组合;等等。

3. 新编试题就是根据合适的素材,或特定的考查目标,打破常规形成的原创试题。

新颖独特而又有意义的试题,反映命题者独到的眼光、深厚的数学功底以及对数学教育的理解以及数学命题的理念。新编试题的一般过程为:立意—素材—情境—构思—具体化—预估—调整—定型。

具体策略有:从现实生活中发现素材,从对知识内容的重组改造中寻找思路,在阅读经典书籍中吸取营养,从课堂教学过程中获得灵感,从学生作业中发现素材,从各地优秀试题中得到启发,从其他领域知识中得到启发,等等。

例　在某旅游景区上山的一条小路上,有一些断断续续的台阶。图 1-3-1 是其中的甲、乙段台阶的示意图.请你用所学过的有关统计知识(平均数、中位数、方差和极差)回答下列问题:

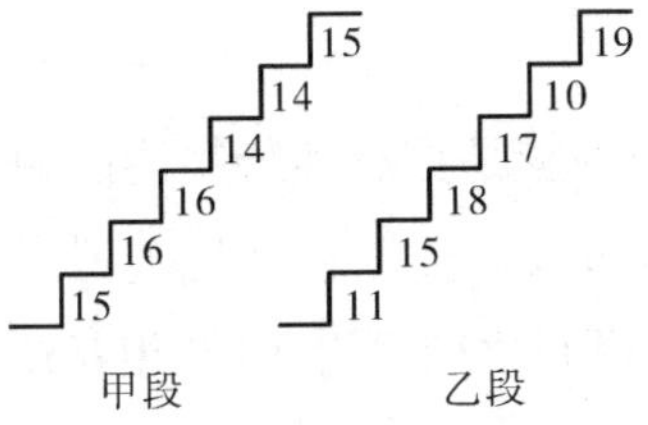

图 1-3-1

图 1-3-1 中的数字表示每一级台阶的高度(单位:cm),并且数据 15,16,16,14,14,15 的方差 $S_{甲}^2=\frac{2}{3}$,数据 11,15,18,17,10,19 的方差 $S_{乙}^2=\frac{35}{3}$.

(1) 甲、乙两段台阶有哪些相同点和不同点?

(2) 哪段台阶走起来更舒服? 为什么?

(3) 为了方便游客行走,景区管理部门需要重新整修上山的小路.对于这两段台阶路，在台阶数不变的情况下，请你提出合理的整修建议.

［**评析**］试题的背景是游客上山的小路，具有很强的生活性，同时也让学生感受到数学的无处不在：走在旅游景区的小路上都可以看到数学、用到数学的原理，具有一定的教育价值；其次，设问自然，有层次感：第(1)题，在许多试题中，给出几何体、几何图形要求学生观察异同的问题屡见不鲜，给出两组数据，要求学生比较异同的问题也时有出现，但比较台阶的异同较新颖，学生需要经历一个数学化的过程——将对台阶的比较这一现实问题转化为对两组数据的比较，可以从多个角度进行，如计算平均数、方差等；第(2)题在第(1)题的基础上，很自然地想到这些形式上的相同与不同所产生的现实结果，即方差大的台阶走起来不舒服，从而考查对统计数据现实意义的理解水平，体现了活用统计知识的重要意义，使《课程标准(2022年版)》中发展"数据观念"素养这一要求得以落实；第(3)题仍然是现实问题，要求提出合理的整修建议，具有很强的开放性，给学生提供了展示自我解决问题能力的足够空间。

（二）组卷与调整

试卷的布局应科学、合理、结构良好。充分运用各种题型的考查功能，取长补短，注意发挥每一道题目、各个题组和整卷的功能，实现测试的目标。这就是整体性原则。

对知识的考查既要全面考查，又突出重点，知识方法思想能力等因素全面要求，有机结合，布局科学合理、结构良好的试卷。

1. 对试题搭配的调整。

任何题目的功能均是有限度的，好的测验是具有独特功能的题目的组合搭配，如果把一道题目比作一味药，那么一份试卷就是一副完整的药。试卷的有效与否，取决于构成测验的题目之间融洽和谐、相互校正测验误差、考查功能互补的程度。形成一个基于题目功能多样性的逻辑结构合理、题型结构合理的有机系统。

一道好的数学题目，不一定就是一道好的数学试题。通常评价数学题目的好坏，主要是看它能否给人以启迪，内涵是否丰富，形式是否优美。对试题的评价必须结合试卷的评价一起进行，离开试卷和考试目标，孤立地讨论试题的好坏，往往有失基准。

数学试题必须具备科学性、适标性、有效性和针对性。在此基础上还应该力求结构严谨自然，形式优美清爽。同时，在每一份试卷中力求配备若干形态新颖脱俗、内涵丰富、解法灵活、有层次、有重点、区分度高的试题。

2. 对试题难度的调整。

试题难度控制采用要素控制法，影响试题难度的要素主要有：考查知识点的多少；考查能力的复杂程度或层次的高低；考生对题目的熟悉程度；命题的技巧性；试题提问的角度和措辞；正确答案的清晰程度，或错误答案的迷惑程度；试题间在内容衔接、解题思路上的互相影响程度；试题的排列方式和秩序；评分标准和规则的宽严程度；等等。

三、 命题的流程

为了发挥考试的作用，实现考试的功能，一份科学、规范、准确预设的试卷是极为重要的。考试试卷的命题工作是一项细致而复杂的创造性劳动，命题者在命题过程中必须考虑到方方面面的因素，这就需要命题工作按规范程序进行。

命题是一个系统工程，高质量的命题要有规范的操作流程。一般大型考试命题的操作流程如图 1-3-2：

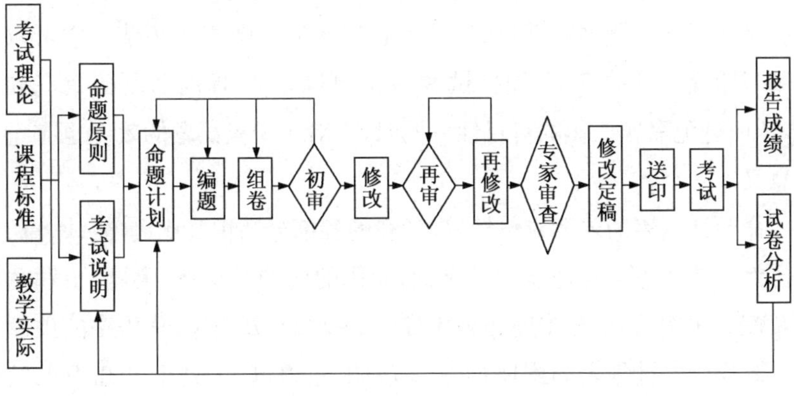

图 1-3-2　命题工作流程图

一般的校内考试,如期中考试、期末考试,虽然不一定包括以上全部的流程,但一定包括确定命题框架、制订命题计划、编制试题、研制试卷、制订参考答案和评分标准、审题六个环节,以下对这六个环节进行介绍。

(一)确定命题框架

一次考试的命题框架由以下几个因素决定:

第一是考试的对象,即参加考试的学生水平,考试的范围。

第二是考试的目的,即考试是常模参照考试还是标准参照考试,考试是选拔尖子生还是检查合格率。

第三是考试的内容和要求,如单元测验、期中考试、期末考试的依据是《课程标准(2022 年版)》和教材,还有学生的实际情况。而大规模考试,如初中学业水平考试,依据是《课程标准(2022 年版)》。

考试命题前,需要确定本次考试考什么、怎么考,要根据考试的性质、对象等,来确定考试内容、考试形式,以及考试的能力分类等,并确定考试的题型、题量、时间,难度分布等。

(二)制订命题计划

确定命题框架后,应着手制订命题计划。制订命题计划时,最重要的工作是命题计划表的制订,即命题多向细目表的制订。

考试命题多向细目表是一种考查目标和考查内容之间相联系的关联表。制作考试命题多向细目表,是命题工作的一个重要环节。它可以使命题者明确考试的目标,把握试题的比例与分量,提高命题的效率和质量,从而避免命题工作的盲目性。同时,它对于审查试题的效度也有重要的意义。

命题计划表的要素应包括:待考查的各部分知识及比例(各块、章、节的比例),待考查的各种能力及比例,命题的题型及比例,大题、小题的题量及赋分比例,各小题难度和总体难度,平均分、及格率、优秀率的预设。

制作命题计划表的程序如下:①列出知识点;②列出各知识点的层次;③列出各知识点的考查难度;④列出各种题型的比例;⑤确定各知识点使用的题型;⑥分配各小题的分数;⑦根据难度算出各知识点的实际分

数值;⑧审查各考查点的分配是否合理。审查内容包括两个方面,审查各级学习水平所占百分比的分配是否合理,审查各知识内容及各单元内容所占百分比是否合理。

制订完成命题计划题表后,命题者在命题过程中要始终遵循命题计划,以确保命题的科学性、规范性。

在制订命题计划时还需要考虑确定体现数学思考、解决问题、情感与态度,以及《课程标准》要求的过程与方法的命题落实计划,比如:

(1) 基本的数学思想方法,核心素养在初中阶段的主要表现等数学思考和解决问题的能力在试卷中均应该有所体现。

(2) 情感与态度方面的要求在试卷中也要有所体现,但要结合具体情境,不要牵强。

(3) 试卷中要有 1～2 道试题体现动手实践、方案设计、解决问题和表达自己观点的内容。

(4) 试卷中要有 1～2 道条件或结论开放的试题。

(5) 试卷中要有 1～2 道提供新信息的试题,要求通过阅读理解,探索其中规律,得出结论并解决相关问题。但全卷阅读量相对较大的试题一般控制在 2～3 道。

(6) 试题要注意与生活、生产实际相结合,但具有实际问题背景的试题一般控制在 6～8 道为宜。

(7) 试卷的压轴题,即选择题、填空题、解答题中的较难题,要结合数学的主干知识,结合重要的数学思想方法加以设计,难度要体现在数学思想方法和数学推理等思维能力要求上,而不是在技能、技巧上为难学生,更不能在已经降低要求的内容上设计试题。最好有需要一定思维量的阅读理解题、探究题或根据实际背景建立数学模型并解答的试题。

(三) 编制试题

对试题的编制有科学性、规范性、层次性、难易性、题型等方面的要求。

1. 编题基本要求。

编题工作的质量标准大致包括以下几个方面:准确执行命题计划,试题内容科学，试题编制规范，试题素材使用公平。基本要求如下：

(1) 政治上无差错。对涉及政策、民族、宗教、世界和国家大事等的试题，尤其要严格核对以确保政治上无差错。

(2) 严格、准确地执行考试标准。考试标准一般有《课程标准(2022年版)》、教材、命题框架等。

(3) 内容符合科学性。试题内容和参考答案必须没有科学性错误，没有学术上存在争议的问题，使用的单位、符号、称谓等要符合国家规定。

(4) 编制符合规范性。试题编制对规范性的要求主要是试题编写符合教育测量学的要求，包括题型使用得当，各种题型的编写符合编写原则，格式符合规范化要求等。

(5) 试题素材的使用公平。试题素材的使用公平是指描述试题所用的素材内容对所有参加考试的考生都是公平的，不会使某个或某些特定的群体产生与考试目的无关的过激反应，从而影响考试质量。与某些被试群体经验不相关的题目必须避免。

(6) 符合人文性要求。随着新课程改革的深入，以人为本、以学生发展为本的理念也应在试题中有所体现，人文性要求也应成为我们考核试题和试卷的一个方面。这些理念绝不仅仅表现在试题的导言上，更应当体现在试题的内容上。试卷内容应从学生已有的知识基础出发，从学生生活、学习的实际出发，为学生创设更为公平、熟悉、和谐的考试环境。

2. 试题的编制。

一份试卷由多种不同形式的试题组合而成，对试题的评价，首先讨论的就是题型。

(1) 题型。题型即试题的类型。它是根据考查内容和对考生的作答要求来确定的试题表述形式。不同题型对考生的作答要求不同，考生对不同试题的反应也会不同，因此题型的选用对考试功能和考试目标的实现有着直接的影响。

初中数学试卷中，常用的试题题型有选择题、填空题、解答题等。根据正确答案的表达方式或是否受评卷者阅卷时的主观因素影响分类，试题还可以分为客观性试题(选择题和填空题)和主观性试题(解答题)。各种试题在功能上各有所长，在编制试卷时，需要将其有机地结合起来。

选择题是目前考试通用的一种基本题型，通常由题干和选项组成。题干主要通过一句问话或不完整的句子提出问题，而不同选项之间要求同质，且互不相关，有较大的似真性。

填空题也是目前考试常用的一种基本题型，一般在一句话或一个公式中的关键位置留出空白，由考生根据题意填上正确的内容，使句意完整或公式正确。

解答题属于主观性试题，考查考生应用所学知识分析问题和解决问题的能力，重点考查考生的思维过程和对问题的整体理解，命题时应注意鼓励考生的创新精神。

（2）难度。试题难度在数值上反映的就是考生群体在该试题上的通过率或得分率，通常又称为难度系数。试题的难度系数处于0和1之间，难度系数值越大，试题越容易；难度系数值越小，试题越难。如在初中学业水平考试的命题中，为实现难易适中的要求，把题目的难易程度分为“易、中、难”三个等级（一般易题的难度系数值大于0.7，中题的难度系数值为0.4～0.7，难题的难度系数值小于0.4），并规定它们在试卷中所占分数的比例为7∶2∶1。

（3）科学性。正式的尤其是大规模的考试，对试题表述时所用的文字、名词、术语、符号、单位、图形等的科学性要求是十分严格的。从技术角度看，命题人员还要注意各小题之间应相互独立，不能相互牵连或前后提示，以避免可能引起的不良后果。

（4）导向性。试题的导向作用评估主要看是否有偏、难、怪题的出现，是否有超标、超规定范围的要求等。

（5）文字表述。除前面提到的问题外，在试题的文字表述中不能使用不规范的文字和符号，不能使用有局限性的文字和符号。

3. 题卡的使用。

根据命题框架，我们要结合多向细目表进行编题。编题时，我们常用到题卡，这样便于在编题时更好地核对每道题目，在内容、考查要点、预估难度等方面进行控制和把握，以下是某次考试命题时用到的题卡。

初中数学××考试题卡

<table>
<tr><td colspan="4">题目：

</td></tr>
<tr><td colspan="4">答案及主要解答过程、评分标准：

</td></tr>
<tr><td>考试内容</td><td colspan="3"></td></tr>
<tr><td>考试要求</td><td></td><td>预估难度</td><td></td></tr>
<tr><td>试题出处或来源</td><td colspan="3"></td></tr>
</table>

编题时，特别要关注每道题所涉及的知识点和思想方法，关注能力要求的落实。一般地，在命题时，新颖的试题、压轴题等有特殊要求的一些功能题，我们会先命制。编题时，如果题卡中的题命制得不够理想、不合要求，我们常进行换题，或者调整命题计划，包括调整多向细目表，再继续按照新的要求进行编题。在进行大型考试的多人合作命题时，常常进行分工，先列出每一道题目的命题框架、内容要求、难度要求等具体计划，再着手编题，这样便于提高编题效率。

（四）研制试卷

一份试卷的构成必须遵循若干基本原则。在命题时，这些原则要化为若干条具体的指标要求，体现在试卷中。

1. 覆盖面。

为了正确地引导教学，引导学生系统地掌握学科知识体系，在命题时，每一份试卷考查的知识点应尽可能多，力求覆盖教材的每一章和重点节，但实际上这个要求几乎是不可能实现的，命题时通常采取“全面兼顾，突出重点”的策略。

2. 基本技术指标。

学生必须在规定时间内完成一份试卷的作答，但在大范围考试中，由于考生的水平参差不齐，考试既要完成学科教学所需要的考查，又要使坚持正常学习的考生考出自己的水平，所以试卷的编制要有一些基本的指标要求。

(1) 题量。如学生在考试中大约平均 5 分钟完成 1 道小题，在 90 分钟的时间内，大约可以完成 18 道小题。这个数量会随着内容、题型、难度、阅读和书写量的不同而发生变化。

(2) 层次比例。在学科教学中，教学目标的要求都是有一定层次的，这种层次性必须正确地反映在试卷中。

(3) 内容比例。在保证覆盖面要求的前提下，本学科需要测试的不同部分的考查内容应占有合适的比例。

(4) 题型比例。对于常模参照考试，主观性、客观性试题的比例约为 1∶1；对于标准参照考试，主观性、客观性试题所占比例最大可以达到 4∶1。实际命题时，我们首先要考虑学科的要求和特点，既要充分发挥传统题型的优点，又要积极尝试使用创新题型；其次要注意主观题和客观题的合理搭配，还要注意探索设置一些开放性试题。

(5) 阅读(书写)量。一份试卷有多少文字、符号，学生阅读需要多少时间；一份试卷有多少需要学生计算、书写的内容，完成这些内容又需要多少时间；学生还剩下多少思考的时间，命题人员要对这些进行基本的测算。

(6) 难度分布。一份试卷的试题按难度分布的总体原则是“从易到难，循序渐进”。实际上，为了使全体考生有比较好的考试心理，也为了保证试卷整体难度指标的实现，在整份试卷的试题编排过程中，各大题的难度还必须有梯度变化。实践证明，在许多统一考试中，“斜锯齿形”难度分布效果较好，这也是试题编制人文性的重要体现。

3. 信息交互检查。

命题人员还要检查试卷中试题的引导语是否明确或对考试有无引导、启发作用。对各小题也要进行交互检查，不能出现前后信息重叠或暗示、明示。

4. 版面排版。

文字与插图的排版要工整、有序、合理，大题分布合理，既要方便学生答题，又要方便教师阅卷。

按照命题计划，命题人员完成编题后，需进行组卷，将试题组合成一份试卷。这时，我们需将编好的题目，从学生考试的心理特征、试题的难易程度、学习的顺序等方面进行编排，从内容要求、难度要求等方面，逐题审查，对不适合的试题进行及时调整，并核对内容的覆盖面以及图形的配置等方面的要求。

组卷的过程，实际上就是初步构建试卷蓝图的过程。在组卷时，应注意以下几点：

一是注意处理好个别试题与整体试卷的关系。有些优秀试题质量很高，但把这些试题放在一起，并不一定能构成一份高质量的试卷，而有些试题较为传统，区分度不高，但在整卷中能发挥一定的作用。

二是注意创新题型与传统题型的搭配。创新题型一般是主观题，可能从内容到形式都是新的，学生较为陌生，如果创新题型太多，就会影响考试的效果。试题形式是为考试内容服务的，不应刻意追求题型的创新，尤其要准确把握创新题型的数量和难度。

三是坚持集体讨论原则。大型考试的命题组成员在讨论试题时，可以拓宽思维空间，要敢于求异、不怕权威，发挥创造性，但在最后定夺试题时，要有角色意识，不能意气用事、固执己见。

（五）制订参考答案和评分标准

科学、合理的参考答案评分标准也是命题质量的重要体现。评分标准决定了各部分内容在考试中的地位，既直接影响着教学，也直接影响着学生答题的得分情况，决定了试题的统计难度和评分误差，更能从一定的角度反映教学和学习中存在的问题。制订合理的评分标准，是提高考试信度和效度的重要手段之一。

1. 科学性。

试题的答案要符合学科的科学观点，要求结论正确，表述无误，不得存在过于宽泛或有歧义的答案;选择题正确选项的代码要随机排列,一份试卷中每个代码作为正确选项出现的概率应相近。

2. 规范性。

答案的表述要规范,文字、符号、单位等都要符合国家标准。

3. 合理性。

对答案中各题得分点的设计、各答案的填写要求要合理。比如填空题,如果正确答案内容与其叙述顺序无关,应在参考答案中注明;对于主观题,参考答案要简明扼要、逻辑清楚、表述正确,评分标准应该按要点给出分数;对于计算题,要提供典型、准确的结论,注意所给解题过程的代表性,同时,要恰当划分评分标准,每个评分点应代表典型的思维步骤,便于评分操作。

4. 操作性。

对答案的设计要有利于教师阅卷时的判读,有利于教师阅卷时对分数的处理。

随着命题技术的提高,一些探索题、开放题的评分标准中,出现了SOLO(可观察的学习成果结构)分层评价法,即将学生答题的各层次及其具体表现分为前结构层次、单点结构层次、多点结构层次、关联结构层次和拓展抽象结构层次,它们分别代表了学生对于某项具体知识的掌握水平。在学生对某个问题的回答中,教师可以参照上述标准就学生对该项知识内容的掌握情况作出判断。这种评价方式可以帮助教师进行教学诊断,同时,也可以向学生提供有效的学习反馈,所以 SOLO 分层评价法可以用于形成性的学生学业评价。另一方面,如果赋予上述五个层次不同的等级分数,那么学生对问题回答的质量就可以被量化,量化的分数又可以作为终结性评价的依据。

(六)审题

审题包括自我审题和专家审题两个方面。审题要逐题审查、整卷审查,从试题的科学性、规范性等方面提出修改建议,使试卷更趋于合理。

大规模的考试命题,如初中学业水平考试命题,在命题过程中,还必须有审题的环节,审题的流程图如图 1-3-3:

审读人员独立对试卷进行读卷、做卷、析卷，审查小组对照《课程标准(2022年版)》的要求进行分析讨论，提出总体看法和修改意见。命题小组必须认真审读专家的审查意见，根据审查小组的审核意见，对试题进行调整和整理。

校内考试的命题，也要有审题这一过程，也就是对试题逐一磨题，对整份试卷进行审读与做题，并对照命题计划，结合学生实际，给出调整方案。

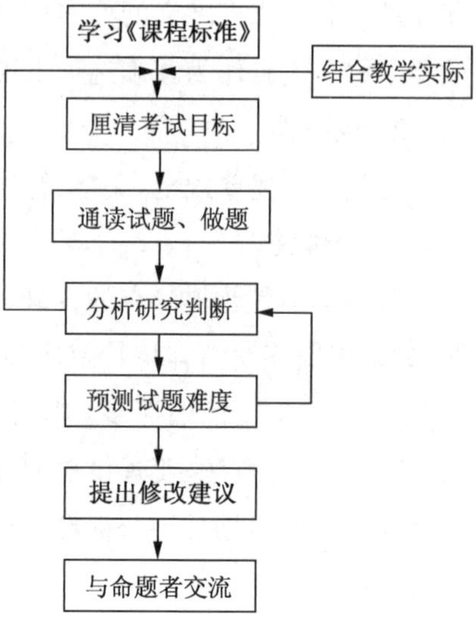

图 1-3-3　审题流程图

另外，在试卷付印前，还有两项要求，即试卷发稿要求和试卷校对规程，以下进行简要介绍。[①]

1. 试卷发稿要求。

为了提高试卷质量，最大限度地减少差错，学科命题组送印的试卷稿，必须做到齐、清、定。

齐，指试卷稿配套图稿(包括试卷、答卷、参考答案和评分标准)齐全，存档附件(包括试卷报审表、命题细目表、专家审查表等)齐全，试卷交接记录齐全，手续齐备。

清，指书稿清楚，稿面整洁，规格统一，标明插图位置。

定，指试卷稿件从内容到文字必须是最后的审定稿，试卷一经审定排版，任何人都不得擅自改稿或改动校样。

2. 试卷校对规程。

(1) 校对要求。

改正校样中与原稿不符的文字、符号、标点、图表、版式等差错，发现原稿的差错，必须核实后再纠正。如属政治性或科学性问题，须立即汇

① 浙江省教育厅教研室. 浙江省初中毕业生学业考试研究[M]. 杭州：浙江大学出版社，2005.

报、请示，经命题小组成员核实后再修改，改动原稿须有详细的书面记录。校对一律使用统一规范的校对符号，校毕必须签署姓名和日期。

(2) 校对方法。

对校，对照试卷原稿，逐字(包括符号、标点等)校对。读校——通读全卷，主要检查试卷版面安排是否合理，内容有无遗漏，文字、符号是否准确规范，试题题号、试卷页码是否有序。做校，逐题解答校对稿上的试题，校对参考答案的正确性、评分细则的合理性，以及答题位置与试题要求的对应性。核红，对照上次校样中应校改的内容是否已正确无误地得到改正，并检查改动的四周有无新的错误出现。整理，把试卷的原稿和校样收集齐全，并检查题号、页码、符号、版面等内容。

(3) 校对程序。

一校：对校—做校—读校—整理，二校：核红—对校—读校，三校：核红—做校—整理。若三校后仍有错误，须再校对，以确保校样内容正确无误。

第二章　数与代数领域的试题编制

初中阶段，数与代数领域包括“数与式”“方程与不等式”和“函数”三个主题。“数与式”是代数的基本语言，初中阶段关注用字母表述代数式，以及代数式的运算，字母可以像数一样进行运算和推理，通过字母运算和推理得到的结论具有一般性；“方程与不等式”揭示了数学中最基本的数量关系（相等关系和不等关系），是一类应用广泛的数学工具；“函数”主要研究变量之间的关系，探索事物变化的规律；借助函数可以认识方程和不等式。

数与代数领域的学习，有助于学生形成抽象能力、推理能力和模型观念，发展几何直观和运算能力。它是学生理解数学符号，以及感悟用数学符号表达事物的性质、关系和规律的关键内容，是学生初步形成抽象能力和推理能力、感悟用数学的语言表达现实世界的重要载体。

素养导向下的“数与代数”领域相关试题，不仅考虑到基础概念、基本知识及基本运算的考查，更重要的是考查学生的基本技能、基本思想方法与相关核心素养，应注重运算能力、算理、数学思维、探究能力和实践能力，注重试题情境合理化、要素多样化和结构整体化。编制试题重点关注以下几个方面：

（1）立足基础，考查关键能力。“数与代数”领域相关试题编制，应立足数学核心概念、思想方法、基本知识、基本技能考查，重视对过程与思维，学生关键能力和数学思想方法的考查。体现解法过程、思维过程、运算能力和批判性思维；以探究性试题通过观察、思考、猜想并推理验证，考查数学思考、问题解决和代数推理素养目标。

（2）重视跨学科情境，探索项目学习。试题关注数学与生活的联系，引入真实生活情境，加强对学生应用意识与能力的考查，体现了 PISA（国际学生评估项目)理念和数学的应用价值。在情境选择时,既关注了时代性、跨学科性,也反映了科技的进步,同时也体现了情境的公平性和数学本质蕴含的丰富性。试题呈现引入项目化元素,引导学生通过对真实情境中问题的分析、理解和表达,关注问题解决,对教学有良好的导向作用。

(3) 建模应用,指向综合能力。试题重视运用数学必备知识、思想方法及数学模型解决实际问题,发挥数学联系实际的学科特点,考查了学生对现实问题的分析和解决、信息的获取与处理、数学建模等综合能力,让学生感受现实生活中充满了数学、用数学知识分析解决实际问题,经历了运用数学与其他学科知识融合解决问题的过程,用函数刻画现实世界,发展模型观念,体现了数学的应用价值,引导学生学以致用。

(4) 传承文化,强调学科育人。中国古代数学成就辉煌璀璨,适当引入中国数学传统文化素材,丰富了试题内涵,关注数学文化育人的价值,渗透学科育人价值。

第一节 数与式

数与代数是数学知识体系的基础之一,是学生认知数量关系、探索数学规律、建立数学模型的基石,可以帮助学生从数量的角度清晰准确地认识、理解和表达现实世界。“数与式”是代数的基本语言,初中阶段关注用字母表述代数式,以及代数式的运算,字母可以像数一样进行运算和推理,通过字母运算和推理得到的结论具有一般性。

《课程标准(2022 年版)》对“数与式”的学业要求是:

(1) 理解负数的意义,会用正数和负数表示具体情境中具有相反意义的量;理解有理数的意义,能用数轴上的点表示有理数,能借助数轴体会相反数和绝对值的意义,初步体会数形结合的思想方法;能比较有理数的大小,能求有理数的相反数和绝对值;会运用乘方的意义准确进行有理数的乘方运算;能熟练地对有理数进行加、减、乘、除、乘方及简单的混合运算(以三步以内为主),理解有理数的运算律,能合理运用运算律简化运算，能运用有理数的运算解决简单问题。

(2) 了解无理数和实数，知道实数由有理数和无理数组成，感悟数的扩充；初步认识实数与数轴上的点具有一一对应关系，能用数轴上的点表示一些具体的实数，能比较实数的大小；能借助数轴理解相反数和绝对值的意义，会求实数的相反数、绝对值；知道平方根、算术平方根、立方根的概念，会用根号表示平方根、算术平方根、立方根，知道乘方与开方互为逆运算，会用乘方运算求百以内完全平方数的平方根和千以内完全立方数的立方根（及对应的负整数），会用计算器计算平方根和立方根；能用有理数估计一个无理数的大致范围；初步认识近似数，在解决实际问题中，能用计算器进行近似计算，会按问题的要求进行简单的近似计算，会对结果取近似值；会用二次根式（根号下仅限于数）的加、减、乘、除运算法则进行简单的四则运算。

(3) 能运用代数式表示具体问题中简单的数量关系，体验用数学符号表达数量关系的过程，会选择适当的方法求代数式的值；会用文字和符号语言表述整数指数幂的基本性质，能根据整数指数幂的基本性质进行运算；会用科学记数法表示数（包括在计算器上表示）；理解整式的概念，掌握合并同类项和去括号的法则，能进行简单的整式加法和减法运算；能进行简单的整式乘法运算（多项式乘法仅限于一次式之间和一次式与二次式的乘法）；知道平方差公式、完全平方公式的几何背景，并能运用公式进行简单计算和推理；能用提公因式法、公式法（对二次式直接利用平方差公式或完全平方公式）进行因式分解（指数为正整数）；知道分式的分母不能为零，能利用分式的基本性质进行约分、通分，并化简分式，能对简单的分式进行加、减、乘、除运算并将运算结果化为最简分式。

“数与式”主题的试题，应注重对数学抽象、数学运算、逻辑推理和数学建模的考查，故对本主题内容的命题可从下列三方面思考：

①与实数运算有关的试题编制。

②与代数式运算有关的试题编制。

③加强代数推理的试题编制。

一、 与实数运算有关的试题编制

在基于考查内容和能力目标编制运算能力测试题时，一般应根据试卷多向细目表中的要求来选取合适的命题材料，从能力水平层次的要求出发对命题材料进行加工。同时，在编制试题时应遵循三个基本要求：

（1）如果试题链接了多个知识点，应该自然和谐。

（2）如果是一道单一的计算题，运算结构应当有明确的主题。

（3）如果一道运算题包含多个小题，小题之间要有一定的联系。与实数有关的运算主要包括：有理数的加、减、乘、除、乘方及简单的混合运算（以三步以内为主），运用运算律简化运算，运用有理数的运算解决简单的问题，求百以内整数的平方根、算术平方根和立方根（对应负整数），求实数的相反数与绝对值，能用有理数估计一个无理数的大致范围，会用二次根式运算法则进行有关的简单四则运算，等等。在单独考查这一方面的运算能力时，一般要考虑以下要求：明白算理，能充分理解每一步运算的依据；能正确运用运算法则计算出结果；对预期结果有估计能力，对运算结果有判断能力。

例1 如图，比数轴上点 A 表示的数大 3 的数是（　　）

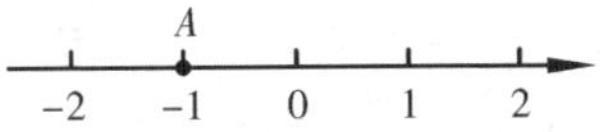

图 2-1-1

A. -1　　　B. 0

C. 1　　　D. 2

【试题分析】

知识主题	核心素养									问题情境			水平层次
	数学眼光				数学思维		数学语言						
	抽象能力	几何直观	空间观念	创新意识	运算能力	推理能力	模型观念	数据观念	应用意识	现实情境	科学情境	数学情境	
数与代数	√				√	√						√	一

本题重点考查数轴，《课程标准（2022 年版）》的学业要求中指出：能用数轴上的点表示具体的有理数；理解数轴上点的平移可以刻画有理数的和，初步体会数形结合的思想方法。

试题表述简洁，内容基础。从数轴上看，“大3”的意义是把表示-1的点A向右平移3个单位长度，则所对的点表示的数即为所求，考查了平移和几何直观；从计算看，“比-1大3的数”可列式表示为“$(-1)+(+3)$”，可利用有理数加法法则求解；从方程看，设所求的数为x，则x与3的差即为加数-1，即$x-3=-1$，体现模型观念。过程呈现了问题解决策略的多样性，不同的学生都可以找到自己适合的方法。

例2 计算$6\div\left(-\frac{1}{2}+\frac{1}{3}\right)$.

方方的计算过程如下：原式$=6\div\left(-\frac{1}{2}\right)+6\div\frac{1}{3}=-12+18=6$.

请你判断方方的计算过程是否正确，若不正确，请你写出正确的计算过程.

【试题分析】

知识主题	核心素养									问题情境			水平层次
	数学眼光				数学思维		数学语言			现实情境	科学情境	数学情境	
	抽象能力	几何直观	空间观念	创新意识	运算能力	推理能力	模型观念	数据观念	应用意识				
数与代数	√				√	√						√	二

本题考查的知识点为有理数的加法与除法运算。本题没有直接要求考生计算，而是先给出方方的计算过程，让考生判断方方的计算是否正确，然后让考生计算，题目的呈现方式有新意。在近几年的初中学业水平考试中，这种先让学生判断某同学的解题过程是否正确，再给出正确解题过程的编制方法也曾出现过，除了考查考生的运算能力以外，还对教师平时的数学教学有一定的导向性。

二、与代数式运算有关的试题编制

与代数式有关的运算主要包括：简单的整式加减运算和乘法运算；求代数式的值；根据特定问题选择数学公式，并代入具体的值进行计算；推导完全平方公式和平方差公式；利用乘法公式进行简单的计算；利用提取公因式法或公式法进行因式分解；分式的约分和通分；简单的分式四则运算。在单独考查这一方面的运算能力时，一般要考虑以下要求：掌握公式、法则或方法，能充分理解每一步运算的依据；能正确运用公式和法则计算出结果；能根据题目采取恰当的解题策略等。

例3 在计算$(-4x^2y+xy^2)\cdot(xy^2+4x^2y)$时，最合理的方法是 （ ）

A. 运用多项式乘多项式法则 B. 运用平方差公式

C. 运用单项式乘多项式法则 D. 运用完全平方公式

【试题分析】

知识主题	核心素养									问题情境			水平层次
	数学眼光				数学思维		数学语言			现实情境	科学情境	数学情境	
	抽象能力	几何直观	空间观念	创新意识	运算能力	推理能力	模型观念	数据观念	应用意识				
数与代数	√				√	√	√					√	二

本题主要考查考生选择合理运算方法的能力。

例4 小明解答“先化简，再求值：$\frac{1}{x+1}+\frac{2}{x^2-1}$，其中$x=\sqrt{3}+1$.”的过程如下，请指出解答过程中错误步骤的序号，并写出正确的解答过程.

解：$\frac{1}{x+1}+\frac{2}{x^2-1}$

$=\frac{1}{x+1}\cdot(x^2-1)+\frac{2}{x^2-1}\cdot(x^2-1)$……①

$=(x+1)+2$ ……②

$=x+3$ ……③

当$x=\sqrt{3}+1$时，原式$=x+3$

$=\sqrt{3}+1+3$ ……④

$=\sqrt{3}+4$ ……⑤

【试题分析】

知识主题	核心素养									问题情境			水平层次
	数学眼光				数学思维		数学语言						
	抽象能力	几何直观	空间观念	创新意识	运算能力	推理能力	模型观念	数据观念	应用意识	现实情境	科学情境	数学情境	
数与代数	√				√	√	√					√	二

试题跳出直接用例题或习题变式改编的模式，从学生的学习现象入手，模拟学生解题路径，预设错误点，将学生典型错误设计成试题，引导学生对作业中的典型错误进行反思与改进，考核学生的自我评价与反思意识、进行有依据运算的能力以及代数推理。这些试题对学生来说有“亲切感”，对教学有着积极的导向作用，引导教师在复习课教学过程中，重视教材、研究教材、创造性地使用教材，切忌抛开教材搞题海战术，让学生的学习负担适度。这样的试题设计，除了关注运算结果的正确性，也突出了对算理、算法的考查，关注学生的认识过程与数学交流，对教学具有良好的导向作用。

该题的编制是在运算中呈现错误解答过程，通过计算过程突出对算理理解的考查，还有一种是通过代数式的运算与推理，体现加强代数推理的要求，这一点在各地中考试卷中也得到了很好的体现。

例5 若整式 x^2+ky^2（k 为不等于零的常数）能在有理数范围内因式分解，则 k 的值可以是________（写出一个即可）.

【试题分析】

知识主题	核心素养									问题情境			水平层次
	数学眼光				数学思维		数学语言						
	抽象能力	几何直观	空间观念	创新意识	运算能力	推理能力	模型观念	数据观念	应用意识	现实情境	科学情境	数学情境	
数与代数	√				√	√	√					√	二

对于此题，不同的人会有不同的解题思路。有的人可能凭直觉或经验，直接想到 -1 或 -4 等；有的人可能会先联想到平方差公式，再确定 k

的值；而有的人可能随便猜想一个数试一下。所以，本题考查的内容虽然是因式分解，实际上还包含着对考生合情推理能力和基本学习活动经验的考查，难度适中。

例6 设 a,b 是实数，定义关于※的一种运算如下：$a※b=(a+b)^2-(a-b)^2$. 例如：$2※3=(2+3)^2-(2-3)^2=24$.

(1) 求 $(-1)※2$ 的值.

(2) 小慧通过计算发现 $a※b=4ab$，你能利用整式的知识，说明它成立的理由吗？

(3) 小慧猜想 $(a+b)※c=a※c+b※c$. 你认为她的猜想是否成立，说明理由.

【试题分析】

知识主题	核心素养									问题情境			水平层次
	数学眼光				数学思维		数学语言						
	抽象能力	几何直观	空间观念	创新意识	运算能力	推理能力	模型观念	数据观念	应用意识	现实情境	科学情境	数学情境	
数与代数	√				√	√	√					√	二

本题属于新定义题。在编制技术上，它先引入一个新的运算符号，对这个新运算符号确定运算法则，并举例说明，然后提出三个问题：第一问考查考生对新定义的理解能力，第二问考查考生对乘法公式的掌握情况，第三问要求考生运用新定义进行探究。三个问题的考查目标不同，但主题统一且相互关联，从具体数据层面的运算，到乘法公式的推导，再上升到公式性质的探究，在难度上逐步提高，对不同认知水平的学生实现了有效区分。新定义题可以考查考生的阅读理解能力、符号意识、运算能力、简单的合情推理与逻辑推理能力、探究能力等多种能力。

三、加强代数推理的试题编制

《课程标准（2022年版）》对初中阶段推理能力的内涵界定如下：推理能力主要是指从一些事实和命题出发，依据规则推出其他命题或结论的能力。由此，新课标把培养目标中的数学思维表述为“主要表现为运算能力、推理意识或推理能力”。其中，运算本质上就是演绎推理。加强代数推理是《课程标准(2022年版)》提出的要求，是发展学生数学核心素养的重要抓手，学会用数学的符号表达数学道理，并会基于这样的道理推导、证明一些数学命题。

例7 数学活动课上，小云和小王在讨论张老师出示的一道代数式求值问题：

> 已知实数 a,b 同时满足 $a^2+2a=b+2, b^2+2b=a+2$，求代数式 $\frac{b}{a}+\frac{a}{b}$ 的值.

小云：“哈哈！$a=b$，结果为2.”

小王：“a,b 不一定相等哦！”

结合他们的对话，请解答下列问题：

(1) 当 $a=b$ 时，a 的值是__________.

(2) 当 $a\neq b$ 时，代数式 $\frac{b}{a}+\frac{a}{b}$ 的值是__________.

【试题分析】

知识主题	核心素养									问题情境			水平层次
	数学眼光				数学思维		数学语言						
	抽象能力	几何直观	空间观念	创新意识	运算能力	推理能力	模型观念	数据观念	应用意识	现实情境	科学情境	数学情境	
数与代数	√			√	√	√	√					√	三

“方程与不等式”揭示了数学中最基本的数量关系(相等关系和不等关系)，是一类应用广泛的数学工具。本题以数学活动课学生对话为背景，结合非连续文本呈现信息，增加试题的活泼性与趣味性，在问题设计上，用从特殊到一般的策略设置两个小题，降低试题难度，也是数学探究方法的渗透。从试题内容素材看，是对“已知 $a^2+3a+1=0, b^2+3b+1=0$，求 $\frac{b}{a}+\frac{a}{b}$ 的值”这道常规题的引申与变式，所以本题的本质不是对计算

能力的考查，命题的意图是通过恒等变形与推理分析，得到对问题的转化，对学生思维要求较高，从解题方法看，将已知两个等式相减，得到 $a+b=-3$，从而将已知的两个等式转化为结构一致的 $a^2+3a+1=0$，$b^2+3b+1=0$，进而打通思路。本题数学内涵丰富，特别是把不对称化为对称，体现了很高的代数直觉。

猜想是一种重要的学习活动与能力，合理的猜想有利于获得灵感与启发，能引导出正确的思路，同时猜想的结果也能获得某种验证，从而促进学习者完成剩下的解答。

例 8 问题 1：若有两张长方形的桌子，把它们拼成一张大的长方形桌子，有几种拼法？

图 2-1-2

问题 2：若按下图方式摆放桌子和椅子，

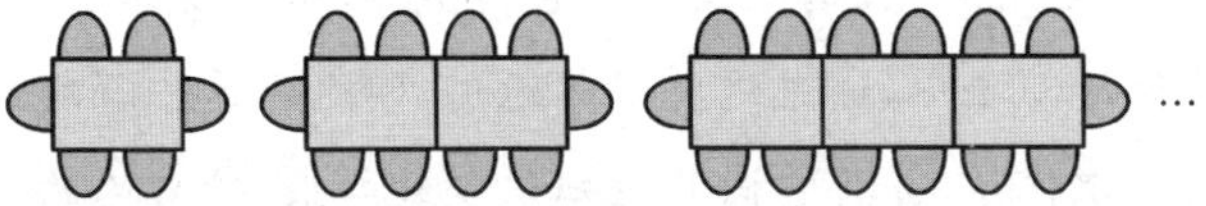

图 2-1-3

完成下表：

桌子张数	1	2	3	4	5	6	n	15
可坐人数								

问题 3：如果按下图方式将桌子拼在一起，

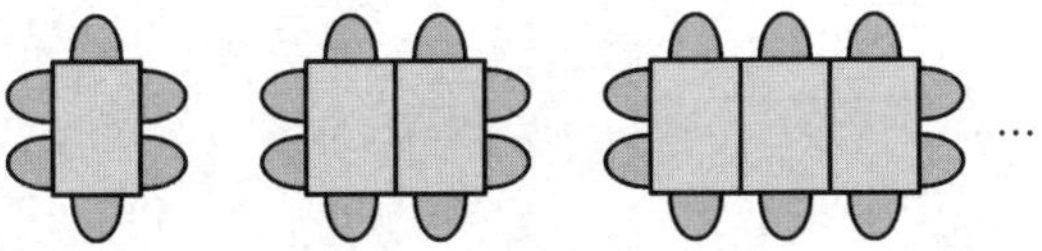

图 2-1-4

(1) 2 张桌子拼在一起可坐多少人？3 张呢？n 张呢？

(2) 一家餐厅有 40 张这样的桌子，按上图方式每 5 张拼成一张大桌子，则 40 张桌子可拼成 8 张大桌子，共可坐______人.

(3) 在(2)中，若改成每 8 张桌子拼成 1 张大桌子，则共可坐______人.

探索问题：有 3 张桌子，可以坐下多少人？

【试题分析】

知识主题	核心素养									问题情境			水平层次
	数学眼光				数学思维		数学语言			现实情境	科学情境	数学情境	
	抽象能力	几何直观	空间观念	创新意识	运算能力	推理能力	模型观念	数据观念	应用意识				
数与代数	√			√	√	√	√		√	√			三

本题通过创设生动有趣的问题情境，使学生产生疑问，激发探索欲望，同时培养学生思维的严谨性和创新性，充分体现开放性意识。问题 2 仍是在探寻等距离递增数列的规律。同时，在找规律的基础上加入了代数式的值等知识点，渗透了函数思想。通过前两个问题，学生已总结出规律，学生在真正理解、掌握这些规律之后，便能将这些规律用于做练习、解决问题及其他活动之中，通过这些实际运用，学生将这一解决问题的策略融入已有的知识体系，并将它同其他知识联结起来，使自己的知识结构得到扩展。

例 9 我们身边有很多平淡无奇的生活资料，只要大家细心留意观察，你会发现它们是一个个奇妙的数学世界. 就拿一张日历来说，它的数字经过周期性排列以后，里面隐含了许多有趣的数学问题. 现在，让我们来探讨和发现，看一看一张简单的日历究竟有什么样的数学问题.

星期日	星期一	星期二	星期三	星期四	星期五	星期六
		1				5
6	7	8				12
13	14	15				19
20	21	22	23	24	25	26
27	28	29	30	31		

(1) 观察日历中的数字,找出相邻数之间的关系,即一行中的前后两个数,一列中的上下两个数,左上右下和左下右上两个数各有什么关系?

(2) 假如把日历中的某一天设定为 a,你能用 a 表示相邻的日期吗?

(3) 在日历中圈出一个 3×3 的方框,这 9 个数之和与该方框正中间的数有什么关系?

(4) 这个关系对其他这样的方框成立吗?你能用代数式表示这个规律吗?

(5) 你认为这个关系对任何一个月的日历都成立吗?为什么?

(6) 你还能发现这样的方框中的九个数之间的其他关系吗?用代数式表示.

【试题分析】

知识主题	核心素养									问题情境			水平层次
	数学眼光				数学思维		数学语言						
	抽象能力	几何直观	空间观念	创新意识	运算能力	推理能力	模型观念	数据观念	应用意识	现实情境	科学情境	数学情境	
数与代数	√			√	√	√	√	√	√	√			三

本题为学生创设学习的情境,引发学生的学习兴趣,教师的主导及学生的主体在此进一步得到了体现。另外,教师让小组学生一起解决问题,而学生可以从小组的其他成员那里了解一些有关问题解决的事宜,这种小组合作可以使问题解决变得更加有趣,有利于激发学生的学习动机。通过用符号表示数,使学生体会符号运算可以用来验证所发现的规律,即用数学语言认知世界。在探索与合作交流活动过程中,让学生体会到与他人合作解决问题的重要性。

例10　先阅读下面一段文字,然后解答问题.

由 $3^2=9=4+5$,发现 $3^2+4^2=5^2$ 成立;

又由 $5^2=25=12+13$,仍发现 $5^2+12^2=13^2$;

而由 $7^2=49=24+25$,还发现 $7^2+24^2=25^2$;……

(1) 已知 x,y 均为正整数,且 $x<y$,若 $9^2=81=x+y$,且 $9^2+x^2=y^2$,则 $x=$______,$y=$______.

(2) 大于1的奇数是否都有上面这样的规律？若有，请用含 n(n 为正整数)的等式表示上面的规律并证明；若没有，请说明理由.

【试题分析】

知识主题	核心素养									问题情境			水平层次
	数学眼光				数学思维		数学语言			现实情境	科学情境	数学情境	
	抽象能力	几何直观	空间观念	创新意识	运算能力	推理能力	模型观念	数据观念	应用意识				
数与代数	√			√	√	√	√					√	三

在本题的编制中，先是给出三个具体的等式，根据波利亚的观点，这三个等式被称为启发式联想，因为通过对这三个等式的观察与分析，能够让观察者获得对某种规律的初步认识，但这样的认识是模糊的。对第(1)题的问答，可以称之为支持性联想，也就是对前面得到的较为模糊认识的进一步清晰的认可，这个过程实际上就是猜测并进行验证的过程。而对于第(2)题的问答，则是将发现的规律进行一般化的表述，形成猜想。整个过程是合情推理的过程。最后环节则是要求对猜想给出形式化的数学证明，即通过演绎推理完成对结论的证明，整个题目比较自然、全面地实现了考查学生合情推理与演绎推理两种能力的意图。

类似的命题还有，

观察以下等式：

第1个等式：$(2\times1+1)^2=(2\times2+1)^2-(2\times2)^2$，

第2个等式：$(2\times2+1)^2=(3\times4+1)^2-(3\times4)^2$，

第3个等式：$(2\times3+1)^2=(4\times6+1)^2-(4\times6)^2$，

第4个等式：$(2\times4+1)^2=(5\times8+1)^2-(5\times8)^2$，

……

按照以上规律，解决下列问题：

(1) 写出第5个等式：________.

(2) 写出你猜想的第 n 个等式(用含 n 的式子表示)，并证明.

本题考查整式规律探索，发现所给数据的规律并熟练运用完全平方公式和平方差公式是解题的关键。解题过程中的猜想活动主要包括：没有答案或结论时，可先猜测答案；猜测答案的形式或范围；猜想中间结论，猜想解题的可能方向以形成思路；对某种思路的能解性作出估计；等等。具体途径表现为：

(1) 特殊值(点)的试算与猜想。从特殊点、特殊值、特殊情况的试验入手，通过特殊值的代入试算、特殊点情况的探索与检验，了解题目的关键信息，作出猜想。

(2) 大数或无穷情况下的宏观整体的想象。从计算、画图与直观操作入手，在代数领域的规律探究中对数值不断增大情况的想象，在几何领域特别是动态变化中的整体感知与宏观想象等。

(3) 利用已知特征、变化趋势的猜测。从已知出发，如从数式特征(如对称性、增减性、循环变化等)入手分析其问题特征，考虑它的变化趋势及欲求证结论的需要，猜测—检验—再猜测，以逐渐接近正确的答案或解答。通过一些特殊点、极限点来猜测轨迹图形的特点、趋势、范围、形状与位置等。

(4) 转换思考顺序，进行逆向分析思考。倒推与顺推思考，是解题探索过程中的主要分析手段，其中经常会有一些猜想成分，解题探究中，可以对根据条件顺推出或根据结论倒推得来的式子以及其间的联系，进行猜想，猜测解题方向，或以此为跳板去完成整个问题的推证。

第二节　方程与不等式

《课程标准(2022 年版)》对“方程与不等式”的学业要求是：

(1) 能根据具体问题中的数量关系列出方程，理解方程的意义；认识方程解的意义，经历估计方程解的过程；掌握等式的基本性质，能运用等式的基本性质进行等式的变形；能根据等式的基本性质解一元一次方程和可化为一元一次方程的分式方程；能根据二元一次方程组的特征，选择代入消元法或加减消元法解二元一次方程组；* 能解简单的三元一次方程组；能根据一元二次方程的特征，选择配方法、公式法、因式分解法解数字系数的一元二次方程；会用一元二次方程根的判别式判别方程是否有实根及两个实根是否相等，会将一元二次方程根的情况与一元二次方程根的判别式相联系；知道利用一元二次方程的根与系数的关系可以解决一些简单的问题；能根据具体问题的实际意义，检验方程的解是否合理；建立模型观念。

(2) 结合具体问题，了解不等式的意义，探索不等式的基本性质；能用不等式的基本性质对不等式进行变形；能解数字系数的一元一次不等式，并能在数轴上表示出解集；会用数轴确定两个一元一次不等式组成的不等式组的解集；能根据具体问题中的数量关系，列出一元一次不等式，解决简单的实际问题，建立模型观念。

方程与不等式的核心是解法和应用(不等式只限数字系数的一元一次不等式和一元一次不等式组的解法，一元一次不等式的应用)，等式的性质和不等式的性质是解方程和不等式的依据，考查点侧重于其解法和应用。

在对单一知识进行考查时，主要考虑以下几点：知道解方程(组)或不等式(组)的一般步骤；会求出方程(组)或不等式(组)的正确结果；会检验所求方程(组)或不等式(组)的解是否合理。

在利用方程或不等式模型解决实际问题时，设计的问题情境应贴近学生生活或反映社会热点问题，能体现数学模型的价值。在和其他知识(方法)组合在一起考查时，相互之间的组合应尽量统一在同一主题下，且相互关联。

一、与方程(不等式)概念和性质有关的试题编制

例1 对于代数式 $ax+b$(a，b 是常数)，当 x 分别等于 4，2，1，-1 时，小明依次求得下面四个结果：5，2，-1，-5. 若其中只有一个结果是错误的，则错误的结果是 ( )

A. 5　　B. 2　　C. -1　　D. -5

【试题分析】

知识主题	核心素养									问题情境			水平层次
	数学眼光				数学思维		数学语言						
	抽象能力	几何直观	空间观念	创新意识	运算能力	推理能力	模型观念	数据观念	应用意识	现实情境	科学情境	数学情境	
数与代数	√			√	√	√	√					√	二

此题改编自教材，原题是“已知代数式 x^2+bx+c，当 $x=1$ 时，它的值是 2；当 $x=-1$ 时，它的值是 8. 可求得 $b=$________，$c=$________”。学生在解题时只要将条件转化成一个二元一次方程组，就能求出答案。为了提高该题的难度，增加对不同层次学生的区分度，改编题将“列方程组”这种暗示加以淡化，并且学生需要考虑选择哪两对对应值。这道题适合在七年级下册的单元测验或学期考试中出现。如果在更高年级的试卷中出现，那么学生还可以利用一次函数的图象进行解题，试题的考查目标就会有不同的指向。

例 2 已知关于 x 的方程 $\dfrac{2}{x}=m$ 的解满足 $\begin{cases}x-y=3-n,\\x+2y=5n\end{cases}$ $(0<n<3)$，若 $y>1$，则 m 的取值范围是________.

【试题分析】

知识主题	核心素养									问题情境			水平层次
	数学眼光				数学思维		数学语言						
	抽象能力	几何直观	空间观念	创新意识	运算能力	推理能力	模型观念	数据观念	应用意识	现实情境	科学情境	数学情境	
数与代数	√				√	√	√					√	三

本题区分度较好，命题者将分式方程、二元一次方程和不等式(组)有机地结合起来，并提供 4 个条件，要求考生计算 m 的取值范围。一般说来，在编制题目时，影响试题难度的因素有提问方式、题设条件和综合程度等。本题是一道将多种知识和方法组合起来加以考查的题目，综合程度比较高，题设条件比较多且含字母系数，使考生解题时的思维难度明显

加大。

方程与不等式作为一种数学工具，在数学中有着非常重要的地位。当试卷中单独考查这一部分知识时，最常见的是考查考生解方程(组)或解不等式(组)的能力，以及利用一元二次方程中根与系数的关系解题的能力。在编制试题时，要注意《课程标准(2022 年版)》的要求，避免出现超范围的情况，难度上要与设计要求相匹配。

例3 小丁和小迪分别解方程$\frac{x}{x-2}-\frac{x-3}{2-x}=1$的过程如下：

小丁：

解：去分母，得 $x-(x-3)=x-2$.
去括号，得 $x-x+3=x-2$
合并同类项，得 $3=x-2$
解得，$x=5$
∴原方程的解是 $x=5$.

小迪：

解：去分母，得 $x+(x-3)=1$.
去括号，得 $x+x-3=1$.
合并同类项，得 $2x-3=1$.
解得，$x=2$.
经检验，$x=2$是方程的增根，原方程无解.

你认为小丁和小迪的解法是否正确？若正确，请在框内画"√"；若错误，请在框内画"×"，并写出你的解答过程.

【试题分析】

知识主题	核心素养									问题情境			水平层次
	数学眼光				数学思维		数学语言						
	抽象能力	几何直观	空间观念	创新意识	运算能力	推理能力	模型观念	数据观念	应用意识	现实情境	科学情境	数学情境	
数与代数	√				√	√	√					√	二

本题在编制时展示了两名学生解方程的过程，让考生指出解答过程中的错误并写出正确的解答过程，从而弥补以往运算考查的缺陷，考查运算能力的同时也考查学生对算理的理解，对学生自我监控、反思解题过程的元认知能力的提升有极大的帮助，也有助于培养学生数学思维的深度与广度。

二、与代数推理有关的试题编制

数学证明就是根据已确定其真实性的公理、定理、定义、公式、性质等数学真命题来论证某一数学命题真实性的推理过程，即在前提正确的基础上，通过正确使用推理规则得出结论，这里往往表现为一系列的形式符号推理。学生数学推理能力的培养，其系统、严密的演绎特点在培养学生的思维方面是无可替代的，是对学生演绎推理能力考查的重要途径。

例4 能说明命题“对于任何实数 a，$|a|>-a$”是假命题的一个反例可以是（　　）

A. $a=-2$　　B. $a=\frac{1}{3}$　　C. $a=1$　　D. $a=\sqrt{2}$

【试题分析】

知识主题	核心素养									问题情境			水平层次
	数学眼光				数学思维		数学语言						
	抽象能力	几何直观	空间观念	创新意识	运算能力	推理能力	模型观念	数据观念	应用意识	现实情境	科学情境	数学情境	
数与代数	√			√	√	√	√					√	二

本题是教材习题的改编题，突出考查对绝对值知识的理解，以及对说明一个命题为假命题只需举出一个反例的论证方法的了解。水平优秀的学生可以直接推出 a 为负数，进而选出正确选项；水平较差的学生可以采取具体数字代入试误的方法，获得正确答案。

类似地，如：

已知命题“关于 x 的一元二次方程 $x^2+bx+1=0$，当 $b<0$ 时必有实数解”，能说明这个命题是假命题的一个反例可以是（　　）

A. $b=-1$　　B. $b=2$

C. $b=-2$　　D. $b=0$

这道题也体现了同样的命题思路。除了知道利用反例可以判断一个命题是错误的，根据《课程标准（2022 年版）》的要求，还可以通过实例体会反证法的含义。

例5 在物理学中，导体中的电流 I 跟导体两端的电压 U、导体的电阻 R 之间有以下关系：$I=\dfrac{U}{R}$，去分母得 $IR=U$，那么其变形的依据是 （　　）

A. 等式的性质 1　　　B. 等式的性质 2

C. 分式的基本性质　　　D. 不等式的性质 2

【试题分析】

知识主题	核心素养									问题情境			水平层次
	数学眼光				数学思维		数学语言						
	抽象能力	几何直观	空间观念	创新意识	运算能力	推理能力	模型观念	数据观念	应用意识	现实情境	科学情境	数学情境	
数与代数	√			√	√	√	√				√		二

本题主要考查了等式的基本性质，等式性质 1：等式的两边同时加上或减去同一个数或字母，等式仍成立；等式性质 2：等式的两边同时乘以或除以同一个不为 0 的数或字母，等式仍成立。根据等式的基本性质，对原式进行分析，考查公式变形背后的数学原理。

三、方程（不等式）模型的试题编制

例6 网约车是一种快捷的出行工具，某地网约车计价规则如下表：

计费项目	里程费	时长费	远途费
单价	1.8 元/千米	0.3 元/分钟	0.8 元/千米
注：车费由里程费、时长费、远途费三部分构成. 其中，里程费按行车的实际里程计算；时长费按行车的实际时间计算；行车里程 7 千米以内（含 7 千米）不收远途费，超过 7 千米的，超出部分每千米收 0.8 元.			

小王与小张各自乘坐网约车，行车里程分别为 6 千米和 8.5 千米. 如果下车时两人所付车费相同，那么这两辆网约车的行车时间相差（　　）

A. 10 分钟　　B. 13 分钟　　C. 15 分钟　　D. 19 分钟

【试题分析】

知识主题	核心素养									问题情境			水平层次
	数学眼光				数学思维		数学语言			现实情境	科学情境	数学情境	
	抽象能力	几何直观	空间观念	创新意识	运算能力	推理能力	模型观念	数据观念	应用意识				
数与代数	√			√	√	√	√		√	√			三

本题以网约车的收费问题为背景，反映了试卷对社会热点问题的关注，体现了数学知识的社会价值。在编制技术上，试题以表格的形式给出网约车的计价规则，让考生计算“行车里程不同但收费相同”时的行车时间差，其考查目标是列方程解决简单生活问题的能力和阅读理解能力。给出一个“规则”，并由此衍生出新的问题，用以考查考生的阅读理解能力和运算能力，这是一种常见的计算题编制方法。

例7 某景点今年四月接待游客 25 万人次，五月接待游客 60.5 万人次，设该景点今年四月到五月接待游客人次的增长率为 $x(x>0)$，则 ( )

A. $60.5(1-x)=25$　　B. $25(1-x)=60.5$

C. $60.5(1+x)=25$　　D. $25(1+x)=60.5$

【试题分析】

知识主题	核心素养									问题情境			水平层次
	数学眼光				数学思维		数学语言			现实情境	科学情境	数学情境	
	抽象能力	几何直观	空间观念	创新意识	运算能力	推理能力	模型观念	数据观念	应用意识				
数与代数	√				√	√	√		√	√			二

本题首先需要找出核心变量，然后用核心变量表示出其他量，进而抽象出量与量之间的关系，并用数学符号(方程)加以表达。

例8 一杠杆装置如图 2-2-1 所示，杆的一端吊起一桶水，水桶对杆的拉力的作用点到支点的杆长固定不变. 甲、乙、丙、丁四位同学分别在杆的另一端竖直向下施加压力 $F_{甲}$、$F_{乙}$、$F_{丙}$、$F_{丁}$，将相同质量的水桶吊起同样的高度，若 $F_{乙}<F_{丙}<F_{甲}<F_{丁}$，则这四位同学对杆的压力的作用点到支点的距离最远的是 ( )

图 2-2-1

A. 甲　　B. 乙

C. 丙　　D. 丁

【试题分析】

知识主题	核心素养									问题情境			水平层次
	数学眼光				数学思维		数学语言						
	抽象能力	几何直观	空间观念	创新意识	运算能力	推理能力	模型观念	数据观念	应用意识	现实情境	科学情境	数学情境	
数与代数	√			√	√	√	√			√			二

这是一个跨学科问题，考查的能力如下：从物理学杠杆原理“动力×动力臂=阻力×阻力臂”这一等量关系中发现两个变量间具有“乘积不变”的性质，进一步用符号表达抽象出反比例关系，从而建立数学模型解题。

例 9　某农场拟建一间矩形的种牛饲养室，饲养室的一面靠现有墙（墙足够长），已知计划中的建筑材料可建围墙的总长为 50 m. 设饲养室长为 x m，占地面积为 y m^2.

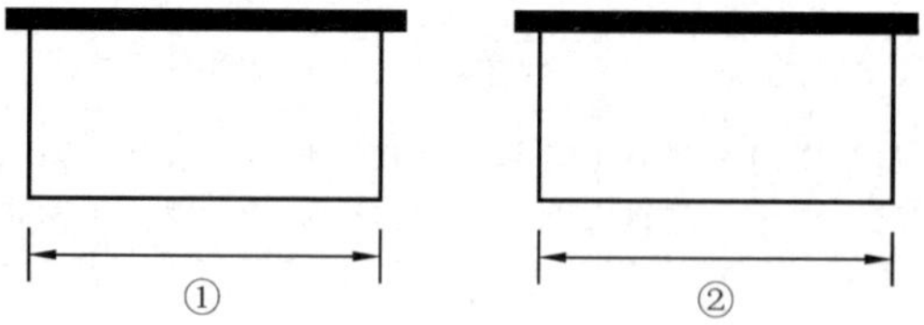

图 2-2-2

(1) 如图①，饲养室长 x 为多少时，占地面积 y 最大?

(2) 如图②，现要求在图中留 2 m 宽的门，且仍使饲养室的占地面积最大. 小敏说：“只要饲养室的长比(1)中的长多 2 m 就行了.”请你通过计算，判断小敏的说法是否正确.

【试题分析】

知识主题	核心素养									问题情境			水平层次
	数学眼光				数学思维		数学语言						
	抽象能力	几何直观	空间观念	创新意识	运算能力	推理能力	模型观念	数据观念	应用意识	现实情境	科学情境	数学情境	
数与代数	√			√	√	√	√		√	√			二

本题一改传统应用题设问封闭、指向明确的常规做法，通过计算判断同学的结论是否以正确的方式展开，富有人文性与时代性，使传统的应用题焕发新的面貌。

当前应用题命题设计的主要变化趋势是：问题的来源更生活化，更贴近实际；条件和结论更模糊；可用信息和最终结论更有待学生自己去挖掘。总体来说，就是将常规模式识别的应用题考试逐步向突出数学建模考查过渡。

四、 渗透数学文化的试题编制

例10 我国古代数学著作《孙子算经》中记载："今有木，不知长短，引绳度之，余绳四尺五寸；屈绳量之，不足一尺，木长几何？"意思是：用一根绳子去量一根木条，绳子还剩余 4.5 尺；将绳子对折再量木条，木条剩余 1 尺. 问：木条长多少尺？如果设木条长 x 尺，绳子长 y 尺，那么可列方程组为 （　　）

A. $\begin{cases} y=x+4.5, \\ 0.5y=x-1 \end{cases}$　　B. $\begin{cases} y=x+4.5, \\ y=2x-1 \end{cases}$

C. $\begin{cases} y=x-4.5, \\ 0.5y=x+1 \end{cases}$　　D. $\begin{cases} y=x-4.5, \\ y=2x-1 \end{cases}$

【试题分析】

知识主题	核心素养									问题情境			水平层次
	数学眼光				数学思维		数学语言						
	抽象能力	几何直观	空间观念	创新意识	运算能力	推理能力	模型观念	数据观念	应用意识	现实情境	科学情境	数学情境	
数与代数	√			√	√	√	√		√	√			二

本题以考查方程(组)模型立意，在古代数学著作《孙子算经》中选取素材，渗透数学文化，选取的古文内容相对简洁，不拗口，便于学生读懂与理解，后面加上了译文，也兼顾了语文水平弱的学生，体现人文关怀以及跨学科思维。

例11 《孙子算经》是我国古代经典数学著作，其中有一道“鸡兔同笼”问题：“今有鸡兔同笼，上有三十五头，下有九十四足. 问鸡兔各几何？”学了方程(组)后，我们可以非常便捷地解决这个问题. 如果设鸡有 x 只，兔有 y 只，那么可列方程组为 ( )

A. $\begin{cases}x+y=35,\\4x+4y=94\end{cases}$　　B. $\begin{cases}x+y=35,\\4x+2y=94\end{cases}$

C. $\begin{cases}x+y=94,\\2x+4y=35\end{cases}$　　D. $\begin{cases}x+y=35,\\2x+4y=94\end{cases}$

【试题分析】

知识主题	核心素养									问题情境			水平层次
	数学眼光				数学思维		数学语言						
	抽象能力	几何直观	空间观念	创新意识	运算能力	推理能力	模型观念	数据观念	应用意识	现实情境	科学情境	数学情境	
数与代数	√			√	√	√	√		√	√			二

此题主要考查了由实际问题抽象出二元一次方程组，解决本题的关键是得到鸡和兔的总只数及鸡和兔的脚的总只数的等量关系：鸡的只数＋兔的只数＝35，2×鸡的只数＋4×兔的只数＝94，把相关数值代入即可求解，考查了数学模型观念。

在“数与代数”领域，包含着丰富的数学史知识可以增添情境材料的丰富性，还可以充分与生活实际中的具体问题相结合，是情境材料选取的良好方向。近几年来，以我国古代数学问题为背景素材，渗透数学文化，考查阅读理解与模型观念，打通数学与语文、历史、工程等学科的联系，越来越受到命题者的关注。

第三节　函数

“函数”是初中数学数与代数领域非常重要的组成部分，主要研究变量之间的关系，探索事物变化的规律，借助函数可以认识方程和不等式。

《课程标准(2022 年版)》对“函数”部分内容的学业要求是：

(1) 能识别简单实际问题中的常量、变量及其意义，并能找出变量之间的数量关系及变化规律，形成初步的抽象能力；了解函数的概念和表示法，能举出函数的实例，初步形成模型观念；能用适当的函数表示法刻画简单实际问题中变量之间的关系，理解函数值的意义；能确定简单实际问题中函数自变量的取值范围，并会求函数值；能根据函数图象分析出实际问题中变量的信息，发现变量间的变化规律；能结合函数图象对简单实际问题中的函数关系进行分析，结合对函数关系的分析，能对变量的变化趋势进行初步推测。

(2) 能根据简单实际问题中的已知条件确定一次函数的表达式；会在不同问题情境中运用待定系数法确定一次函数的表达式；会画出一次函数的图象；会根据一次函数的表达式求其图象与坐标轴的交点坐标；会根据一次函数的图象和表达式，探索并理解 k 值的变化对函数图象的影响。认识正比例函数中两个变量之间的对应规律，会结合实例说明正比例函数的意义及变量之间的对应规律。会根据一次函数的图象解释一次函数与二元一次方程的关系；能在实际问题中列出一次函数的表达式，并结合一次函数的图象与表达式的性质等解决简单的实际问题。

(3) 会通过分析实际问题的情境确定二次函数的表达式，体会二次函数的意义;会用描点法画出二次函数的图象,会利用一些特殊点画出二次函数的草图;通过图象了解二次函数的性质,知道二次函数的系数与图象形状和对称轴的关系。会根据二次函数的表达式求其图象与坐标轴的交点坐标;会用配方法将数字系数的二次函数的表达式化为顶点式,能由此得出二次函数图象的顶点坐标,说出图象的开口方向,画出图象的对称轴,得出二次函数的最大值或最小值,并能确定相应自变量的值,解决简单的实际问题。知道二次函数和一元二次方程之间的关系,会利用二次函数的图象求一元二次方程的近似解。

(4) 结合具体情境用实例体会反比例函数的意义,能根据已知条件确定反比例函数的表达式;会用描点法画出反比例函数的图象;能用反比例函数解决简单的实际问题。

函数内容的命题主要侧重函数的概念、函数的图象性质和函数的应用。对函数概念和图象性质的考查,重视数形结合,借助图象直观理解和应用函数性质,理解函数与方程和不等式的关系。

函数的应用,主要体现了利用函数模型研究事物的变化过程,其中既有现实的变换过程,也有几何中的运动变化问题。函数是刻画现实问题的有效模型,函数的应用在现实生活中极为广泛,是人们用来解决问题的工具,函数应用型试题应注重背景的多元化与现实性。

在综合题型方面,函数与方程、不等式相融合,函数与几何、一次函数与二次函数综合等,这类题型大多属于综合题,结合知识点较多,难度较大,多以压轴题出现,解决初中函数问题需要的数学思想方法主要有化归与转化、数形结合、分类讨论、函数与方程,对初中函数内容所需的核心素养及对应的思想方法的考查比较全面,主要涉及的思想方法与核心素养如下:

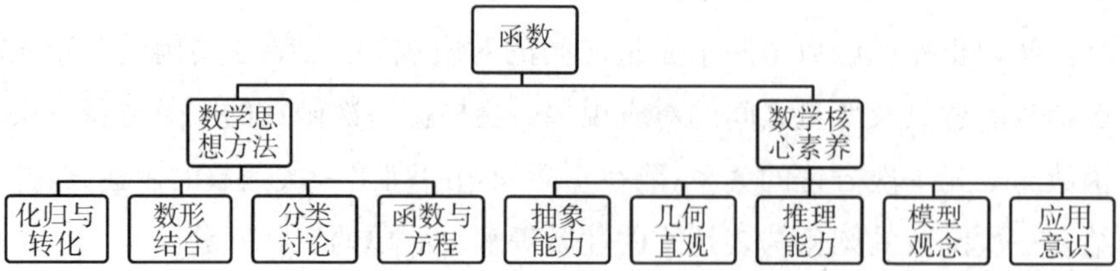

图 2-3-1

一、理解函数概念的试题编制

概念是思维的工具,思维的成长与演化是一个不断形成概念、构建联系的过程。概念的内涵用定义来加以明确,其外延用分类来加以明确,借助定义和分类,把单个的概念组成相互联系着的概念体系。结合具体实例考查学生对相关概念的理解情况,也是对学生知识结构及其内在逻辑关系的评价。

例1 图①中的摩天轮可抽象成一个圆,圆上一点离地面的高度 y(单位:m)与旋转时间 x(单位:min)之间的关系如图②所示.

①

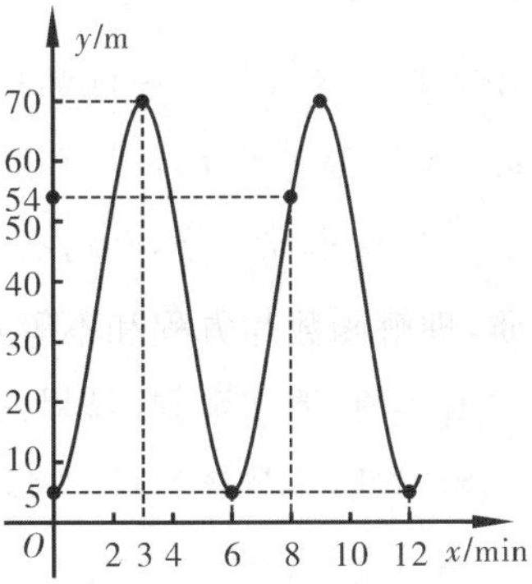

②

图 2-3-2

(1) 根据图②填表.

x/min	0	3	6	8	12	…
y/m						…

(2) 变量 y 是 x 的函数吗? 为什么?

(3) 根据图中的信息,请写出摩天轮的直径.

【试题分析】

知识主题	核心素养									问题情境			水平层次
	数学眼光				数学思维		数学语言						
	抽象能力	几何直观	空间观念	创新意识	运算能力	推理能力	模型观念	数据观念	应用意识	现实情境	科学情境	数学情境	
数与代数	√			√	√	√	√		√	√			二

函数是初中数学的核心概念,“单值对应”是函数概念的关键与核心所在。判定两个变量之间是否构成函数关系,只需判断当自变量在其取值范围内每取一个确定的值时,另一个变量是否都有唯一确定的值与其对应。本题给出摩天轮外圈上一点离地面的高度 y(单位:m)与旋转时间 x(单位:min)之间关系的图象,利用从图象中获取信息并填表的形式进一步感知。在一个变化过程中,如果有两个变量 x 与 y,并且对于 x 的每一个确定的值,y 都有唯一确定的值与其对应,那么称 y 是 x 的函数。试题揭示了函数的本质,背景新颖、贴近生活,同时巧妙结合图象信息,设计求摩天轮直径的问题,试题体现了对生活现实的理解与简单应用。

例2 如图 2-3-3,一次函数 $y_1=x$ 与二次函数 $y_2=ax^2+bx+c$ 的图象相交于 P,Q 两点,则函数 $y=ax^2+(b-1)x+c$ 的图象可能是 ( )

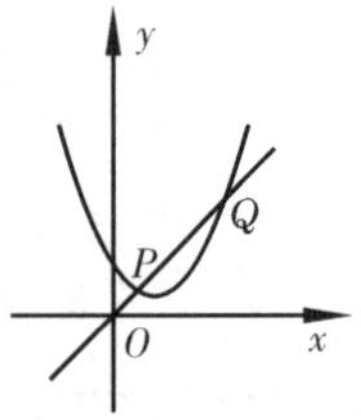

图 2-3-3

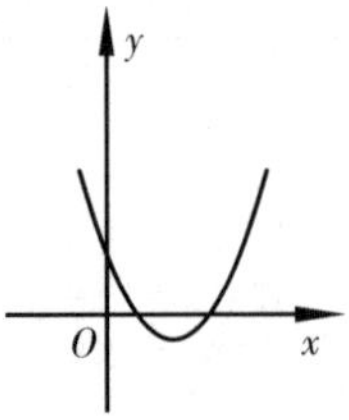

A.

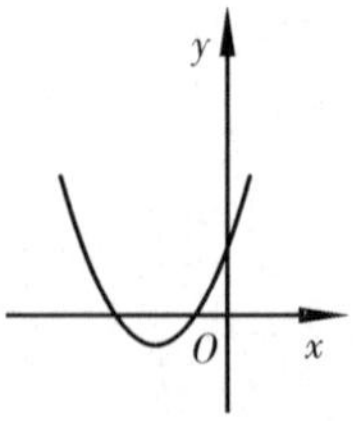

B.

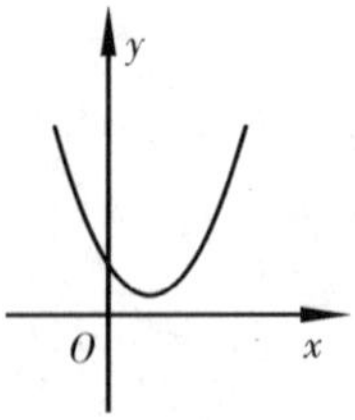

C.

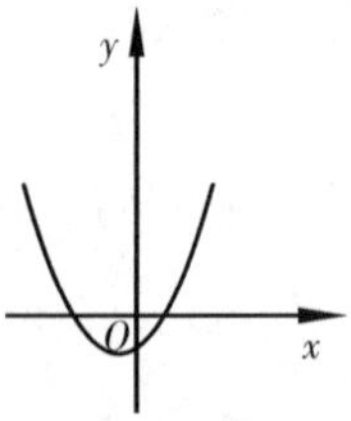

D.

【试题分析】

知识主题	核心素养									问题情境			水平层次
	数学眼光				数学思维		数学语言			现实情境	科学情境	数学情境	
	抽象能力	几何直观	空间观念	创新意识	运算能力	推理能力	模型观念	数据观念	应用意识				
数与代数	√				√	√	√					√	二

二次函数与二次方程的关系是初中数学的重要内容，也是用函数观点理解函数方程不等式关系的重要载体，条件中“一次函数 $y_1=x$ 与二次函数 $y_2=ax^2+bx+c$ 的图象相交于 P，Q 两点”，从本质上说明了方程 $ax^2+bx+c=x$ 有两个不相等的正实数根，而这又等价于“$y_2=ax^2+bx+c$ 的图象与 x 轴正半轴有两个交点”。试题设计巧妙，立足核心内容，突出数形结合、以形助数。试题不是以繁难复杂的推理计算或者添加难以想到的辅助线来区分学生，而是有效考查学生。

例3 在平面直角坐标系中，如果 x 与 y 都是整数，就称点 (x,y) 为整点. 下列命题错误的是 ( )

A. 存在这样的直线，既不与坐标轴平行，又不经过任何整点

B. 存在恰好经过一个整点的直线

C. 若直线 $y=kx+b$ 经过无穷多个整点，则 k 与 b 都是有理数

D. 若 k 与 b 都是无理数，则直线 $y=kx+b$ 不经过任何整点

【试题分析】

知识主题	核心素养									问题情境			水平层次
	数学眼光				数学思维		数学语言			现实情境	科学情境	数学情境	
	抽象能力	几何直观	空间观念	创新意识	运算能力	推理能力	模型观念	数据观念	应用意识				
数与代数	√			√	√	√	√					√	二

现实世界中的数量关系往往有其自身的规律，在用代数式、方程、不等式、函数刻画这种数量关系或变量关系的过程中，往往会涉及分析、判

断和推理；同时，就代数式、方程、不等式、函数这些数学模型本身而言，其内部也不乏分析、判断和推理的因素。本题正是基于这样的思考而编制的，试题改编自2011年安徽省高考理科数学试卷第15题，将原题5个填空、选择形式的题目删减为4个选项的单选题以降低难度，把一些高中数学语言的叙述，以初中生能理解的方式来表述。在试题结构上，以整点概念和直线穿过整点的不同情况为背景展开探究，其中涉及较多相关知识点的考查与分析。试题突出体现：要说明一个命题为真命题必须经过严格的说理证明，而说明一个命题是假命题则只需举出一个反例。本题对学生的阅读理解与推理的能力要求较高。

例4　小红帮弟弟荡秋千，秋千离地面的高度 h(单位：m)与摆动时间 t(单位：s)之间的关系如图2-3-4所示.

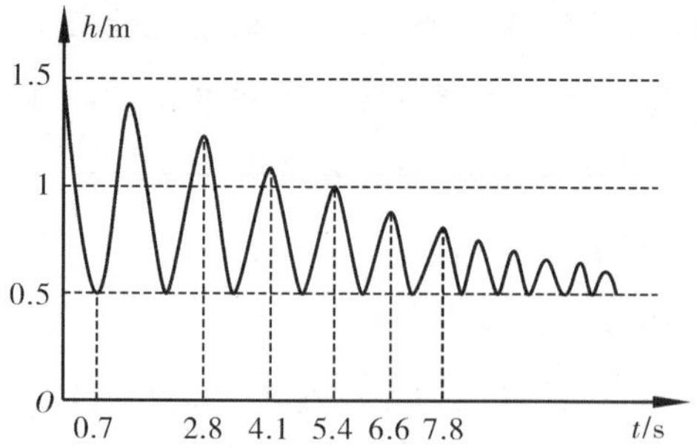

图2-3-4

(1) 根据函数的定义，请判断变量 h 是否为关于 t 的函数.

(2) 结合图象回答：

①当 $t=0.7$ s时，h 的值是多少？说明它的实际意义.

②秋千摆动第一个来回需多少时间？

【试题分析】

知识主题	核心素养									问题情境			水平层次
	数学眼光				数学思维		数学语言			现实情境	科学情境	数学情境	
	抽象能力	几何直观	空间观念	创新意识	运算能力	推理能力	模型观念	数据观念	应用意识				
数与代数	√			√	√	√	√		√	√		√	二

本题通过研究荡秋千的运动过程考查函数的概念、函数值的概念，以及借助图象理解变量关系和变化规律；利用函数概念判断图象信息，考查学生对函数概念的理解水平，能够用已有的知识分析、解决问题。

二、借助图象探究函数性质的试题编制

借助图形将相对抽象的、复杂的数学关系直观、清晰地展示出来，通过对图形的分析思考，进而寻求解决问题的思路，实现数与形之间的化归与转化，本质上就是“以形助数”，这也是考查学生几何直观能力的重要方式。

例5 下表中列出的是一个二次函数的自变量 x 与函数 y 的几组对应值：

x	…	-2	0	1	3	…
y	…	6	-4	-6	-4	…

下列选项中，正确的是 （ ）

A. 这个函数的图象开口向下

B. 这个函数的图象与 x 轴无交点

C. 这个函数的最小值小于 -6

D. 当 $x>1$ 时，y 的值随 x 值的增大而增大

【试题分析】

知识主题	核心素养									问题情境			水平层次
	数学眼光				数学思维		数学语言						
	抽象能力	几何直观	空间观念	创新意识	运算能力	推理能力	模型观念	数据观念	应用意识	现实情境	科学情境	数学情境	
数与代数	√				√	√	√					√	二

本题没有给出函数图象，其目的是希望学生能够自觉地画出二次函数图象草图，考查学生对“见数思形”的敏感性。利用图象求解，有利于学生通过几何直观探索解决问题。本题通过图象可以直观地看出图象开口

方向、与坐标轴的交点情况、最值、对称性、增减性等。

例6 小方同学看到一则材料：甲开汽车，乙骑自行车从 M 地出发，沿一条公路匀速前往 N 地. 设乙行驶的时间为 t(单位：h)，甲、乙两人之间的距离为 y(单位：km)，y 与 t 的函数关系如图①所示. 小方思考后，发现了图①中的部分正确信息，乙先出发 1 h，甲出发 0.5 h 后与乙相遇. 请你帮助小方同学解决以下问题：

(1) 分别求出线段 BC，CD 所在直线的函数表达式.

(2) 当 $20<y<30$ 时，求 t 的取值范围.

(3) 分别求出甲、乙行驶的路程 $s_{甲}$，$s_{乙}$ 关于时间 t 的函数表达式，并在图②所给的平面直角坐标系中分别画出它们的图象.

(4) 丙骑摩托车与乙同时出发，从 N 地沿同一条公路匀速前往 M 地，若丙经过 $\frac{4}{3}$ h 与乙相遇，求丙出发后多长时间与甲相遇.

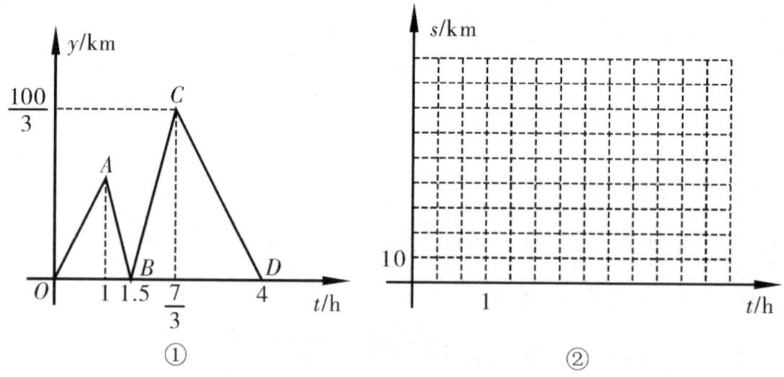

图 2-3-5

【试题分析】

知识主题	核心素养									问题情境			水平层次
	数学眼光				数学思维		数学语言						
	抽象能力	几何直观	空间观念	创新意识	运算能力	推理能力	模型观念	数据观念	应用意识	现实情境	科学情境	数学情境	
数与代数	√			√	√	√	√		√	√			三

解答本题的关键是能够根据文字和图象信息，画出图象，以形助数，利用图象的直观性解题。题目将丰富的信息用一个“折线形”图象(如图

2-3-5①)呈现给学生，让学生通过对图象的“阅读”自行捕获相关信息，用于问题的解决，其间还要求学生将获取的信息转译为“双一次函数”图象(如图2-3-6①)，并用此图象解决最后一小题(如图2-3-6②)。将“单条”曲线图转译为“双条”曲线图，这样的设计考查学生“以形助数”的几何直观能力。

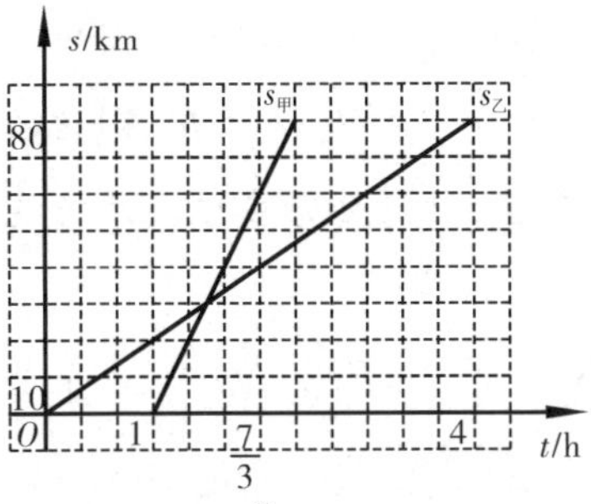

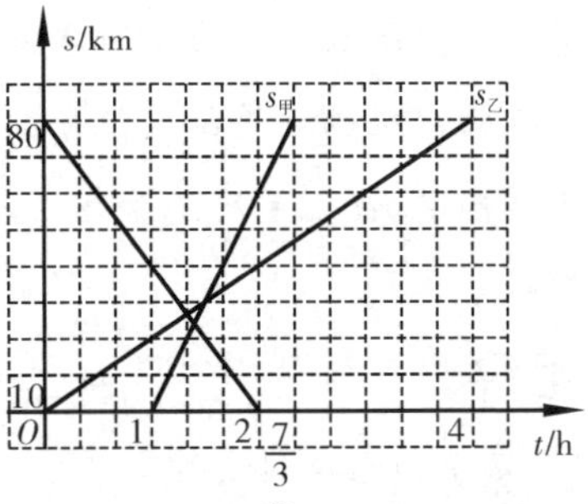

图2-3-6

例7 在“探索一次函数 $y=kx+b$ 的系数 k，b 与图象的关系”活动中，老师给出了平面直角坐标系中的三个点：$A(0,2)$，$B(2,3)$，$C(3,1)$. 同学们画出了经过这三个点中每两个点的一次函数的图象，并得到对应的函数表达式 $y_1=k_1x+b_1$，$y_2=k_2x+b_2$，$y_3=k_3x+b_3$，分别计算 k_1+b_1，k_2+b_2，k_3+b_3 的值，其中最大的值等于________.

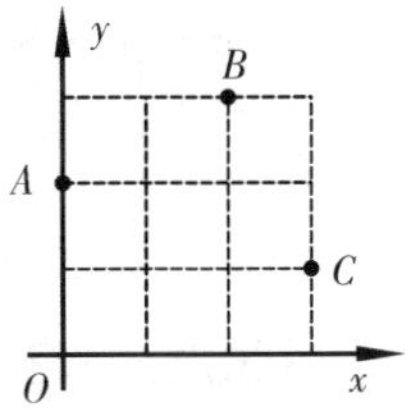

图2-3-7

【试题分析】

知识主题	核心素养									问题情境			水平层次
	数学眼光				数学思维		数学语言			现实情境	科学情境	数学情境	
	抽象能力	几何直观	空间观念	创新意识	运算能力	推理能力	模型观念	数据观念	应用意识				
数与代数	√			√	√	√	√					√	三

本题考查重点为一次函数。《课程标准(2022年版)》的学业要求中指出：会在不同问题情境下运用待定系数法确定一次函数的表达式；会画

出一次函数的图象；会根据一次函数的表达式求其图象与坐标轴的交点坐标；会根据一次函数的图象和表达式 $y=kx+b(k\neq0)$，探索并理解 k 值的变化对函数图象的影响。

本题是客观题中的稍难题，试题设计多种解决途径，为不同的学生开启不同的思考路径。本题可以直接用待定系数法求一次函数的系数，也可以根据一次函数 k,b 的几何意义去求解。当 $x=1$ 时，经过图中三点中每两个点的一次函数的函数值分别为 k_1+b_1，k_2+b_2，k_3+b_3，则结果由不确定变得确定，优化了思想和方法，以培养学生逐步形成适应终身发展需要的核心素养。

例 8 已知点 $M(-4,a-2)$，$N(-2,a)$，$P(2,a)$ 在同一个函数图象上，则这个函数图象可能是 ( )

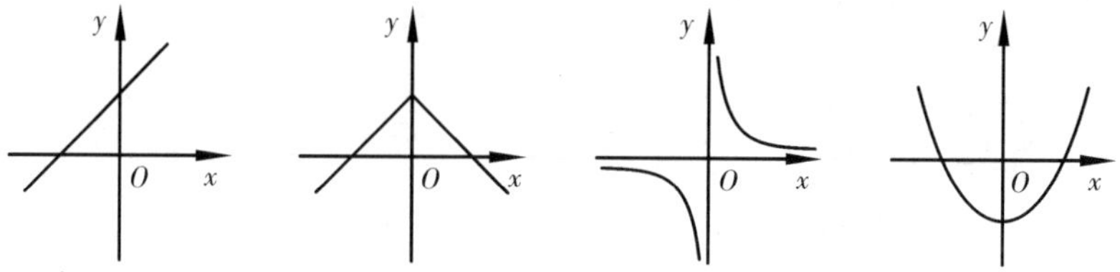

A. B. C. D.

【试题分析】

知识主题	核心素养									问题情境			水平层次
	数学眼光				数学思维		数学语言			现实情境	科学情境	数学情境	
	抽象能力	几何直观	空间观念	创新意识	运算能力	推理能力	模型观念	数据观念	应用意识				
数与代数	√				√	√	√					√	二

本题考查重点为函数。《课程标准（2022 年版）》的学业要求中指出：能根据函数图象分析出实际问题中变量的信息，发现变量间的变化规律；能结合函数图象对简单实际问题中的函数关系进行分析，结合对函数关系的分析，能对变量的变化趋势进行初步推测。

本题以数形结合思想的应用为背景，通过对 N,P 两点的坐标特征发现它们关于 y 轴成轴对称，由 M,N 坐标间的关系可知函数值 y 有局部

随自变量 x 的增大而增大的趋势。进而在问题解决中，考查学生的逻辑推理能力，及有序思考的良好思维品质，考查了函数的图象及其性质的内在联系。

例 9 设二次函数 $y=ax^2+bx+1$（$a\neq0$，b 是实数）. 已知函数值 y 和自变量 x 的部分对应取值如下表所示：

x	…	-1	0	1	2	3	…
y	…	m	1	n	1	p	…

(1) 若 $m=4$，

①求二次函数的表达式.

②写出一个符合条件的 x 的取值范围，使得 y 随 x 的增大而减小.

(2) 若在 m,n,p 这三个实数中，只有一个是正数，求 a 的取值范围.

【试题分析】

知识主题	核心素养									问题情境			水平层次
	数学眼光				数学思维		数学语言						
	抽象能力	几何直观	空间观念	创新意识	运算能力	推理能力	模型观念	数据观念	应用意识	现实情境	科学情境	数学情境	
数与代数	√				√	√	√					√	三

本题重点考查二次函数知识。《课程标准（2022 年版）》的学业要求中指出：会通过分析实际问题的情境确定二次函数的表达式，会利用一些特殊点画出二次函数的草图，通过图象了解二次函数的性质。

本题呈现了信息不完整的一张表格，需要学生有效利用表格信息（从表格中提取 $x=1$ 所给二次函数的对称轴，从而得到 $m=p$）求函数表达式及借助表格描绘函数图象、分析函数性质，突出学生对函数三种语言（表格、表达式、图象）的转化，凸显对函数本质的考查。第（2）题利用函数图象与性质判断函数值的大小，并由此列出一元一次不等式组解决字母取值范围，突出考查学生的代数运算、数形结合及综合分析能力，具有较好的区分度。

三、理解函数模型的试题编制

数学模型与现实原型是一种反映与被反映的关系，感受数学模型与生活现实互译是认识与理解数学模型的必经之路，是形成模型思想的最初阶段。设计感受数学模型与生活现实互译的试题，有利于考查学生对模型的熟悉程度，以及是否具备将现实情境翻译为数学模型的能力。

例10 根据数学家凯勒的“百米赛跑数学模型”，前 30 米称为“加速期”，30～80 米为“中途期”，80～100 米为“冲刺期”. 市田径队把运动员小斌某次百米跑训练时速度 y(单位：m/s)与路程 x(单位：m)之间的观测数据绘制成曲线图，如图 2－3－8 所示.

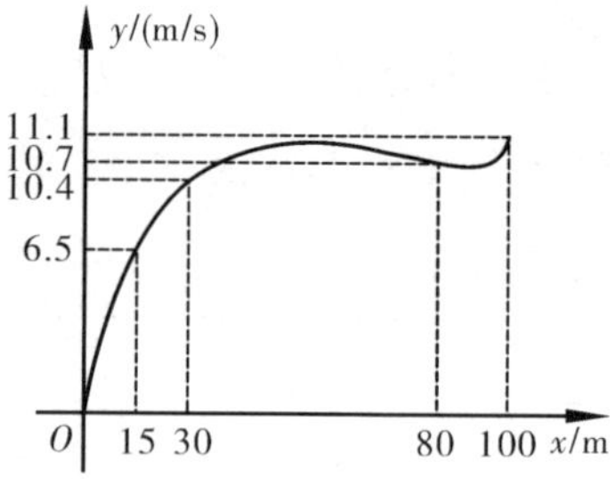

图 2－3－8

(1) y 是关于 x 的函数吗？为什么？

(2) “加速期”结束时，小斌的速度为多少？

(3) 根据图中提供的信息，给小斌提一条训练建议.

【试题分析】

知识主题	核心素养									问题情境			水平层次
	数学眼光				数学思维		数学语言						
	抽象能力	几何直观	空间观念	创新意识	运算能力	推理能力	模型观念	数据观念	应用意识	现实情境	科学情境	数学情境	
数与代数	√			√	√	√	√		√	√			二

本题以“百米赛跑数学模型”为背景，结合图象表达相关信息，需要学生在分析函数图象信息的基础上联系生活经验，理解题意，突出了数学模型与生活现实的互译。三个问题设计中，第(3)题最有味道，体现了数学

的价值与意义。

例11 【问题背景】

“刻漏”是我国古代的一种利用水流计时的工具. 综合实践小组准备用甲、乙两个透明的竖直放置的容器和一根带节流阀(控制水的流速大小)的软管制作简易计时装置.

【实验操作】

综合实践小组设计了如下的实验:先在甲容器里加满水,此时水面高度为 30 cm,开始放水后每隔 10 min 观察一次甲容器中的水面高度,获得的数据如下表:

放水时间 t/min	0	10	20	30	40
水面高度 h/cm(观察值)	30	29	28.1	27	25.8

任务 1　分别计算表中每隔 10 min 水面高度观察值的变化量.

【建立模型】

小组讨论发现:“$t=0,h=30$”是初始状态下的准确数据,水面高度值的变化不均匀,但可以用一次函数近似地刻画水面高度 h 与放水时间 t 之间的关系.

任务 2　利用“$t=0$ 时,$h=30$;$t=10$ 时,$h=29$”这两组数据求水面高度 h 与放水时间 t 的函数解析式.

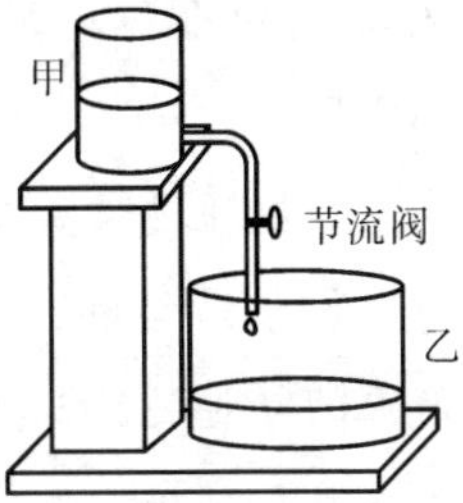

图 2-3-9

【反思优化】

经检验,发现有两组表中观察值不满足任务 2 中求出的函数解析式,存在偏差,小组决定优化函数解析式,减小偏差. 通过查阅资料后知道:t 为表中数据时,根据解析式求出所对应的函数值,计算这些函数值与对应 h 的观察值之差的平方和,记为 w;w 越小,偏差越小.

任务 3　(1)计算任务 2 得到的函数解析式的 w 值.

(2) 请确定经过(0,30)的一次函数解析式,使得 w 的值最小.

【设计刻度】

得到优化的函数解析式后，综合实践小组决定在甲容器外壁设计刻度，通过刻度直接读取时间.

任务4　请你简要写出时间刻度的设计方案.

【试题分析】

知识主题	核心素养									问题情境			水平层次
	数学眼光				数学思维		数学语言						
	抽象能力	几何直观	空间观念	创新意识	运算能力	推理能力	模型观念	数据观念	应用意识	现实情境	科学情境	数学情境	
数与代数	√			√	√	√	√		√	√			三

本题重点考查一次函数与二次函数的应用。《课程标准(2022年版)》的学业要求中指出：能在实际问题中列出一次函数和二次函数的表达式，并结合一次函数、二次函数的图象与表达式的性质等解决简单的实际问题。

本题通过设置"制作简易计时装置"的项目化学习情境，考查了学生建立数学模型的能力，通过对收集到的数据进行分析，让学生识别实际问题中的数量关系及变化规律，能结合函数图象对简单实际问题中的函数关系进行分析，建立最适合的数学模型，此题充分体现以下几点：一是给出古代实际存在的"刻漏"计时装置，蕴含了中华传统文化；二是打破了常规思维的束缚，利用结构不良的数据变化，需要学生经历建立函数模型—优化函数模型—利用模型解决问题—设计计时方案，体现了思维的创新性；三是对此问题的解决，学生要抽取有用信息，理解函数图象与表达式的对应关系，增强几何直观，进一步发展应用意识，有效考查学生阅读、观察、计算、归纳及表达的能力。

例12　根据以下素材，探究完成任务.

<table>
<tr><th colspan="4">如何把实心球扔得更远</th></tr>
<tr><td>素材1</td><td colspan="2">小林在练习投掷实心球，其示意图如图 2-3-10，第一次练习时，球从点 A 处被抛出，其路线是抛物线.点 A 距离地面 1.6 m，当球到 OA 的水平距离为 1 m时，达到最大高度为 1.8 m</td><td>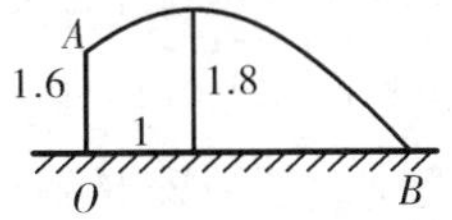
图 2-3-10</td></tr>
<tr><td>素材2</td><td colspan="2">根据体育老师的建议，第二次练习时，小林在正前方 1 m 处(如图 2-3-11)架起距离地面高为 2.45 m的横线.球从点 A 处被抛出，恰好越过横线，测得投掷距离 $OC=8$ m</td><td>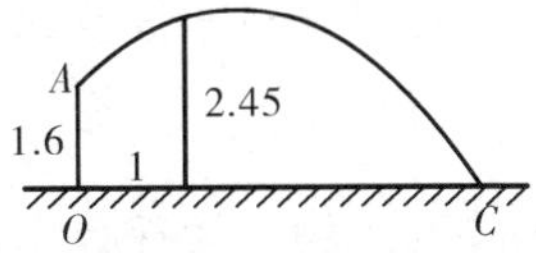
图 2-3-11</td></tr>
<tr><td colspan="4">问题解决</td></tr>
<tr><td>任务 1</td><td>计算投掷距离</td><td colspan="2">建立合适的平面直角坐标系，求素材 1 中的投掷距离 OB</td></tr>
<tr><td>任务 2</td><td>探求高度变化</td><td colspan="2">求素材 2 和素材 1 中球的最大高度的变化量</td></tr>
<tr><td>任务 3</td><td>提出训练建议</td><td colspan="2">为了把球掷得更远，请给小林提出一条合理的训练建议</td></tr>
</table>

【试题分析】

知识主题	核心素养									问题情境			水平层次
	数学眼光				数学思维		数学语言						
	抽象能力	几何直观	空间观念	创新意识	运算能力	推理能力	模型观念	数据观念	应用意识	现实情境	科学情境	数学情境	
数与代数	√			√	√	√	√		√	√			三

本题以学生参与的体育中考项目“投掷实心球”活动为背景，将生活问题抽象为数学问题并建立函数模型，运用初中所学的二次函数概念、图象与性质，分析解决相关问题，并运用数学改进体育训练方法，是一道数学与体育融合的跨学科试题，体现了数学来源于生活、数学为生活服务的理念。

例13 在“看图说故事”活动中，某学习小组结合图象设计了一个问题情境：

已知学生公寓、阅览室、超市依次在同一条直线上，阅览室离学生公寓 1.2 km，超市离学生公寓 2 km. 小琪从学生公寓出发，匀速步行了 12 min到阅览室；在阅览室停留 70 min 后，匀速步行了 10 min 到超市；在超市停留 20 min 后，匀速骑行了 8 min 返回学生公寓. 给出的图象反映了这个过程中小琪离学生公寓的距离 y(单位：km)与离开学生公寓的时间 x(单位：min)之间的对应关系.

请根据相关信息，解答下列问题：

(1) 填表：

离开学生公寓的时间/min	5	8	50	87	112
离学生公寓的距离/km	0.5			1.6	

(2) 填空：

①阅览室到超市的距离为________km.

②小琪从超市返回学生公寓的速度为________km/min.

③当小琪离学生公寓的距离为 1 km 时，她离开学生公寓的时间为________min.

(3) 当 $0 \leqslant x \leqslant 92$ 时，请直接写出 y 关于 x 的函数解析式.

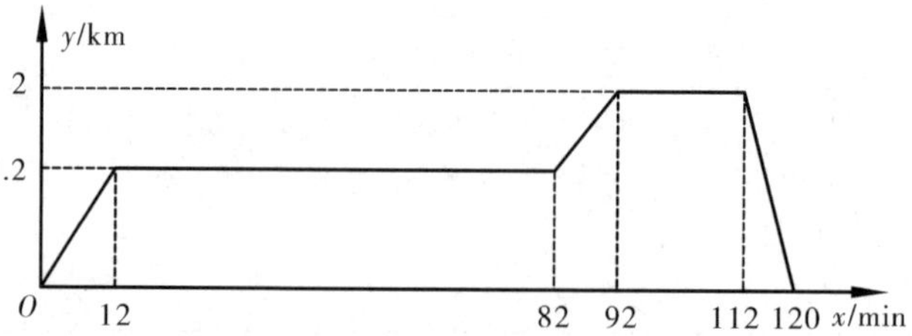

图 2-3-12

【试题分析】

知识主题	核心素养									问题情境			水平层次
	数学眼光				数学思维		数学语言						
	抽象能力	几何直观	空间观念	创新意识	运算能力	推理能力	模型观念	数据观念	应用意识	现实情境	科学情境	数学情境	
数与代数	√			√	√	√	√		√	√			三

本题考查一次函数的应用，关键是读懂题意，能正确识图。

(1) 观察函数图象即可得答案。

(2) ①根据阅览室离学生公寓 1.2 km，超市离学生公寓 2 km 可得答案；②用路程除以时间可得速度；③分两种情况，分别可得小琪离学生公寓的距离为 1 km 时，她离开学生公寓的时间。

好题精选

1. 估计$\sqrt{3}\times(2\sqrt{3}+\sqrt{5})$的值应在　　（　　）

A. 10 和 11 之间　　B. 9 和 10 之间

C. 8 和 9 之间　　D. 7 和 8 之间

2. 在同一平面直角坐标系中，函数 $y=kx+1$ 与 $y=-\frac{k}{x}$(k 为常数且 $k\neq0$)的图象大致是　　（　　）

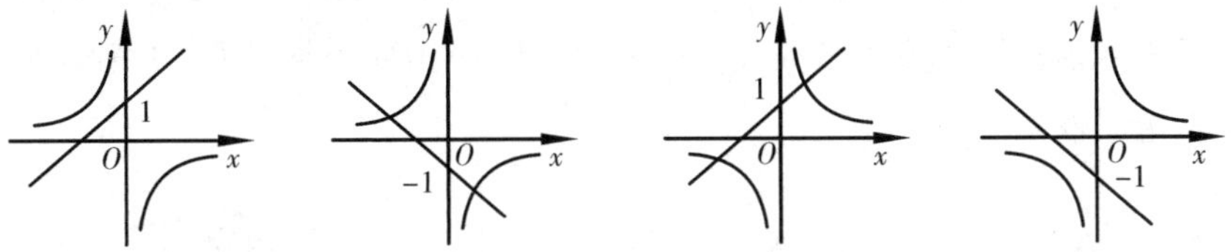

A.　　B.　　C.　　D.

3. 照相机成像的原理可用公式$\frac{1}{f}=\frac{1}{u}+\frac{1}{v}(v\neq f)$表示，其中 f 表示照相机镜头的焦距，u 表示物体到镜头的距离，v 表示胶片(像)到镜头的距离. 已知 f,v，则 $u=$　　（　　）

A. $\frac{fv}{f-v}$　　B. $\frac{f-v}{fv}$　　C. $\frac{fv}{v-f}$　　D. $\frac{v-f}{fv}$

4. 幻方是古老的数学问题，我国古代的《洛书》中记载了最早的幻方——九宫格. 将 9 个数填入幻方的空格中，要求每一横行、每一竖列以及两条对角线上的 3 个数之和相等，例如图①就是一个幻方，图②是一个未完成的幻方，则 x 与 y 的和是　　（　　）

4	9	2
3	5	7
8	1	6

①

x	6	20
22		y

②

（第 4 题）

A. 9　　B. 10　　C. 11　　D. 12

5. 甲、乙两位同学各给出某函数的一个特征，甲：函数值 y 随自变量 x 增大而减小；乙：函数图象经过点(0,2). 请你写出一个同时满足这两个特征的函数，其表达式是________.

6. 古希腊的毕达哥拉斯学派对整数进行了深入的研究，尤其注意形与数的关系，“多边形数”也称为“形数”，就是形与数的结合物. 用点排成的图形如下：图①的点数叫做三角形数，从上至下第一个三角形数是 1，第二个三角形数是 $1+2=3$，第三个三角形数是 $1+2+3=6$，……图②的点数叫做正方形数，从上至下第一个正方形数是 1，第二个正方形数是 $1+3=4$，第三个正方形数是 $1+3+5=9$，……由此类推，图④中第五个正六边形数是________.

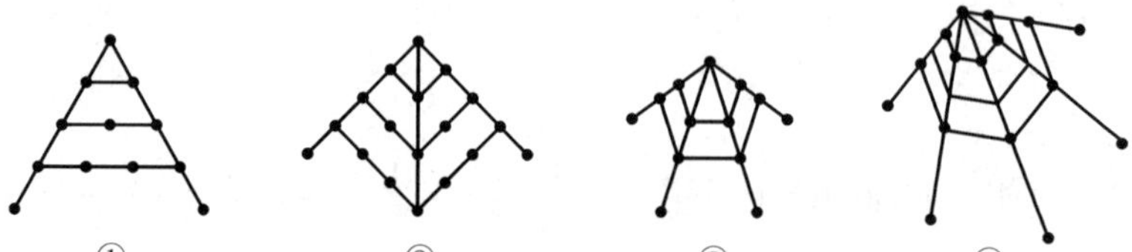

①　　②　　③　　④

（第 6 题）

7. 用消元法解方程组 $\begin{cases} x-3y=5, & ① \\ 4x-3y=2 & ② \end{cases}$ 时，两位同学的解法如下：

解法一：由①－②，得 $3x=3$.

解法二：由②，得 $3x+(x-3y)=2$，③
把①代入③，得 $3x+5=2$.

(1) 反思：上述两个解题过程中有无计算错误？若有错误，请在错误处画“×”.

(2) 请选择一种你喜欢的方法，完成解答.

8. 6 月 13 日，某港口的潮水高度 y(单位:cm)和时间 x(单位:h)的部分数据及函数图象如下：

x/h	…	11	12	13	14	15	16	17	18	…
y/cm	…	189	137	103	80	101	133	202	260	…

(注:数据来自某海洋研究所)

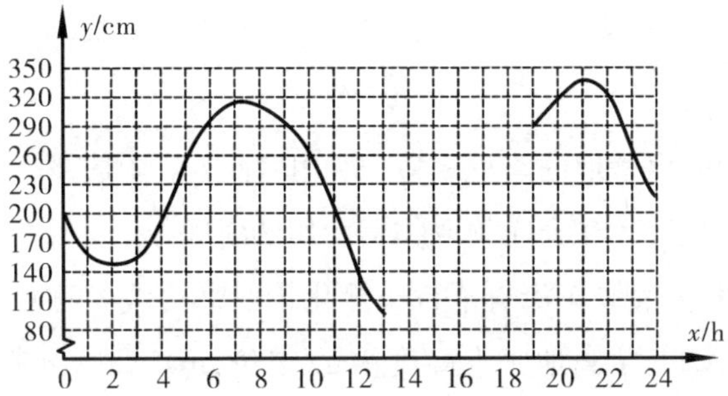

(第 8 题)

(1) 数学活动:

①根据表中数据，通过描点、连线(光滑曲线)的方式补全该函数的图象.

②观察函数图象，当 $x=4$ 时，y 的值为多少? 当 y 的值最大时，x 的值为多少?

(2) 数学思考:

请结合函数图象，写出该函数的两条性质或结论.

(3) 数学应用:

研究表明，当潮水高度超过 260 cm 时，货轮能够安全进出该港口. 请问当天什么时间段适合货轮进出该港口?

9. 某校与部队联合开展红色之旅研学活动，上午 7:00，部队官兵乘坐军车从营地出发，同时学校师生乘坐大巴从学校出发，沿公路(如图①)到爱国主义教育基地进行研学. 上午 8:00，军车在离营地 60 km 的地方追上大巴并继续前行，到达仓库后，部队官兵下车领取研学物资，然后乘坐军车按原速前行，最后和师生同时到达基地，军车和大巴离营地的路程 s(单位:km)与所用时间 t(单位:h)的函数关系如图②所示.

①

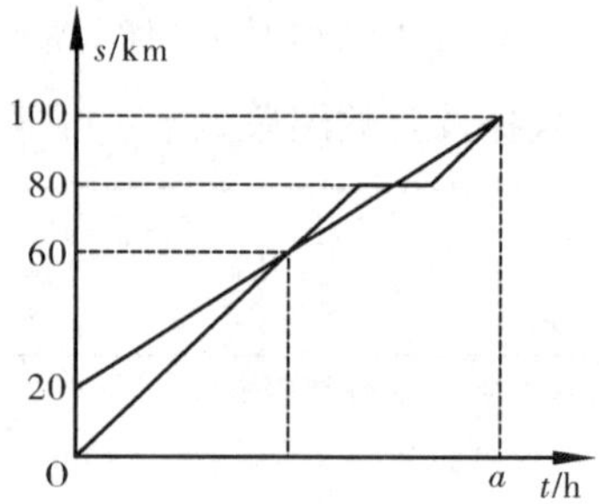

②

（第 9 题）

（1）求大巴离营地的路程 s 关于所用时间 t 的函数表达式及 a 的值.

（2）求部队官兵在仓库领取物资所用的时间.

10. 如图①，灌溉车沿着平行于绿化带底部边线 l 的方向行驶，为绿化带浇水. 喷水口 H 离地竖直高度为 h（单位：m）. 如图②所示为把灌溉车喷出水的上、下边缘抽象为平面直角坐标系中两条抛物线的部分图象. 把绿化带横截面抽象为矩形 $DEFG$，其水平宽度 $DE=3$ m，竖直高度为 EF 的长. 下边缘抛物线是由上边缘抛物线向左平移得到，上边缘抛物线最高点 A 离喷水口的水平距离为 2 m，高出喷水口 0.5 m，灌溉车到 l 的距离 OD 为 d（单位：m）.

①

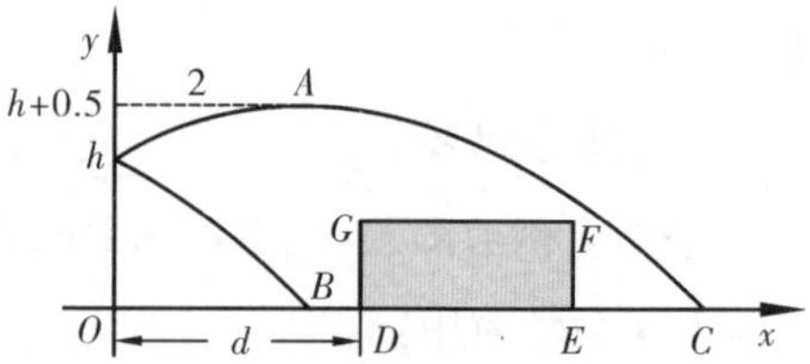

②

（第 10 题）

（1）若 $h=1.5$ m，$EF=0.5$ m.

①求上边缘抛物线的函数解析式，并求喷出水的最大射程 OC.

②求下边缘抛物线与 x 轴的正半轴交点 B 的坐标.

③要使灌溉车行驶时喷出的水能浇灌到整个绿化带，求 d 的取值范围.

（2）若 $EF=1$ m，要使灌溉车行驶时喷出的水能浇灌到整个绿化带，

请直接写出 h 的最小值.

【参考答案】

1. B　2. A　3. C　4. D

5. $y=-x+2$(答案不唯一)　6. 45

7. (1) 解法一中的计算有误(标记略)

(2) 原方程组的解是$\begin{cases}x=-1,\\y=-2\end{cases}$

8. (1) ①

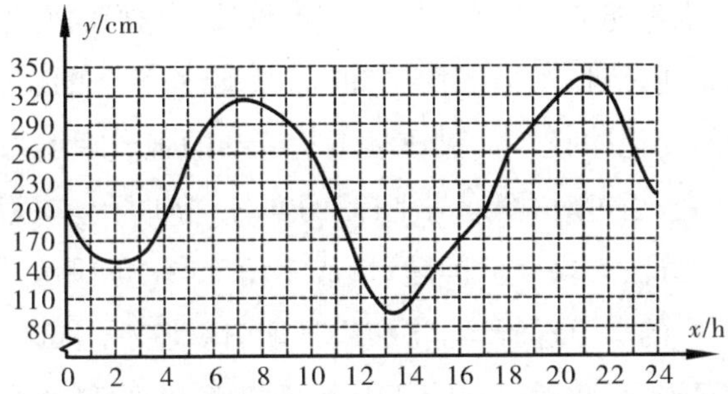

②当 $x=4$ 时,y 的值为 200;当 y 的值最大时,x 的值为 21

(2) 答案不唯一,例如:

①当 $2\leqslant x\leqslant 7$ 时,y 随 x 的增大而增大

②当 $x=14$ 时,y 有最小值 80

(3) 当天适合货轮进出该港口的时间段为 $5<x<10$ 或 $18<x<23$

9. (1) 大巴离营地的路程 s 关于所用时间 t 的函数表达式为 $s=20+40t$,a 的值为 2

(2) 部队官兵在仓库领取物资所用的时间为$\frac{1}{3}$ h

10. (1) ①喷出水的最大射程 OC 为 6 m

②点 B 的坐标为(2,0)

③d 的取值范围是 $2\leqslant d\leqslant 2\sqrt{3}-1$

(2) h 的最小值为$\frac{65}{32}$

第三章　图形与几何领域的试题编制

初中阶段，“图形与几何”领域主要以发展学生的空间观念、几何直观、抽象能力、推理能力为核心，设“图形的性质”“图形的变化”“图形与坐标”三个主题。通过对“图形的性质”的学习，培养学生的逻辑思维能力；通过对“图形的变化”的学习，引导学生从运动的观点理解图形在运动变化中的变与不变；通过对“图形与坐标”的学习，帮助学生探索数学研究的新视角，用代数方法解决几何问题，形成多角度解决问题的方案和策略。在三大主题内容的学习过程中，将演绎证明、运动变化、量化分析贯穿始终，在建立空间观念、几何直观的基础上，逐步形成推理能力。

素养为导向的几何命题不仅要关注学生“图形与几何”模块的核心基础知识，还应渗透数学思想方法，全面考查学生的抽象能力、推理能力、空间观念、几何直观、创新意识、应用意识等核心素养，充分彰显数学思维的深刻性、广阔性和灵动性，发挥评价的育人导向作用注重凸显图形本质、数学思维、探究能力和实践能力，注重试题情境合理化、要素多样化和结构整体化。编制试题重点关注以下几个方面：

（1）关注图形本质，彰显思维品质。几何图形之间有很强的关联性和整体性，“图形与几何”试题在考查学生基础知识、基本方法和基本图形的同时，还应突出考查学生综合运用“图形与几何”的核心知识分析和解决问题的能力。在试题命制过程中，应充分关注图形本质属性，提炼模型共性点，挖掘思维生长点，渗透数学思想，彰显多元思维，考查核心素养。用合理的设问为学生搭建解决问题的脚手架，将学生的思维自然地由低阶引向高阶，体现“素养导向、知识为基、能力为重”的评价理念。

（2）创设任务情境，聚焦核心素养。从知识理解到知识迁移，再到知识创新是发展学生核心素养的关键。创设合理的任务情境，以问题解决为主线，让学生经历知识学习和运用的全过程，考查学生对知识理解、能力应用的结构化水平，避免碎片化、零散式的考查现象。试题的编制，需要立足于学生现实，通过精心设置的问题，将知识技能、过程方法与高阶思维的考查有机融合，指向抽象能力、推理能力、几何直观、模型观念等核心素养，给学生提供展示逻辑推理和思维能力的平台，注重考查学生的创新意识和探究能力，发展应用意识。

(3) 渗透数学文化，强化育人导向。在试题中渗透数学文化是落实学科立德树人的重要途径之一，将经典图形和数学史料融入试题，以图形本质为落脚点，通过设计条件丰富图形结构，既实现对灵活运用基础知识和基本技能的考查，又挖掘了经典图形的内涵，弘扬了数学文化，陶冶学生情操，彰显数学魅力，承载了多元的价值导向和育人功能，将人文素养与数学知识融合，凸显学科育人的本质和能力的考查。

第一节 图形的性质

《课程标准(2022 年版)》指出："图形的性质"强调以基本事实为出发点，推导图形的几何性质和定理，以实验研究、直观发现、推理论证为落脚点，培养学生会用几何的眼光观察现实世界，用几何的思维思考现实世界，用几何语言表达现实世界。

"图形的性质"要求掌握点、线、面、角，相交线和平行线，三角形，四边形，圆的概念；知道图形的特征、共性与差异；理解线段长短的度量，探究并理解角度大小的度量；理解两条直线平行或垂直的关系，形成抽象意识；基于直观理解掌握几何基本事实，基于基本事实认识并证明图形的性质与关系；经历得到和验证数学结论的过程，感悟具有传递性的数学逻辑，发展几何直观和推理能力；经历尺规作图的过程，能够想象出由尺规作图操作所形成的图形，理解尺规作图的基本原理与方法，发展空间观念和空间想象力。

一、基于PISA理念的试题编制

PISA试题具有三个明显的特征：情境、运用、思维，它强调运用已学到的知识解释或解决问题以及进行有效分析、推论、交流等，强调数学背景的“现实化”和“数学化”，引导学生用数学的眼光去观察现实世界，用数学知识、数学思想方法分析处理解决现实世界中的问题。PISA试题不仅考查传统知识与技能，更重要的是使学生通过数学活动获得创造性的经验，掌握数学思想方法，感悟数学精神。PISA试题在命制的过程中，应注意试题的合理性、适切性，体现图形及性质考查的本质属性。

例1 图①是一种三角车位锁，其主体部分是由两根长度相等的钢条组成. 当位于顶端的小挂锁打开时，钢条可放入底盒中（底盒固定在地面下），此时汽车可以进入车位；当车位锁上锁后，钢条按图①的方式立在地面上，以阻止底盘高度低于车位锁高度的汽车进入车位. 图②是其示意图，经测量，钢条 $AB=AC=50$ cm，$\angle ABC=47°$.

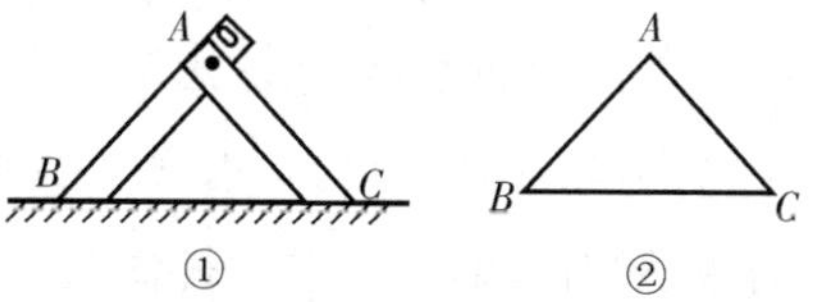

图 3-1-1

(1) 求车位锁的底盒长 BC.

(2) 若一辆汽车的底盘高度为 30 cm，当车位锁上锁时，问这辆汽车能否进入该车位？（参考数据：$\sin 47°\approx 0.73$，$\cos 47°\approx 0.68$，$\tan 47°\approx 1.07$）

【试题分析】

知识主题	核心素养									问题情境			水平层次
	数学眼光				数学思维		数学语言			现实情境	科学情境	数学情境	
	抽象能力	几何直观	空间观念	创新意识	运算能力	推理能力	模型观念	数据观念	应用意识				
图形与几何	√	√	√		√	√			√	√			三

本题在社会关注有序停车这个现实背景下，采用生活中素材——车位锁并结合PISA理念编成的试题，属于解直角三角形的应用题，命题角

度新颖，既贴近生活，又需要借助等腰三角形、勾股定理、锐角三角函数、解直角三角形等数学知识才能解决。试题通过将三角车位锁转化为数学问题，意在考查学生应用数学眼光观察世界、用数学思维思考世界、用数学语言表达世界，充分体现了数学与生活的紧密联系，为学生形成良好的数学价值观奠定基础，该题很好地诠释了“数学来自生活，又服务于生活”的真谛。

例2　如图3-1-2是一个由5张纸片拼成的▱$ABCD$，相邻纸片之间互不重叠也无缝隙，其中两张等腰直角三角形纸片的面积都为S_1，另两张直角三角形纸片的面积都为S_2，中间一张矩形纸片$EFGH$的面积为S_3，FH与GE相交于点O. 当$\triangle AEO$，$\triangle BFO$，$\triangle CGO$，$\triangle DHO$的面积相等时，下列结论一定成立的是　　(　　)

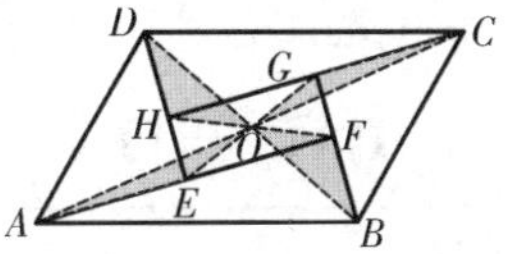

图3-1-2

A. $S_1=S_2$　　B. $S_1=S_3$　　C. $AB=AD$　　D. $EH=GH$

【试题分析】

知识主题	核心素养									问题情境			水平层次
	数学眼光				数学思维		数学语言			现实情境	科学情境	数学情境	
	抽象能力	几何直观	空间观念	创新意识	运算能力	推理能力	模型观念	数据观念	应用意识				
图形与几何		√	√		√	√	√					√	三

本题是PISA试题，它具有PISA试题的三大特征：情境、运用和思维。问题的设计简约明了，在问题解决的过程中考查学生对于代数式的变形能力以及图形的变换，让学生体会数学的魅力。解题过程中，既可以对直角三角形的边长与矩形的边长设元，分别表示出$\triangle AOE$，$\triangle BOF$的面积，然后建立方程，运用等式的性质进行变形分析得到结果，又可以借助几何直观和整体思想，通过图形变换的方法解答，两种方法均需用到数形结合思想和整体思想，体现了对学生抽象思维、几何直观、数学运算等学科素养及应用知识解决或解释问题能力的考查。

例3 如图 3-1-3,在河对岸有一块矩形场地 $ABCD$,为了估测场地大小,测量人员在笔直的河岸 l 上依次取点 E,F,N,使 $AE\perp l$,$BF\perp l$,点 N,A,B 在同一直线上.在 F 点观测 A 点后,沿 FN 方向走到 M 点,观测 C 点发现 $\angle 1=\angle 2$.测得 $EF=15$ m,$FM=2$ m,$MN=8$ m,$\angle ANE=45^\circ$,则场地的边 $AB=$________ m,$BC=$________ m.

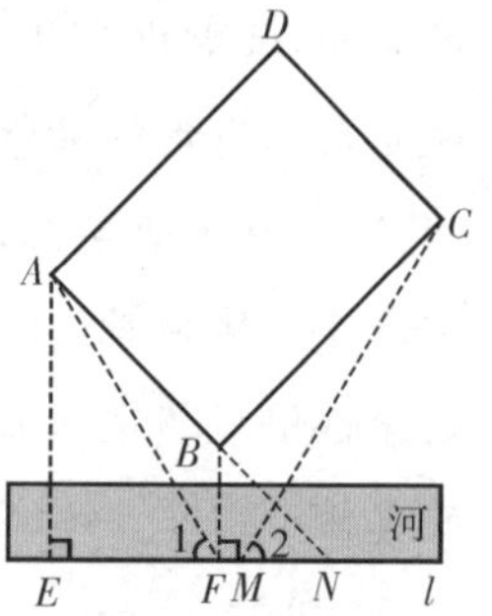

图 3-1-3

【试题分析】

知识主题	核心素养									问题情境			水平层次
	数学眼光				数学思维		数学语言			现实情境	科学情境	数学情境	
	抽象能力	几何直观	空间观念	创新意识	运算能力	推理能力	模型观念	数据观念	应用意识				
图形与几何	√	√	√		√	√			√	√			三

本题选择了河、河岸、矩形场地及相应的测量工具为背景素材,源于工作中常见的实例。此题颇具现实意义:首先,从河岸自身来看,其上面的每一段即线段的长是可测也是易测的;其次,从河岸看对岸,要确定物体的位置,是不易测量长度而容易获得方位的;第三,合理制订测量相应线段长与角度的方案,使条件恰好可以解决问题。

试题以测量河对岸的矩形场地大小为背景,利用巧妙的测量方法,从中抽象出数学模型,再结合推理计算获取尺寸,均将真实情境转化为数学中的几何问题来解决,蕴含 PISA 理念,充分体现了数学与生活的紧密联系,充分彰显了数学在实际生活中解决问题的现实意义与价值,同时突出考查学生对现实问题的分析和解决、对信息的获取和处理等能力,对学生的直观想象、数学建模、逻辑推理、数学运算等核心素养提出了要求。

二、源于数学活动的试题编制

《课程标准(2022 年版)》指出:要重视数学结果的形成过程,处理好过程与结果的关系;对内容进行结构化整合,探索发展学生核心素养的途径。基于数学活动的试题是考查学生“四基”“四能”的有效载体,它要求学生能从“巩固基础”到“理解本质”，再到“灵活应用”，在充分思考问题中形成解决问题的方法和策略。

例4 如图 3-1-4，为制作角度尺，将长为 10，宽为 4 的矩形 $OABC$ 分割成 4×10 的小正方形网格，在该矩形边上取点 P，来表示 $\angle POA$ 的度数，阅读以下作图过程，并回答下列问题：

作法(如图)	结论
①在 CB 上取点 P_1，使 $CP_1=4$	$\angle P_1OA=45^\circ$，点 P_1 表示 45°
②以 O 为圆心，8 为半径作弧，与 BC 交于点 P_2	$\angle P_2OA=30^\circ$，点 P_2 表示 30°
③分别以 O，P_2 为圆心，大于 OP_2 长度一半的长为半径作弧，相交于点 E，F，连结 EF 与 BC 相交于点 P_3	……
④以 P_2 为圆心，OP_2 的长为半径作弧，与射线 CB 交于点 D，连结 OD 交 AB 于点 P_4	……

(1) 分别求点 P_3，P_4 表示的度数.

(2) 用直尺和圆规在该矩形的边上作点 P_5，使该点表示 37.5°(保留作图痕迹，不写作法).

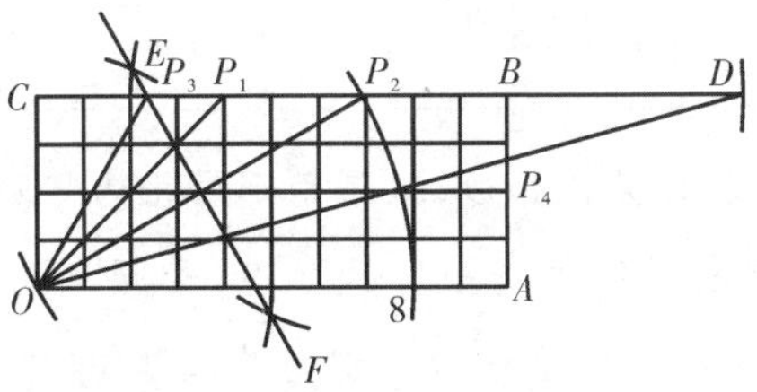

图 3-1-4

【试题分析】

知识主题	核心素养									问题情境			水平层次
	数学眼光				数学思维		数学语言						
	抽象能力	几何直观	空间观念	创新意识	运算能力	推理能力	模型观念	数据观念	应用意识	现实情境	科学情境	数学情境	
图形与几何		√	√		√	√			√			√	三

《课程标准(2022 年版)》对于“尺规作图”的要求是:了解作图的原理,保留作图的痕迹,不要求写出作法。本题考查的是“尺规作图”的应用,涉及知识点为线段垂直平分线的性质、角平分线的性质、圆的相关性质,解题的关键需要正确理解题意,掌握用到的相关知识点,且具备尺规作图的能力。在整个解题过程中,题目首先给了作图的示范和启发性问题,给学生的学习搭建了脚手架,不但培养了学生尺规作图动手操作的能力,而且培养了学生边动手、边思考的习惯,提升了数学核心素养。

例5 将两条邻边长分别为$\sqrt{2}$,1 的矩形纸片剪成四个等腰三角形纸片(不剩余纸片),各种剪法剪出的等腰三角形中,其中一个等腰三角形的腰长可以是下列数中的________(填序号).

①$\sqrt{2}$,②1,③$\sqrt{2}-1$,④$\frac{\sqrt{3}}{2}$,⑤$\sqrt{3}$.

【试题分析】

知识主题	核心素养									问题情境			水平层次
	数学眼光				数学思维		数学语言						
	抽象能力	几何直观	空间观念	创新意识	运算能力	推理能力	模型观念	数据观念	应用意识	现实情境	科学情境	数学情境	
图形与几何	√	√	√		√	√			√			√	三

试题从已知角转化为已知边、从三角形转化为矩形,此类分割三角形的操作探究型问题能有效考查矩形的性质、等腰三角形的判定、勾股定理,渗透分类讨论等初中数学核心知识与基本思想方法,发展数感、几何直观、运算能力、应用意识等数学核心素养。本题只有文字描述,没有任何图形辅助,同时涉及矩形、等腰三角形两个常见的基本几何图形,学生在考场上可以利用草稿纸制作一个矩形,动手操作,得到不同可能的剪裁方案,然后进行验证、推理、计算。学生真实地经历“折一折”“剪一剪”“拼一拼”等操作过程,可以观察出隐含的边、角之间的关系,让学生感悟到“动手操作、实践探究”是数学研究中很重要的方法。在整个解题过程中,不但培养学生动手操作的能力,而且培养学生用数学的眼光观察世界,从数学的角度分析世界的能力,发展应用意识。

三、 立足创新问题的试题编制

《课程标准(2022 年版)》指出:学生要能独立思考问题,提升思考问题的能力,积累根据解决问题的需要合理选择策略和方法的经验,形成模型观念与初步的应用意识和创新意识。创新型试题的解决需要学生具备阅读理解数学信息的能力、整合运用数学知识解决问题的综合素养、独立思考和探索创新的内在品质,具有较好的区分度。

例6 【基础巩固】

(1) 如图①,在$\triangle ABC$中,D,E,F分别为AB,AC,BC上的点,$DE/\!/BC$,$BF=CF$,AF交DE于点G,求证:$DG=EG$.

【尝试应用】

(2) 如图②,在(1)的条件下,连结CD,CG.若$CG\perp DE$,$CD=6$,$AE=3$,求$\dfrac{DE}{BC}$的值.

【拓展提高】

(3) 如图③,在▱$ABCD$中,$\angle ADC=45^{\circ}$,AC与BD交于点O,E为AO上一点,$EG/\!/BD$交AD于点G,$EF\perp EG$交BC于点F.若$\angle EGF=40^{\circ}$,FG平分$\angle EFC$,$FG=10$,求BF的长.

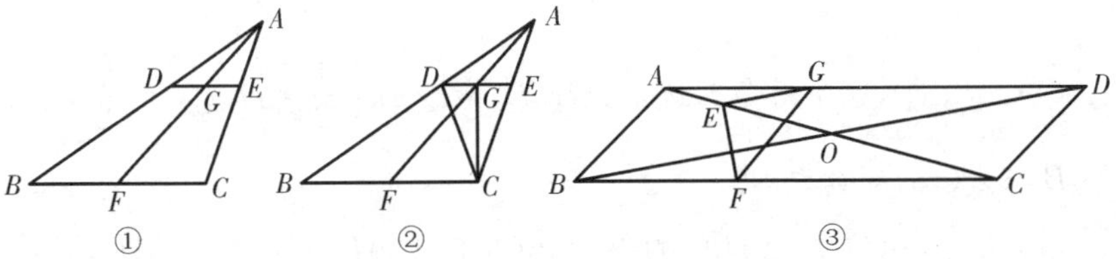

图 3-1-5

【试题分析】

<table>
<tr><td rowspan="3">知识主题</td><td colspan="9">核心素养</td><td colspan="3">问题情境</td><td rowspan="3">水平层次</td></tr>
<tr><td colspan="4">数学眼光</td><td colspan="2">数学思维</td><td colspan="3">数学语言</td><td rowspan="2">现实情境</td><td rowspan="2">科学情境</td><td rowspan="2">数学情境</td></tr>
<tr><td>抽象能力</td><td>几何直观</td><td>空间观念</td><td>创新意识</td><td>运算能力</td><td>推理能力</td><td>模型观念</td><td>数据观念</td><td>应用意识</td></tr>
<tr><td>图形与几何</td><td>√</td><td>√</td><td>√</td><td>√</td><td>√</td><td>√</td><td>√</td><td></td><td>√</td><td></td><td></td><td>√</td><td>三</td></tr>
</table>

本题是一道以相似三角形为素材的探究迁移型试题，呈现形式新颖简约，问题的设置简洁而内涵丰富，设计梯度合理，连贯有层次，体现了从证明体验(基础巩固)—思考探究(尝试应用)—内化感悟(拓展提高)的学习过程的考查，要求学生的学习能够从“知识回顾”到“本质理解”，再达到“应用延伸”的层次，为后续的学习积累重要的学习方法，充分体现建立联系、融会贯通等数学学习过程的意义。具体考查的知识点是相似三角形的判定与性质、垂直平分线的性质、角平分线的意义、平行四边形的性质，等腰三角形的性质，解直角三角形，借此考查学生发现问题、分析问题、解决问题的能力，同时考查学生的推理能力、迁移能力与应用意识、创新意识。

例7 有两个内角分别是它们对角的一半的四边形叫做半对角四边形.

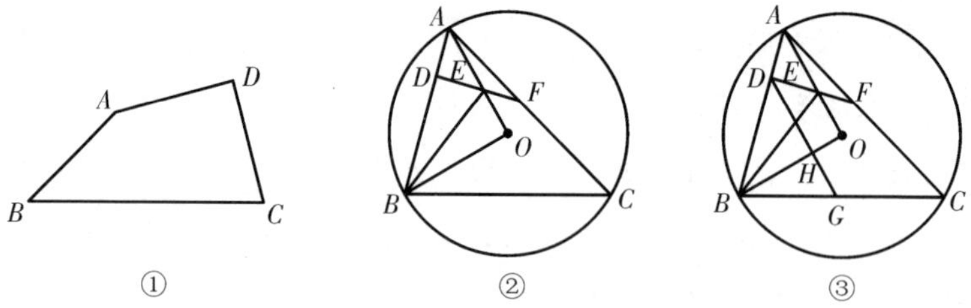

图 3-1-6

(1) 如图①，在半对角四边形 $ABCD$ 中，$\angle B=\frac{1}{2}\angle D$，$\angle C=\frac{1}{2}\angle A$，求$\angle B$与$\angle C$的度数之和.

(2) 如图②，锐角$\triangle ABC$内接于$\odot O$，若边 AB 上存在一点 D，使得 $BD=BO$，$\angle OBA$ 的平分线交 OA 于点 E，连结 DE 并延长交 AC 于点 F，$\angle AFE=2\angle EAF$. 求证：四边形 $DBCF$ 是半对角四边形.

(3) 如图③，在(2)的条件下，过点 D 作 $DG\perp OB$ 于点 H，交 BC 于点 G，当 $DH=BG$ 时，求$\triangle BGH$与$\triangle ABC$的面积之比.

【试题分析】

知识主题	核心素养									问题情境			水平层次
	数学眼光				数学思维		数学语言						
	抽象能力	几何直观	空间观念	创新意识	运算能力	推理能力	模型观念	数据观念	应用意识	现实情境	科学情境	数学情境	
图形与几何	√	√	√	√	√	√	√		√			√	三

新定义试题的特征是，以已有的知识为基础，设计一个创新型的数学情境，并给出一个新的定义，要求使用新给出的定义，作出某种判断或计算、推理、迁移运用的试题。

该试题实现了特殊四边形与圆的完美融合，数学逻辑和数学直观相互交织，立意深刻。要求学生通过阅读理解、推理计算、分类讨论等方式进行即时学习和研究，充分体现了“知识与能力并重、思想与方法交融”的命题特点。试题综合考查了学生的阅读理解能力、观察分析能力、直观感知能力和策略选择能力。本题的压轴点在于知识关联和思维接轨，发现角与角、边与边、三角形与三角形之间隐藏的不变关系（该定义图形的性质）是解决问题的关键；最后一问注重对学生的迁移能力与创新意识等核心素养的考查，体现“含而不露”的命题情怀，以保证试题的区分度、效度和信度。此类试题往往能全面考查学生的阅读理解能力、学习能力、应变能力和创新能力，它将考试评价的过程变成一种指导学生自主学习的过程，要求学生平时学会自主学习、主动探究，对改变学生的学习方式起到了良好的导向作用。

例8 如图①，$\odot O$ 为锐角三角形 ABC 的外接圆，点 D 在 $\overset{\frown}{BC}$ 上，AD 交 BC 于点 E，点 F 在 AE 上，满足 $\angle AFB-\angle BFD=\angle ACB$，$FG\parallel AC$ 交 BC 于点 G，$BE=FG$，连结 BD，DG. 设 $\angle ACB=\alpha$.

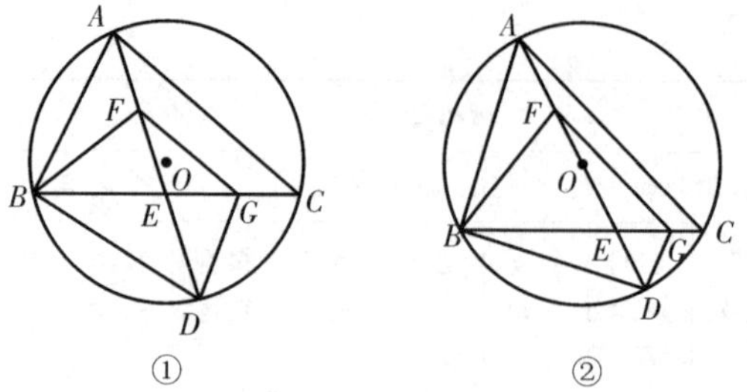

图 3-1-7

(1) 用含 α 的代数式表示 $\angle BFD$.

(2) 求证：$\triangle BDE \cong \triangle FDG$.

(3) 如图②，AD 为 $\odot O$ 的直径.

①当 $\overset{\frown}{AB}$ 的长为 2 时，求 $\overset{\frown}{AC}$ 的长.

②当 $OF : OE = 4 : 11$ 时，求 $\cos\alpha$ 的值.

【试题分析】

知识主题	核心素养									问题情境			水平层次
	数学眼光				数学思维		数学语言						
	抽象能力	几何直观	空间观念	创新意识	运算能力	推理能力	模型观念	数据观念	应用意识	现实情境	科学情境	数学情境	
图形与几何	√	√	√	√	√	√	√		√			√	三

本题以圆为载体，呈现简洁，结构合理，巧妙避开常规套路和技巧，很好地体现命题的公平性、创新性原则，是一道梯度合适、综合性强的试题。本题在知识层面上综合考查了圆的基本性质、等腰三角形、全等三角形、相似三角形、弧长计算、三角函数、一元二次方程等有关知识；在方法层面上重点考查了寻找圆内特殊线段关系的通性通法；在思想层面上灵活考查了方程、转化、一般到特殊及数形结合等数学思想；在能力层面上有效考查了几何直观、推理能力、运算能力等核心素养。试题的设计尊重学生的个体差异，四个问题自然衔接，环环相扣，层层递进，能有效地区分不同层次学生的学习水平。各考查知识间深度交融，在实现角度与线段间内在关联转化的同时，也渗透了运用代数方法解决几何问题的思维方式，同时在探究过程中，创新解题思路，凸显符号意识，发展代数推理。反馈解

题过程不但能改进解题的思路和方法，而且能提炼出对解题有指导作用的信息，进一步升华为学生搜索、捕获、分析、加工和运用信息能力的总和。几道小题层次感强、入口宽、坡度缓，从直接推理计算、简单证明、到较高要求的推理计算，提升有力度，有利于不同层次学生的发挥。

四、融入数学文化的试题编制

《课程标准(2022 年版)》指出：数学承载着思想和文化，是人类文明的重要组成部分。数学文化源远流长，如赵爽弦图、七巧板、割圆术等，以经典图形为背景的试题，体现数学文化的传承，既考查了核心知识和基本技能，又突出核心素养，兼具文化性、素养性和评价性。

例 9 勾股定理是几何中的一个重要定理. 在我国《周髀算经》中就有“若勾三，股四，则弦五”的记载. 如图①是由边长相等的小正方形和直角三角形构成的，可以用其面积关系验证勾股定理. 图②是由图①放入矩形内得到的，$\angle BAC=90^\circ$，$AB=3$，$AC=4$，点 D,E,F,G,H,I 都在矩形 $KLMJ$ 的边上，则矩形 $KLMJ$ 的面积为（　　）

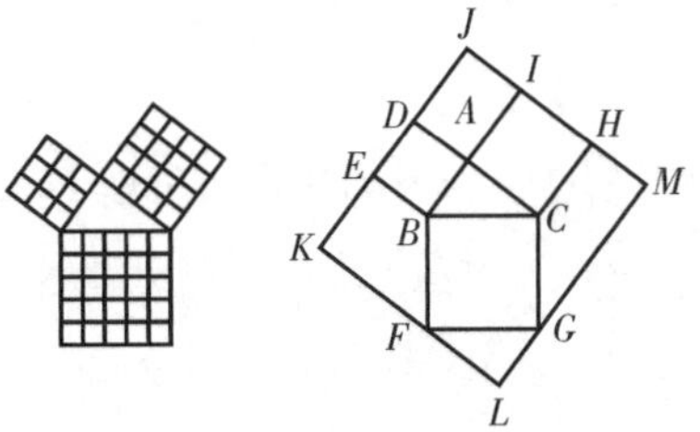

①　　②

图 3-1-8

A. 90　　B. 100　　C. 110　　D. 121

【试题分析】

知识主题	核心素养									问题情境			水平层次
	数学眼光				数学思维		数学语言						
	抽象能力	几何直观	空间观念	创新意识	运算能力	推理能力	模型观念	数据观念	应用意识	现实情境	科学情境	数学情境	
图形与几何	√	√	√		√	√	√		√			√	三

勾股定理是历史文化长河中的一颗璀璨明珠，而勾股图是一个经典的基本图形，本试题以勾股定理为基本图形并结合直角三角形、正方形性质等相关核心知识编成，是融数学文化与历史经典于一体的经典试题。从方法层面看，在解题过程中需要学生合理构图将矩形面积转化为正方形面积，借助符号意识、代数推理、转化思想、图形变换等数学思想方法解决问题，体现了直观感知和理性思考的结合，具有一定灵活性。从经验层面看，问题解决的过程是一个动态操作、尝试猜想、运算验证的过程，需要学生具有基本的活动经验，能在图形的变化中抓住不变本质，引导学生用数学的眼光观察、用数学的思维思考，对学生的几何直观、模型观念、推理能力、运算能力等核心素养提出了要求。

例10 第二十四届国际数学家大会会徽的设计基础是1700多年前中国古代数学家赵爽的“弦图”. 如图②，在由四个全等的直角三角形（$\triangle DAE$，$\triangle ABF$，$\triangle BCG$，$\triangle CDH$）和中间一个小正方形 $EFGH$ 拼成的大正方形 $ABCD$ 中，$\angle ABF>\angle BAF$，连结 BE. 设 $\angle BAF=\alpha$，$\angle BEF=\beta$，若正方形 $EFGH$ 与正方形 $ABCD$ 的面积之比为 $1:n$，$\tan\alpha=\tan^2\beta$，则 $n=$ （　　）

①

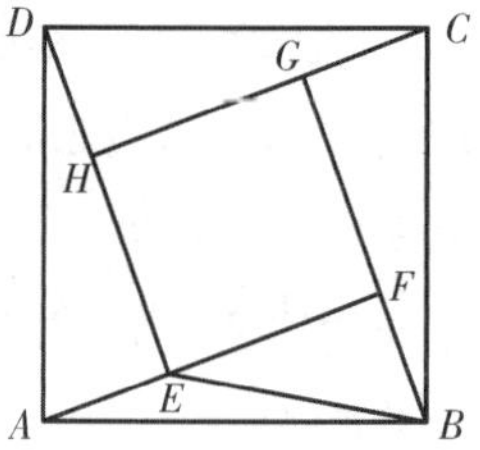

②

图3-1-9

A. 5　　B. 4　　C. 3　　D. 2

【试题分析】

知识主题	核心素养									问题情境			水平层次
	数学眼光				数学思维		数学语言						
	抽象能力	几何直观	空间观念	创新意识	运算能力	推理能力	模型观念	数据观念	应用意识	现实情境	科学情境	数学情境	
图形与几何	√	√	√		√	√	√		√			√	三

本题以“弦图”为背景，内涵丰富，主要考查正方形的性质、全等三角形的性质、勾股定理、锐角三角函数等知识，在图形变化的过程中蕴含等

量关系。利用代数思想，用含字母的表达式表示边长、面积、三角函数等数量关系，然后根据等量关系建立方程，将问题转化为分式求值问题。如何设元，如何化简，如何代入，如何推理是利用代数思想解决问题的关键。该题以赵爽"弦图"为背景，点 E 还是线段 AF 的黄金分割点，点 F,G,H 亦然，可谓明有"弦图"，暗有"黄金"。

第二节 图形的变化

根据《课程标准(2022 年版)》要求，初中阶段主要要求学生掌握以下几种图形的变换：平移、轴对称、旋转、相似、投影，这些变换统称为图形的变化。图形的变化强调从运动变化的观点来研究图形的度量性质和位置关系，是学生认识图形的重要工具与方法，有助于学生发展空间观念和几何直观，逐步形成推理能力。

"图形的变化"要求理解轴对称、旋转、平移三类基本的图形运动，知道三类运动的基本特征，会用图形的运动认识、理解和表达现实世界中相应的现象，欣赏图形变化在自然界和现实生活中的应用；了解图形相似的意义，会判断简单的相似三角形；知道直角三角形的边角关系，理解锐角三角函数，能用锐角三角函数解决简单的实际问题；经历不同角度观察立体图形的过程，知道简单立体图形的侧面展开图。在这样的过程中，发展几何直观和空间观念，形成抽象能力与推理能力。

一、 立足图形全等变换的试题编制

初中阶段，轴对称、旋转和平移在变换过程中都具有"保距""保角"的基本特征，统称为图形的全等变换。《课程标准(2022 年版)》对这三种几何变换的内容架构较为相似，都包含概念及其基本性质、特例及其基本性质、数学内部的应用、在现实中的应用等部分；前三部分内容的研究强调以几何变换的要素为"基准"，将对应元素与变换的要素联系起来，探究其

中的变化规律以及变化中的不变量和不变关系[①]。由此，立足图形全等变换的试题主要考查两个方面：一是认识平移、轴对称、旋转这些图形变化本身，理解它们的基本特征与性质；二是利用图形变化的方法认识图形，探索有关图形的性质。后者较于前者更具综合性，它不仅要求学生理解相关知识和内容，还需要学生观察、想象并再现图形的运动和变化过程，促使学生对图形的变化从感知推向一种可以把握的能力。

例1 以下四种沿 AB 折叠的方法中，不一定能判定纸带两条边线 a,b 互相平行的是 （　　）

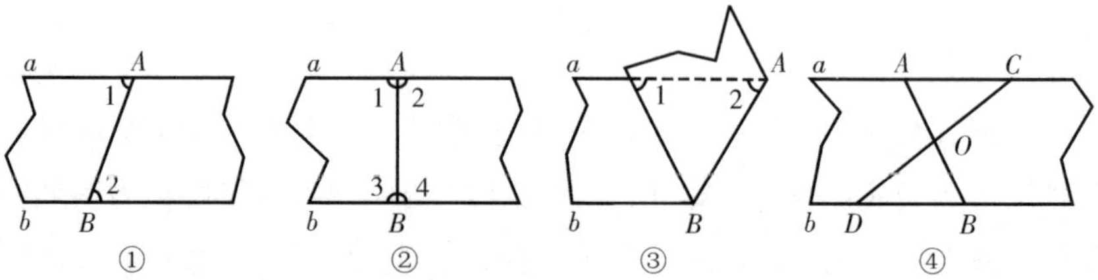

图 3-2-1

A. 如图①，展开后测得$\angle 1=\angle 2$

B. 如图②，展开后测得$\angle 1=\angle 2$，且$\angle 3=\angle 4$

C. 如图③，测得$\angle 1=\angle 2$

D. 如图④，展开后再沿 CD 折叠，两条折痕的交点为 O，测得 $OA=OB$，$OC=OD$

【试题分析】

知识主题	核心素养									问题情境			水平层次
	数学眼光				数学思维		数学语言						
	抽象能力	几何直观	空间观念	创新意识	运算能力	推理能力	模型观念	数据观念	应用意识	现实情境	科学情境	数学情境	
图形与几何		√	√			√						√	二

本题是基于纸条折叠的示意图创设问题情境，为学生提供探究、发现

① 章建跃．“图形的变化”课程教材设计与教学[J]．数学通报，2023，62(02)：1－8＋63.

和思考的空间。数学的知识和方法是充满各种联系的整体性结构，本题正是希望学生通过三年的数学学习，基于联系的观点从新视角解决七年级的问题，即借助折叠的方法判断两条边线是否平行。问题的解决需要学生结合文字信息，利用图中所蕴含的等量关系来判断纸带的两边是否平行，用几何直观进行描述和问题分析，考查学生对平行线相关知识的理解、掌握和灵活运用的程度，以及学生的空间观念与活动经验，凸显动手操作能力与合情推理能力的重要性。

例2 如果存在一条线把一个图形分割成两个部分，使其中一个部分沿某个方向平移后能与另一个部分重合，那么我们把这个图形叫做平移重合图形. 下列图形中，平移重合图形是 （　　）

A. 平行四边形　　B. 等腰梯形

C. 正六边形　　D. 圆

【试题分析】

知识主题	核心素养									问题情境			水平层次
	数学眼光				数学思维		数学语言						
	抽象能力	几何直观	空间观念	创新意识	运算能力	推理能力	模型观念	数据观念	应用意识	现实情境	科学情境	数学情境	
图形与几何		√				√				√			一

本题是以图形的平移变换为背景的新定义问题，将平移变换作为认识图形的有效手段，主要考查学生对基本图形的认识和对平移概念的理解。对于学生来说，他们既有自身的生活经验，又有直观观察和动手操作的实践能力，还有已经学过的几何知识作为基础，问题的解决过程不会存在特别大的困难。本题更希望学生基于运动变化的观点重新看待一些常见的几何图形及其性质，充分感受图形变换与欧氏几何的融合。

例3 小王在学习浙教版九年级上教材第72页例2后，进一步开展探究活动：将一个矩形 $ABCD$ 绕点 A 顺时针旋转 α（$0^\circ<\alpha\leqslant90^\circ$），得到矩形 $AB'C'D'$，连结 BD.

[探究1]如图①，当 $\alpha=90^\circ$ 时，点 C' 恰好在 DB 延长线上. 若 $AB=1$，

求 BC 的长.

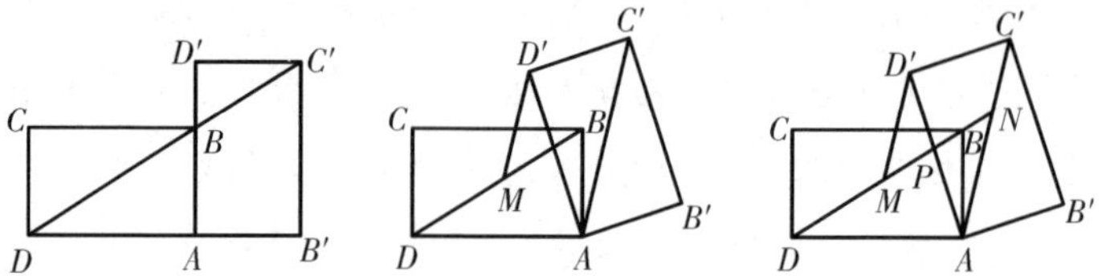

① ② ③

图 3-2-2

[探究 2]如图②,连结 AC',过点 D' 作 $D'M // AC'$ 交 BD 于点 M. 线段 $D'M$ 与 DM 相等吗?请说明理由.

[探究 3]在探究 2 的条件下,射线 DB 分别交 AD',AC' 于点 P,N(如图③),发现线段 DN,MN,PN 存在一定的数量关系,请写出这个关系式,并加以证明.

【试题分析】

知识主题	核心素养									问题情境			水平层次
	数学眼光				数学思维		数学语言						
	抽象能力	几何直观	空间观念	创新意识	运算能力	推理能力	模型观念	数据观念	应用意识	现实情境	科学情境	数学情境	
图形与几何		√			√	√						√	三

本题以探究活动的形式呈现问题的变化与发展,突出对数学概念与本质的考查。本题将矩形作为基本图形,通过旋转变换步步设问、层层递进,剖析图形变化的内在联系和本质,并将研究过程体现在三个问题中。第一问需要学生观察基本图形并运用相似三角形解决问题,起点较低,大部分学生都会有比较好的解题体验;第二问的关键在于"转化",要求学生运用全等三角形或等腰三角形等知识解决问题。第三问具有综合性,对学生提出了较高的要求,一方面需要猜想和提出问题,另一方面需要从直观的操作活动走向多层次的思维活动,进而对图形的感性认识上升为理性认识。三个问题引导学生用变式的眼光看待数学学习,从中感受到变式的产生是自然的、合理的,在"变"中发现"不变",不断加强自身思维方法、认知结构的清晰性、稳定性和可利用性。纵观整个问题的解决过程,

既有操作、猜想、发现和提出问题，又有演绎分析和证明问题，充分考查了学生所具备的丰富的几何知识以及逻辑推理能力。此外，多样的解法也为学生提供了多角度思考问题的机会。

二、 解析图形边角关系的试题编制

相似变换聚焦图形的“形状相同”，以比例论为研究基础，利用相似比刻画图形的相互关系。而在相似三角形的研究基础上，对三角形度量性质的研究不仅仅局限于边与边、角与角各自的定量关系，还聚焦于边与角之间存在的基本函数关系，进而深刻把握边与角之间的变化规律。从相似比到三角比，两者紧密关联、互相诠释，为三角形的研究提供了不同的研究视角，也充分体现了“数学眼光”的魅力。锐角三角函数的认识与应用，是对三角形从定性到定量研究的纵向深化，促进了学生的思维从直观形象到解析抽象逐步精确化的发展。解析图形边角关系的试题贯穿图形运动的思想，有些量发生变化，有些量保持不变，促使学生在变与不变中把握本质规律，发展抽象能力与推理能力。

例4 四边形具有不稳定性. 对于四条边长确定的四边形，当内角度数发生变化时，其形状也会随之改变. 如图 3-2-3，改变正方形 $ABCD$ 的内角，正方形 $ABCD$ 变为菱形 $ABC'D'$. 若 $\angle D'AB=30^\circ$，则菱形 $ABC'D'$ 的面积与正方形 $ABCD$ 的面积之比是 ( )

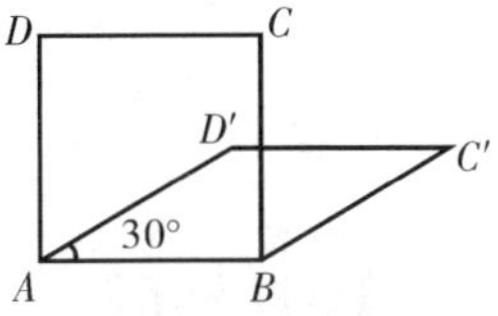

图 3-2-3

A. 1　　B. $\frac{1}{2}$　　C. $\frac{\sqrt{2}}{2}$　　D. $\frac{\sqrt{3}}{2}$

【试题分析】

知识主题	核心素养									问题情境			水平层次
	数学眼光				数学思维		数学语言			现实情境	科学情境	数学情境	
	抽象能力	几何直观	空间观念	创新意识	运算能力	推理能力	模型观念	数据观念	应用意识				
图形与几何			√		√							√	二

本题从四边形的不稳定性入手，主要考查学生对锐角三角函数的简单应用，以及菱形的概念与面积公式等相关知识的掌握。学生需要从图形变化中发现内角变化，用内角变化刻画菱形高的变化，进而确定菱形面积的变化。在此过程中，转化的思想、运动变化的观点发挥着重要作用，这是我们在数学教学中应引导学生认真体会的。

例5 如图 3-2-4 是某风车示意图，其相同的四个叶片均匀分布，水平地面上的点 M 在旋转中心 O 的正下方. 某一时刻，太阳光线恰好垂直照射叶片 OA，OB，此时各叶片影子在点 M 右侧成线段 CD，测得 $MC=8.5$ m，$CD=13$ m，垂直于地面的木棒 EF 与影子 FG 的长度比为 $2:3$，则点 O，M 之间的距离等于________米. 转动时，叶片外端离地面的最大高度等于________米.

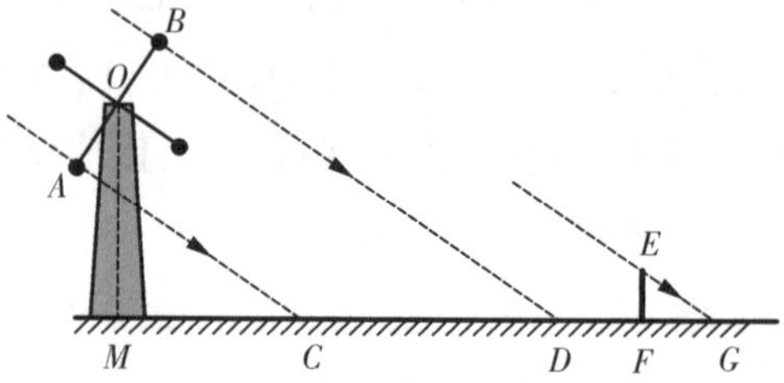

图 3-2-4

【试题分析】

知识主题	核心素养									问题情境			水平层次
	数学眼光				数学思维		数学语言			现实情境	科学情境	数学情境	
	抽象能力	几何直观	空间观念	创新意识	运算能力	推理能力	模型观念	数据观念	应用意识				
图形与几何	√	√	√		√	√	√		√	√			三

本题以风车为载体，从太阳光线照射产生影子的生活现象中提出数学问题。解决此类问题的关键在于借助三角形的相似变换或锐角三角函数将“不可测”问题转化为“可测”问题。本题中，太阳光线所指向的平行线信息作为常识，蕴含着角（同位角）相等的条件，而木棒与影子长度之比即为这个角的正切值。第一问以风车某一静止状态为背景，考查平行线

分线段成比例定理和锐角三角函数等知识。第二问则在运动变化的观点下求解叶片外端离地面的最大高度，把握叶片长度这个关键量即可解决问题，其中运用的核心知识仍为锐角三角函数。数学课程改革一直以来强调数学教学向生活实际回归，关注人以及人的现实生活与生活意义。学生应该在生活化的情境中探究、体验或欣赏隐藏于其中的数学，用现实生活素材理解数学，用所学的数学内容应用于现实生活，本试题的编制是努力让"数学学习回归生活"的见证。

例6 如图①，四边形 $ABCD$ 内接于 $\odot O$，BD 为直径，$\overset{\frown}{AD}$ 上存在点 E，满足 $\overset{\frown}{AE}=\overset{\frown}{CD}$，连结 BE 并延长交 CD 的延长线于点 F，BE 与 AD 交于点 G.

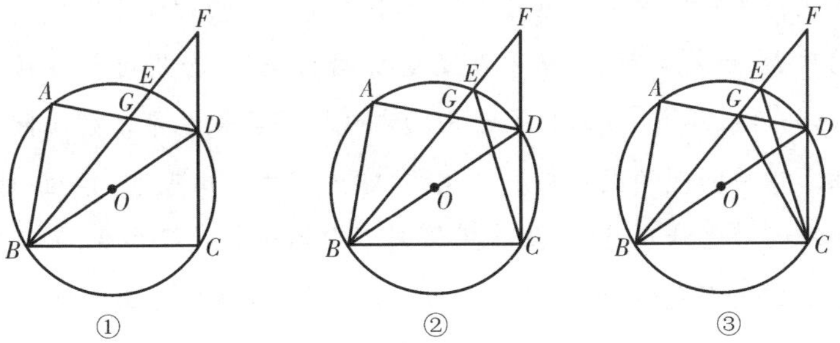

图 3-2-5

(1) 若 $\angle DBC=\alpha$，请用含 α 的代数式表示 $\angle AGB$.

(2) 如图②，连结 CE，$CE=BG$. 求证：$EF=DG$.

(3) 如图③，在(2)的条件下，连结 CG，$AD=2$.

①若 $\tan\angle ADB=\frac{\sqrt{3}}{2}$，求 $\triangle FGD$ 的周长.

②求 CG 的最小值.

【试题分析】

知识主题	核心素养									问题情境			水平层次
	数学眼光				数学思维		数学语言						
	抽象能力	几何直观	空间观念	创新意识	运算能力	推理能力	模型观念	数据观念	应用意识	现实情境	科学情境	数学情境	
图形与几何	√	√			√	√						√	三

本题以圆为背景，全面综合了特殊三角形、圆、三角函数、相似三角形、全等三角形等核心知识，以及函数思想、方程思想、转化思想等重要数学思想方法。本题共设置三小题四小问，各题在知识上自然衔接、相互关联，能力上逐步递进、环环相扣，以促进不同层次学生充分发挥。第(1)题重基础，要求学生把握几何图形的基本特征，确定角与角之间的定量关系；第(2)题重过程，以一组等边和一组等角为落脚点，探寻第三组边或角的相等关系，进而利用全等证明线段相等。第(3)题重能力，通本质，促进学生的深度理解。第一问不仅需要学生利用三角函数的定义确定线段长度，还需要学生利用线段的关系确定特殊角，再基于特殊角求解线段长度，充分考查了学生对边角关系的理解与把握；第二问要求学生在定性分析位置关系和定量确定数量关系的思维操作程序的指导下充分感受运动变化的观点，确定定量、变量以及变量之间的关系，而用符号进行相关线段的数学表达、运算和推理，表示出所求线段的函数关系是解决问题的关键所在。纵观问题的思考与解决过程，学生需要经历观察、推理、计算、证明等基本的数学活动过程，厘清几何图形中的内在逻辑关系，并运用数学思想方法解决问题，这对于几何直观、推理能力、抽象能力和运算能力等核心素养的发展意义重大。

三、推演平面立体转化的试题编制

根据物体(实物)抽象出几何图形是从三维到二维的转化过程，反之则是由二维图形到三维图形的转换过程，后者属于较高层次的空间观念，它要求学生能根据图形想象和制作出实物模型。推演平面立体转化的试题聚焦实物与相应的平面图形、几何体的侧面展开图及三视图之间的相互转换过程，不仅要求学生在头脑中形成对图形或实物形状、大小、位置及方向的表象，还需要学生在头脑中对想象中的图形进行操作和判断，考查学生的空间想象能力和猜想探究能力。

例7 下列四张正方形硬纸片，剪去阴影部分后，经图中虚线折叠，可以围成一个封闭的长方体包装盒的是 ( )

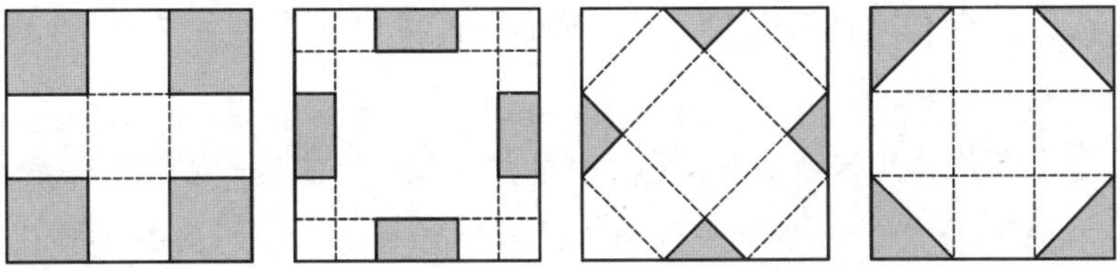

A.　　　　B.　　　　C.　　　　D.

【试题分析】

知识主题	核心素养									问题情境			水平层次
	数学眼光				数学思维		数学语言			现实情境	科学情境	数学情境	
	抽象能力	几何直观	空间观念	创新意识	运算能力	推理能力	模型观念	数据观念	应用意识				
图形与几何		√	√			√			√	√			二

本题以学生熟悉的、现实生活中广泛应用的包装盒为素材，主要考查学生平面展开图等相关知识以及几何直观、空间观念等核心素养。将硬纸板折叠成一个封闭纸盒的过程，是从平面图形转化为空间图形的图形变化过程。问题的解决不仅需要学生结合生活体验，更需要学生通过观察在大脑中模拟封闭长方体纸盒的形象，尤其是盒盖的组成，进而分析判断各个选项中折叠方案的可行性。

例8　图①、图②为同一长方体房间的示意图，图③为该长方体的表面展开图.

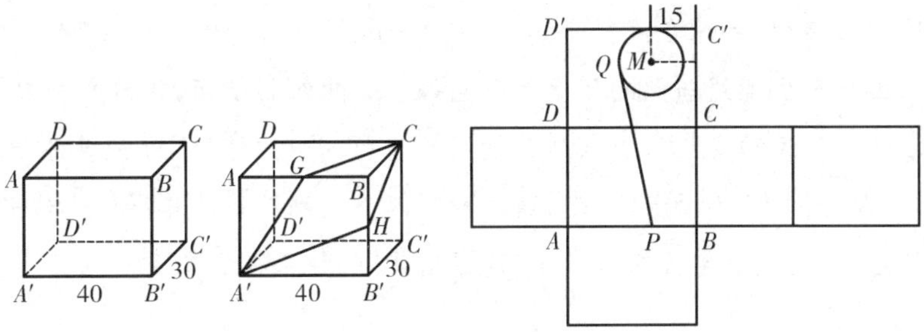

①　　　　②　　　　③

图 3－2－6

(1) 蜘蛛在顶点 A' 处.

①苍蝇在顶点 B 处时，试在图①中画出蜘蛛为捉住苍蝇，沿墙面爬行的最近路线.

②苍蝇在顶点 C 处时，图②中画出了蜘蛛捉住苍蝇的两条路线，往天花板 $ABCD$ 爬行的最近路线 $A'GC$ 和往墙面 $BB'C'C$ 爬行的最近路线 $A'HC$，试通过计算判断哪条路线更近.

(2) 在图③中，半径为 10 dm 的⊙M 与 $D'C'$ 相切，圆心 M 到边 CC' 的距离为 15 dm，蜘蛛 P 在线段 AB 上，苍蝇 Q 在⊙M 的圆周上，线段 PQ 为蜘蛛爬行路线，若 PQ 与⊙M 相切，试求 PQ 长度的范围.

【试题分析】

知识主题	核心素养									问题情境			水平层次
	数学眼光				数学思维		数学语言						
	抽象能力	几何直观	空间观念	创新意识	运算能力	推理能力	模型观念	数据观念	应用意识	现实情境	科学情境	数学情境	
图形与几何	√	√	√		√		√		√	√			三

本题主要考查平面展开图、勾股定理、切线等几何知识以及转化、分类讨论等数学思想。第一问采取“低起点”策略，直接考查“两点之间线段最短”这一公理；第二问要求学生利用长方体表面展开图，把空间图形转化为平面图形，结合勾股定理比较路线的长短。为了降低试题对初中学生空间观念的要求，试题明确提出两条路线，提示学生进行分类比较。前两问为常规问题，第三问适度提高试题的综合性和能力要求，创设了苍蝇在圆周上爬行、蜘蛛在线段上运动的“双动点”问题情境，“点动”引发“线动”，由此产生直线与圆的位置关系问题。如此编制试题，化静态为动态，要求学生用运动变化的观点研究切线长问题，并用“转化”的思想将“双动点”问题转化为“单动点”问题，通过找到两个极端位置计算得到切线长的取值范围，这对于学生对数学中“通性通法”的把握也具有重要意义。

第三节　图形与坐标

《课程标准(2022年版)》指出:"图形与坐标"强调数形结合,用代数方法研究图形,在平面直角坐标系中用坐标表示图形上点的位置,用坐标法分析和解决实际问题。

从内容上来说,本模块要求感悟平面直角坐标系是沟通代数与几何的桥梁,理解平面上点与坐标之间的一一对应关系,能用坐标描述简单几何图形的位置;会用坐标表达图形的变化、简单图形的性质,感悟通过几何建立直观、通过代数得到数学表达的过程。在这样的过程中,感悟数形结合的思想,会用数形结合的方法分析和解决问题。

在具体现实情境中,学会从几何的角度发现问题和提出问题,经历用几何直观和逻辑推理分析问题和解决问题的过程,培养应用意识和创新意识,提升几何直观、空间观念、抽象能力、推理能力等。

一、基于位置坐标关系的试题编制

平面直角坐标系是沟通几何与代数的桥梁,内容核心是平面上的点与用数对表示的坐标的一一对应关系,其核心应包含图形的位置与坐标和图形的运动与坐标两部分内容。《课程标准(2022年版)》指出图形与坐标的教学要引导学生经历用坐标表达图形的轴对称、旋转、平移变化的意义,发展几何直观。根据课程标准注重"教—学—评"一致性,关于位置坐标关系的考查应体现在学业考试的试题编制上。

例1　三个能够重合的正六边形的位置如图.已知点 B 的坐标是 $(-\sqrt{3},3)$,则点 A 的坐标是__________.

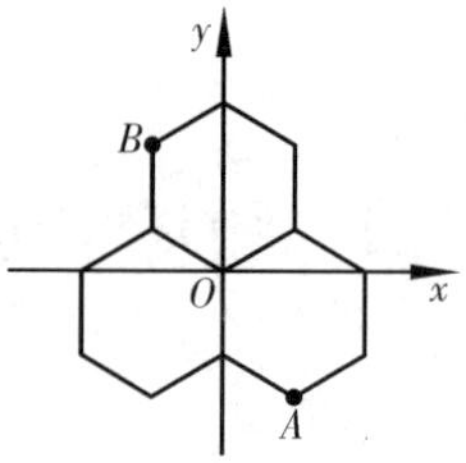

图 3-3-1

【试题分析】

知识主题	核心素养									问题情境			水平层次
	数学眼光				数学思维		数学语言			现实情境	科学情境	数学情境	
	抽象能力	几何直观	空间观念	创新意识	运算能力	推理能力	模型观念	数据观念	应用意识				
图形与几何		√	√		√	√	√		√			√	一

本题考查的是坐标与图形的性质，以正六边形为主体图形呈现，试题陈述准确、严谨，图形美观、简洁。既立足于教材，但又打破常规，有利于师生在教与学的实践中，创造性地教，创造性地学。创设的图形较为新颖，对学生比较公平，能有效地考查学生将知识迁移到不同情境中的能力。在问题解决的过程中，不同层次的学生通过几何直观，观察正六边形的图形特点，发现 A，B 两点关于原点成中心对称或两次轴对称变换，用坐标表达图形的变换。也可运用直角坐标系，利用直角三角形、正多边形的性质，用坐标描述正多边形上点的位置。两种方法都考查学生结合坐标、分析图形的能力，用数形结合的方法分析和解决问题。

例2 如图 3-3-2，方格纸中的每个小方格都是边长为 1 个单位长度的正方形，在建立平面直角坐标系后，$\triangle ABC$ 的顶点均在格点上，点 B 的坐标为 $(1,0)$.

(1) 画出 $\triangle ABC$ 关于 x 轴对称的 $\triangle A_1B_1C_1$.

(2) 画出将 $\triangle ABC$ 绕原点 O 按逆时针旋转 $90°$ 所得的 $\triangle A_2B_2C_2$.

(3) $\triangle A_1B_1C_1$ 与 $\triangle A_2B_2C_2$ 成轴对称图形吗？若成轴对称图形，画出所有的对称轴并写出对称轴.

(4) $\triangle A_1B_1C_1$ 与 $\triangle A_2B_2C_2$ 成中心对称图形吗？若成中心对称图形，写出所有的对称中心的坐标.

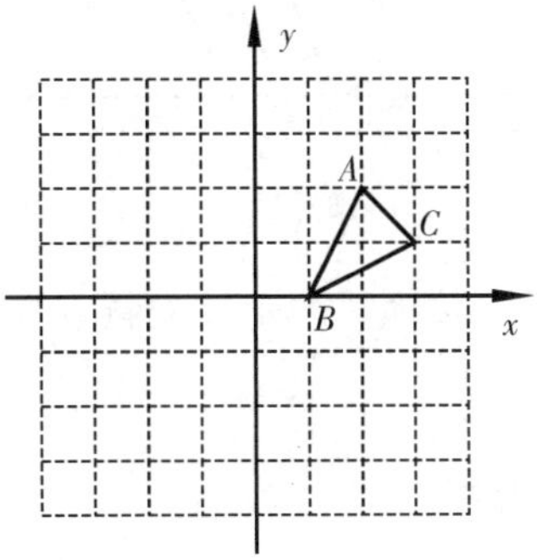

图 3-3-2

【试题分析】

知识主题	核心素养									问题情境			水平层次
	数学眼光				数学思维		数学语言			现实情境	科学情境	数学情境	
	抽象能力	几何直观	空间观念	创新意识	运算能力	推理能力	模型观念	数据观念	应用意识				
图形与几何		√	√		√	√	√		√			√	二

本题以平面直角坐标系为背景，结合网格结构，考查学生依据语言描述对图形进行轴对称与旋转变换操作，将整个图形的轴对称、旋转变换化归为点的变换。设置“画出图象”“研究性质”这两个重要环节，考查学生能否用已学过的知识和方法现场分析问题、解决问题的能力。重视对学生学习活动经验的考查，体现了命题者对数学学习过程的适标性与有效性的关注，意在为学生今后更高层次的学习奠定基础。虽是基础题，但从知识层面分析，需要学生认真审题，认清对称轴，辨明旋转中心、旋转方向、旋转角度这三要素，理解中心对称的本质意义。四小题环环相扣，循序渐进。第三问对称轴的条数不唯一，设计成开放性问题，考查学生的几何直观、空间想象能力，同时关注学生思维的严谨性。

例3 如图，由两个长为 2，宽为 1 的长方形组成“7”字图形.

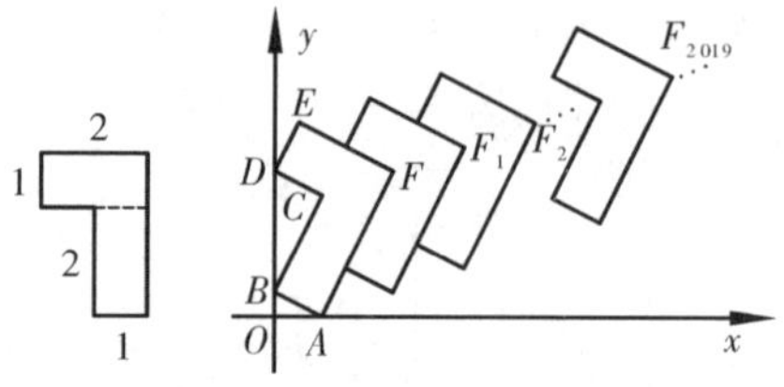

图 3-3-3

(1) 将一个"7"字图形按如图所示方式摆放在平面直角坐标系中，记为"7"字图形 $ABCDEF$，其中顶点 A 位于 x 轴上，顶点 B，D 位于 y 轴上，O 为坐标原点，则 $\dfrac{OB}{OA}$ 的值为________.

(2) 在(1)的基础上，继续摆放第二个"7"字图形得顶点 F_1，摆放第三个"7"字图形得顶点 F_2，依此类推……摆放第 n 个"7"字图形得顶点 F_{n-1}，……则顶点 F_{2019} 的坐标为________.

【试题分析】

知识主题	核心素养									问题情境			水平层次
	数学眼光				数学思维		数学语言			现实情境	科学情境	数学情境	
	抽象能力	几何直观	空间观念	创新意识	运算能力	推理能力	模型观念	数据观念	应用意识				
图形与几何		√	√		√	√	√		√			√	三

本题设计来源于生活中停车位的地砖密铺，是一道规律探索题。它以两个全等长方形的组合为基础图形，结合平面直角坐标系，创造了数字"7"，给人一种熟悉的陌生人的感觉。它通过平移变换，从一个"7"到两个"7"，再到 n 个"7"，让学生发现点 F 的变化规律，表面上是图形中点的变化，本质上是坐标上数的变化。它通过作双垂线，构造直角三角形，让学生从图形的形状和位置的变化中，探求点 C 到点 F 的变化规律，考查学生现场解决问题的能力。本题涵盖相似三角形、全等三角形、直角三角形、特殊四边形、平行、平移等知识，也考查了整体、转化、从特殊到一般等数学思想方法。它是数学魅力的一种感受，更是数学素养的一种演绎。图形在运动变化中，是否保留或具备某种性质，这往往要通过操作、探索、

猜想、归纳、证明才能体现，从而凸显了注重“方法和过程”的新理念。

二、 指向数形结合思想的试题编制

数形结合是数学学习的重要思想方法，它通过数与形的结合以比较直观的方式呈现出数量与数量之间的复杂关系，把抽象的数学概念、数学定律直观化、形象化。数与形是数学中的两个最古老，也是最基本的研究对象，它们在一定条件下可以相互转化。以形助数或以数解形，可以使复杂问题简单化，抽象问题具体化，从而实现优化解题途径的目的。

例4 如图，过原点的直线与反比例函数 $y=\frac{k}{x}(k>0)$ 的图象交于 A，B 两点，点 A 在第一象限点 C 在 x 轴正半轴上，连结 AC，交反比例函数图象于点 D. AE 为 $\angle BAC$ 的平分线，过点 B 作 AE 的垂线，垂足为 E，连结 DE. 若 $AC=3DC$，$\triangle ADE$ 的面积为 8，则 k 的值为______.

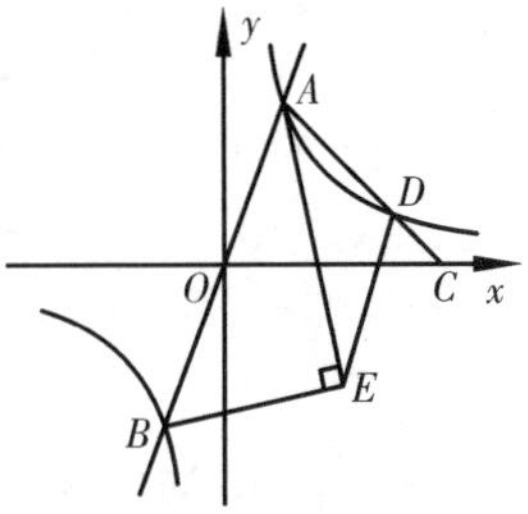

图 3-3-4

【试题分析】

知识主题	核心素养									问题情境			水平层次
	数学眼光				数学思维		数学语言			现实情境	科学情境	数学情境	
	抽象能力	几何直观	空间观念	创新意识	运算能力	推理能力	模型观念	数据观念	应用意识				
图形与几何		√	√		√	√	√		√			√	三

数学课程内容不仅包括数学的结果，也包括数学结果的形成过程和蕴含的数学思想方法，凸显对学生探究能力的考查。该题作为填空压轴题，呈现形式新颖，以反比例函数为载体设置问题，实现了双曲线与直角三角形等图形的完美结合，考查反比例函数 k 的意义，体现了数形结合、转化、方程等数学思想，将初中重要知识点隐藏在题中。解决该问题需要利用几何直观，洞察到题中独特线段的位置关系和数量关系，建立条件与条件、条件与结论之间的联系，再按照正确的方向进行思考探究。考虑中心对称性、中点、中线、直角三角形、等腰三角形，再与角平分线结合得

$OE /\!/ AD$,接着利用等积变化,将$\triangle ADE$的面积转化为$\triangle ADO$的面积,最后转化成直角梯形的面积。将几何分析演变成代数方程问题,从而掌握解决综合问题的一般方法。

例5 如图,在平面直角坐标系中,$\odot M$经过原点O,分别交x轴、y轴于$A(2,0)$,$B(0,8)$,连结AB. 直线CM分别交$\odot M$于点D,E(点D在左侧),交x轴于点$C(17,0)$,连结AE.

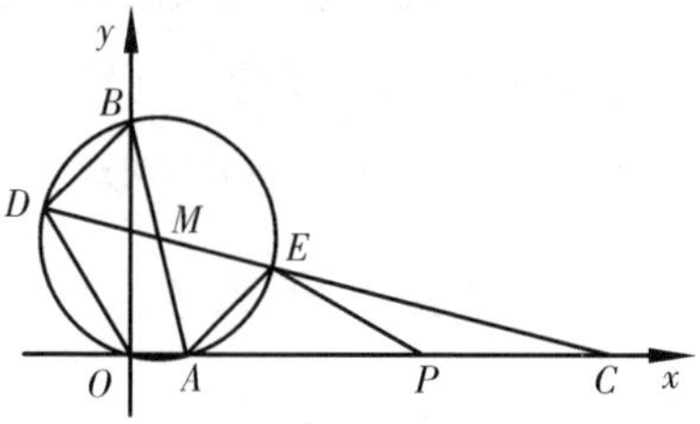

图 3-3-5

(1) 求$\odot M$的半径和直线CM的函数表达式.

(2) 求点D,E的坐标.

(3) 点P在线段AC上,连结PE. 当$\angle AEP$与$\triangle OBD$的一个内角相等时,求所有满足条件的OP的长.

【试题分析】

知识主题	核心素养									问题情境			水平层次
	数学眼光				数学思维		数学语言						
	抽象能力	几何直观	空间观念	创新意识	运算能力	推理能力	模型观念	数据观念	应用意识	现实情境	科学情境	数学情境	
图形与几何		√	√		√	√	√		√			√	三

数学教育既要使学生掌握现代生活和学习中所需要的数学知识与技能,更要发挥数学在培养人的思维能力和创新能力方面不可替代的作用。本题是几何与代数结合的综合题,体现了建坐标系解决问题中数与形的完美结合。题设简洁,阅读量少,但蕴含的数学知识、思想方法丰富,涵盖了圆、特殊三角形、一次函数、相似三角形、三角函数、勾股定理、方程等初中数学核心知识,渗透了分类讨论、方程函数、数形结合、转化等重要数学

思想。试题设问新颖，以点的运动引起角的变化展开研究，三种分类情况直观显性，但解题路径各有差异，考查通性通法的同时，有利于不同层次的学生展示其相应的能力水平，充分体现素养立意。

例6 已知在平面直角坐标系 xOy 中，直线 l_1 分别交 x 轴和 y 轴于点 $A(-3,0)$，$B(0,3)$.

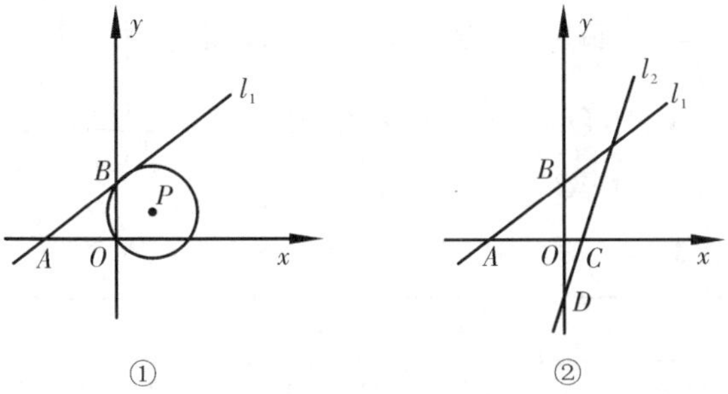

图 3-3-6

(1) 如图①，已知$\odot P$经过点 O，且与直线 l_1 相切于点 B，求$\odot P$的直径长.

(2) 如图②，已知直线 l_2：$y=3x-3$ 分别交 x 轴和 y 轴于点 C 和点 D，点 Q 是直线 l_2 上的一个动点，以 Q 为圆心，$2\sqrt{2}$ 为半径画圆.

①当点 Q 与点 C 重合时，求证：直线 l_1 与$\odot Q$相切.

②设$\odot Q$与直线 l_1 相交于 M，N 两点，连结 QM，QN. 问：是否存在这样的点 Q，使得$\triangle QMN$是等腰直角三角形？若存在，求出点 Q 的坐标；若不存在，请说明理由.

【试题分析】

知识主题	核心素养									问题情境			水平层次
	数学眼光				数学思维		数学语言						
	抽象能力	几何直观	空间观念	创新意识	运算能力	推理能力	模型观念	数据观念	应用意识	现实情境	科学情境	数学情境	
图形与几何		√	√		√	√	√		√			√	三

本题作为一道动态几何综合题，考查内容丰富，涉及一次函数、圆的切线性质、特殊直角三角形等重要初中数学核心知识，并考查了分类讨

论、数形结合、从一般到特殊的数学思想方法。要求学生会用数学的眼光看到几何直观——圆与直线相切。会用数学的思维，用推理能力和运算能力求解。还要会用数学语言，根据情境分析，画出图形，再综合应用所学代数与几何知识及数形结合的方法来解决问题。

例7 如图，在平面直角坐标系中，直线 $y=-\frac{\sqrt{3}}{3}x+4$ 与 x 轴、y 轴分别交于 A，B 两点，C 是 OB 的中点，D 是 AB 上一点，四边形 $OEDC$ 是菱形，则 $\triangle OAE$ 的面积为________.

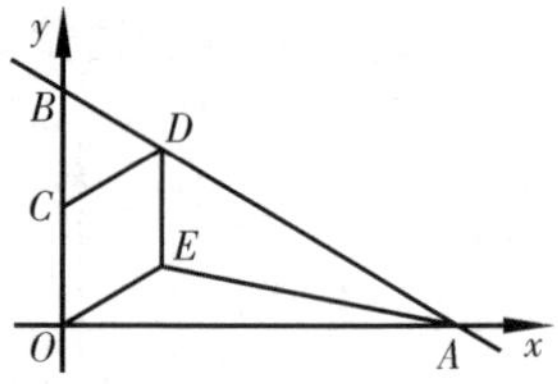

图 3-3-7

【试题分析】

知识主题	核心素养									问题情境			水平层次
	数学眼光				数学思维		数学语言						
	抽象能力	几何直观	空间观念	创新意识	运算能力	推理能力	模型观念	数据观念	应用意识	现实情境	科学情境	数学情境	
图形与几何		√	√		√	√	√		√			√	二

本题以一次函数为背景，考查一次函数、菱形、特殊直角三角形、等边三角形等重要初中数学核心知识，及方程、数形结合的数学思想方法。该试题可以从代数的角度，从点 B，A，到点 C，设点 D 的坐标，得点 E，通过构造直角三角形建立方程求解；也可以从 OB 与 OA 的比值，再利用图中的特殊直角三角形和等边三角形来求解；还可以从一次函数 k 的几何意义结合三角函数，发现隐含 $30°$ 信息来求解。该试题面向全体学生，适应学生个性发展的需要，体现不同的人在数学上得到不同的发展的基本理念，有利于不同层次的考生展示自己的水平，体现试题的有效性和公平性。充分体现了知识与能力并重、思想与方法交融的特点，凸显了数学本质。

三、融入传统数学文化的试题编制

数学的发展源远流长，数学文化是人类文化的一种，它的内容、思想方法和语言是现代文明的重要组成部分。作为“文化”的数学，要充分展示数学知识发生、发展及应用的过程，体现数学的人文价值，而其中“数学的观念、意识和思维方式”是“数学文化”的核心，在数学学习中具有极其重要的作用。

《课程标准(2022 年版)》指出：数学承载着思想和文化，是人类文明的重要组成部分。试题命制应坚持素养立意，凸显育人导向。试题以直尺、三角尺、七巧板等经典用具为载体，既能体现数学情境的生动活泼，增强数学试题的趣味性，又能彰显劳动人民的智慧，弘扬中华优秀传统文化。

例 8 如图 3-3-8，将一把矩形直尺 $ABCD$ 和一把含 $30°$ 角的三角尺 EFG 摆放在平面直角坐标系中，AB 在 x 轴上，点 G 与点 A 重合，点 F 在 AD 上，三角尺的直角边 EF 交 BC 于点 M，反比例函数 $y=\dfrac{k}{x}(x>0)$ 的图象恰好经过点 F，M. 若直尺的宽 $CD=3$，三角尺的斜边 $FG=8\sqrt{3}$，则 $k=$________.

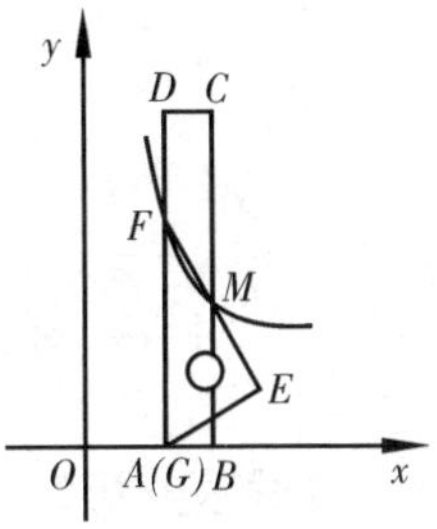

图 3-3-8

【试题分析】

知识主题	核心素养									问题情境			水平层次
	数学眼光				数学思维		数学语言						
	抽象能力	几何直观	空间观念	创新意识	运算能力	推理能力	模型观念	数据观念	应用意识	现实情境	科学情境	数学情境	
图形与几何		√	√	√	√	√	√		√			√	二

本题以基本学具——直尺、含 $30°$ 角的三角尺为载体，考查解直角三角形、反比例函数的性质等知识。学生通过作辅助线，构造直角三角形，根据反比例函数的图象上点的坐标特征，确定点的坐标，进而确定 k 的值。从核心素养的角度来看，本题要求学生用数学的眼光从具体情境中找出等量关系，用数学的思维建立起各点坐标与线段长度的逻辑关系，最后用数学的语言将这些关系表达出来。试题在考查学生对知识理解与应用的同时，体现了“由知识立意向能力、素养立意过渡”的要求，体现了教学应该促进学生可持续发展的理念。

例9 如图 3-3-9，在平面直角坐标系中，有一只用七巧板拼成的“猫”，三角形甲的边 BC 及四边形乙的边 CD 都在 x 轴上，“猫耳尖”E 在 y 轴上. 若“猫尾巴尖”A 的横坐标是 1，则“猫爪尖”F 的坐标是________.

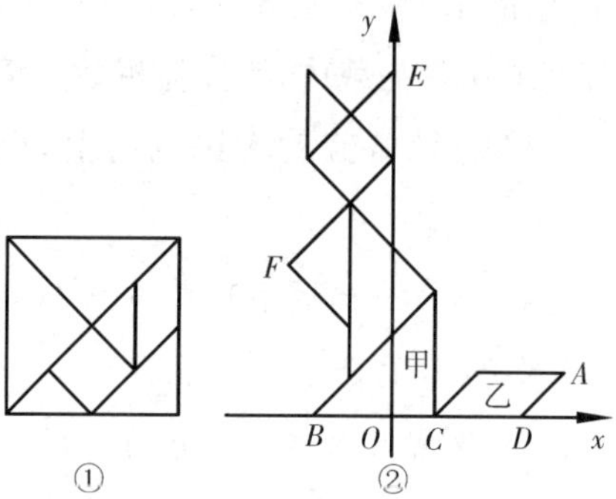

图 3-3-9

【试题分析】

知识主题	核心素养									问题情境			水平层次
	数学眼光				数学思维		数学语言						
	抽象能力	几何直观	空间观念	创新意识	运算能力	推理能力	模型观念	数据观念	应用意识	现实情境	科学情境	数学情境	
图形与几何		√	√	√	√	√	√		√			√	二

本题以学生熟悉的七巧板为载体，构造了学生喜爱的“猫”图，要求学生能从较复杂的七巧板中分解出基本图形，并分析其中的基本元素及其关系，然后合理地设出未知数，利用基本图形的特性，将各个基本图形的边长用未知数表示出来，最后依据题中的条件列出方程、求解方程。七巧板作为中国民间流传的智力玩具，在启发智力上有诸多意义，本题通过七巧板的分解、组合及各基本图形边长关系的表示考查了学生的观察能力和综合分析能力。通过惟妙惟肖的拼图游戏，考查学生的几何直观能力和逻辑推理能力，同时渗透“美育”“德育”等育人元素，于无声处达到“数学文化育人”的效果。

好题精选

1. 将两张全等的矩形纸片和另两张全等的正方形纸片按如图所示方式不重叠地放置在矩形 $ABCD$ 内，其中矩形纸片和正方形纸片的周长相等. 若知道图中阴影部分的面积，则一定能求出（　　）

A. 正方形纸片的面积　　B. 四边形 $EFGH$ 的面积

C. $\triangle BEF$ 的面积　　D. $\triangle AEH$ 的面积

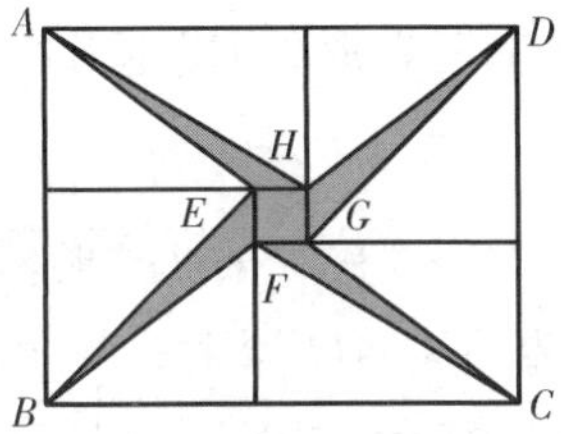

（第 1 题）

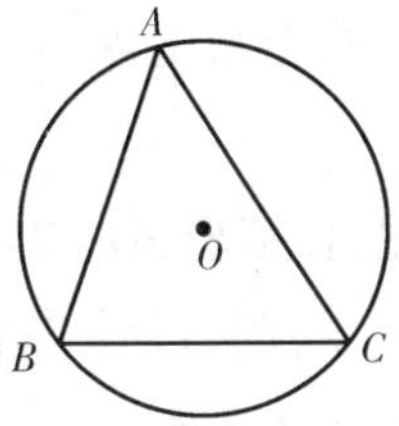

（第 2 题）

2. 如图，已知 $\triangle ABC$ 内接于半径为 1 的 $\odot O$，$\angle BAC=\theta$（θ 是锐角），则 $\triangle ABC$ 面积的最大值为（　　）

A. $\cos\theta(1+\cos\theta)$　　B. $\cos\theta(1+\sin\theta)$

C. $\sin\theta(1+\sin\theta)$　　D. $\sin\theta(1+\cos\theta)$

3. 如图，将长为 12 cm，宽为 3 cm 的长方形纸片分别沿 AB，AC 折叠，点 M，N 恰好重合于点 P. 若 $\angle\alpha=60°$，则折叠后的图案（阴影部分）面积为（　　）

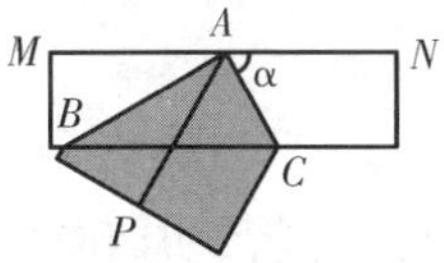

（第 3 题）

A. $(36-6\sqrt{3})$ cm^2　　B. $(36-12\sqrt{3})$ cm^2

C. 24 cm^2　　D. 36 cm^2

4. $\triangle BDE$ 和 $\triangle FGH$ 是两个全等的等边三角形，将它们按如图所示方式放置在等边三角形 ABC 内. 若要求五边形 $DECHF$ 的周长，则只需知道（　　）

A. $\triangle ABC$ 的周长　　B. $\triangle AFH$ 的周长

C. 四边形 $FBGH$ 的周长　　D. 四边形 $ADEC$ 的周长

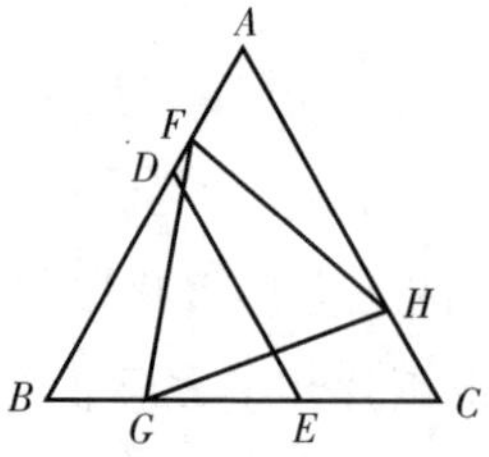

（第 4 题）

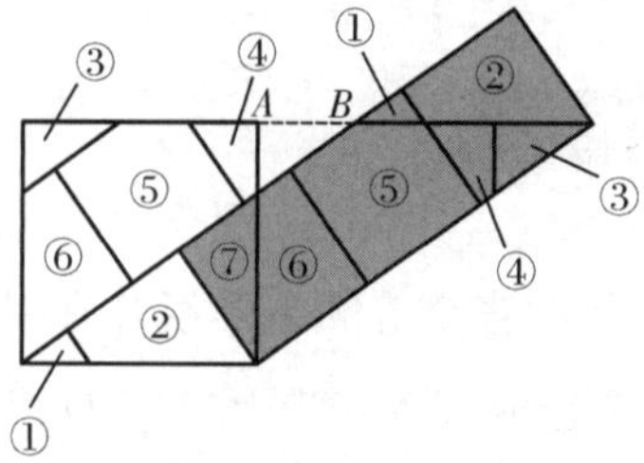

（第 5 题）

5. 由沈康身教授所著、数学家吴文俊作序的《数学的魅力》一书中记载了这样一则故事：如图，三姐妹为了平分一块边长为 1 的祖传正方形地毯，先将地毯分割成七块，再拼成三个小正方形（阴影部分）. 则图中 AB 的长应是________.

6. 如图，在菱形 $ABCD$ 中，$\angle A=60°$，$AB=6$. 折叠该菱形，使点 A 落在边 BC 上的点 M 处，折痕分别与边 AB，AD 交于点 E，F. 当点 M 与点 B 重合时，EF 的长为________；当点 M 的位置变化时，DF 长的最大值为________.

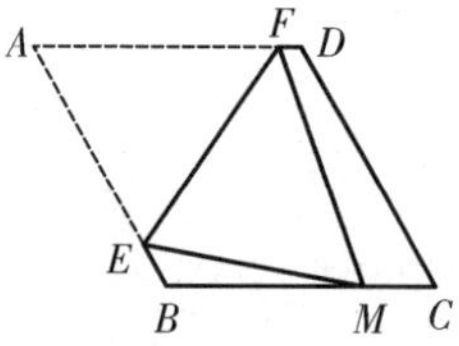

（第 6 题）

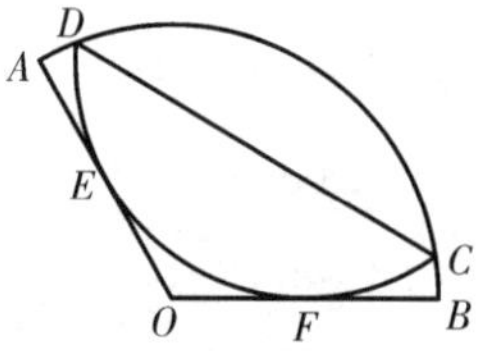

（第 7 题）

7. 如图，在扇形 AOB 中，点 C，D 在 $\overset{\frown}{AB}$ 上，将 $\overset{\frown}{CD}$ 沿弦 CD 折叠后恰好与 OA，OB 相切于点 E，F. 已知 $\angle AOB=120°$，$OA=6$，则 $\overset{\frown}{EF}$ 的度数为________，折痕 CD 的长为________.

8. 【基础巩固】

(1) 如图①，在 $\triangle ABC$ 中，D 为 AB 上一点，$\angle ACD=\angle B$. 求证：$AC^2=AD\cdot AB$.

【尝试应用】

(2) 如图②，在▱$ABCD$ 中，E 为 BC 上一点，F 为 CD 延长线上一点，$\angle BFE=\angle A$. 若 $BF=4$，$BE=3$，求 AD 的长.

【拓展提高】

(3) 如图③,在菱形 $ABCD$ 中,E 是 AB 上一点,F 是$\triangle ABC$ 内一点,$EF\parallel AC$,$AC=2EF$,$\angle EDF=\frac{1}{2}\angle BAD$,$AE=2$,$DF=5$,求菱形 $ABCD$ 的边长.

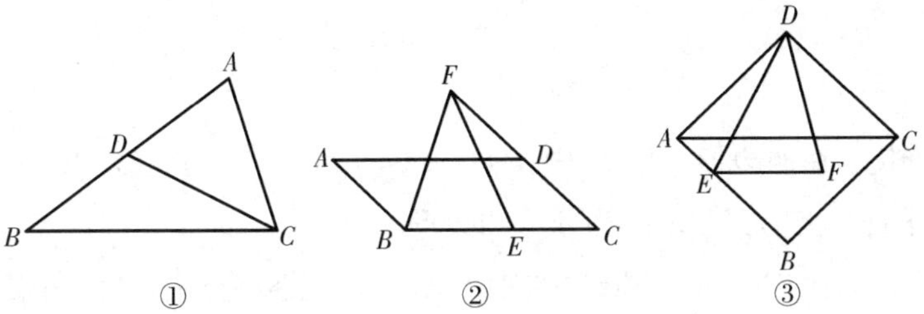

(第 8 题)

9. 小东在做一道习题:"$1:\sqrt{2}$ 也是一个很有趣的比. 已知线段 AB(如图①),用直尺和圆规作 AB 上的一点 P,使 $AP:AB=1:\sqrt{2}$."小东的作法是:如图②,以 AB 为斜边作等腰直角三角形 ABC,再以点 A 为圆心,AC 长为半径作弧,交线段 AB 于点 P,点 P 即为所求作的点. 小东称点 P 为线段 AB 的"趣点".

(1) 你赞同他的作法吗?请说明理由.

(2) 小东在此基础上进行了如下操作和探究:连结 CP,D 为线段 AC 上的动点,点 E 在 AB 的上方,构造$\triangle DPE$,使得$\triangle DPE\backsim\triangle CPB$.

①如图③,当点 D 运动到点 A 时,求$\angle CPE$ 的度数.

②如图④,DE 分别交 CP,CB 于点 M,N,当点 D 为线段 AC 的"趣点"时($CD<AD$),猜想 N 是否为线段 ME 的"趣点",并说明理由.

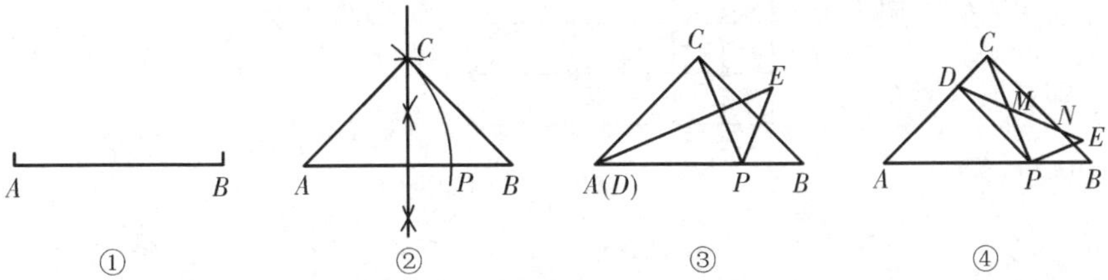

(第 9 题)

10. 定义:有两个相邻的内角是直角,并且有两条邻边相等的四边形称为邻等四边形,相等两邻边的夹角称为邻等角.

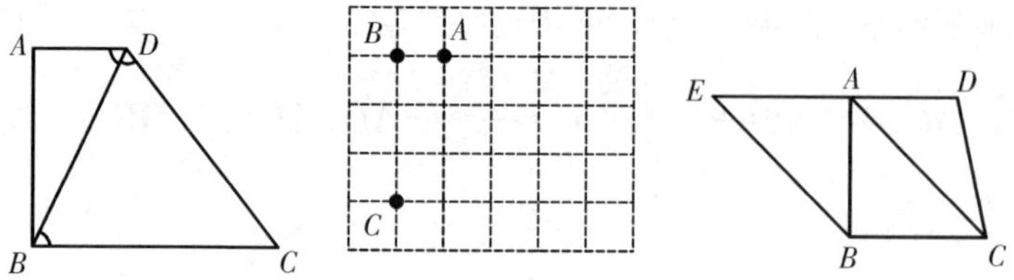

① ② ③

（第 10 题）

（1）如图①，在四边形 $ABCD$ 中，$AD/\!/BC$，$\angle A=90°$，对角线 BD 平分 $\angle ADC$. 求证：四边形 $ABCD$ 为邻等四边形.

（2）如图②，在 6×5 的方格纸中，A，B，C 三点均在格点上，若四边形 $ABCD$ 是邻等四边形，请画出所有符合条件的格点 D.

（3）如图③，四边形 $ABCD$ 是邻等四边形，$\angle DAB=\angle ABC=90°$，$\angle BCD$ 为邻等角，连结 AC，过点 B 作 $BE/\!/AC$ 交 DA 的延长线于点 E. 若 $AC=8$，$DE=10$，求四边形 $EBCD$ 的周长.

【参考答案】

1. C 2. D 3. A 4. A

5. $\sqrt{2}-1$ 6. $3\sqrt{3}$ $6-3\sqrt{3}$ 7. $60°$ $4\sqrt{6}$

8. （1）可证 $\triangle ADC\backsim\triangle ACB$ （2）$\dfrac{16}{3}$ （3）$5\sqrt{2}-2$

9. （1）点 P 为线段 AB 的“趣点” （2）$45°$ （3）可证点 N 是线段 ME 的“趣点”

10. （1）略 （2）

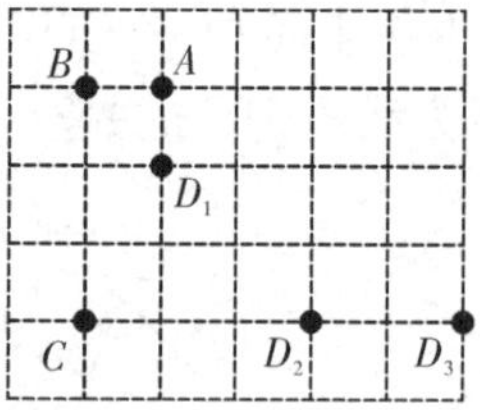

（3）$38-6\sqrt{2}$

第四章　统计与概率领域的试题编制

《课程标准(2022 年版)》指出:初中阶段统计与概率领域包括"抽样与数据分析"和"随机事件的概率"两个主题,学生将学习简单的获得数据的抽样方法,通过样本数据推断总体特征的方法,以及定量刻画随机事件发生可能性大小的方法,形成和发展数据观念。

"抽样与数据分析"强调从实际问题出发,根据问题背景设计收集数据的方法,经历更加有条理地收集、整理、描述、分析数据的过程,利用样本平均数估计总体平均数,利用样本方差估计总体方差,体会抽样的必要性和数据分析的合理性;"随机事件的概率"强调经历简单随机事件发生概率的计算过程,尝试用概率定量描述随机现象发生的可能性大小,理解概率的意义。

编制统计与概率领域的试题,要认真研究《课程标准(2022 年版)》的学业要求,以核心素养为导向,努力区分学生在统计与概率领域的不同发展水平。重点可以从以下几个方面进行考虑:

(1) 突出数据观念考查。数据观念主要是指对数据的意义和随机性有比较清晰的认识,发展学生的数据观念是统计与概率教学的核心任务。统计与概率试题应突出数据观念,重点考查:数据的收集、整理和分析,用定量的方法描述随机现象的变化趋势以及随机事件发生的可能性大小。

(2) 重视模型观念考查。统计分析的主要方式就是利用各种统计模型对所获得的数据进行定量处理。在初中阶段,一些能够反映数据统计特征与分布规律的统计图,如条形统计图、扇形统计图、折线统计图、频数直方图、箱线图等,可以看作初步的统计模型。

(3) 加强应用意识考查。一方面,通过统计与概率知识的应用可以帮助学生进一步发展模型观念;另一方面,也能让学生意识到数学与现实世界的密切联系，激发学生的学习兴趣，促使他们去学习更多的数学知识，进而解决更多的实际问题。

第一节　抽样与数据分析

用统计解决问题的基本思路是：收集数据、整理与描述数据、分析数据、利用数据解释或说明问题。抽样与数据分析试题的编制，应该创设真实的生活或生产情境，围绕用统计解决问题的基本思路，设置适当的问题情境，考查学生对基本思路各个环节的理解以及方法的选择和运用能力。

一、与收集数据有关的试题编制

收集数据是指根据实际问题的需要，选择恰当方法，从各种渠道获取数据。《课程标准（2022 年版）》对收集数据的学业要求是：知道抽样调查的必要性和简单随机抽样的特点，能根据问题需要设计恰当的调查问卷，并会用简单随机抽样收集数据。与收集数据有关的试题编制，要侧重于考查收集数据的方式、途径及一般步骤。

例1　在下面的调查中，最适合用全面调查的是　（　　）

A. 了解一批节能灯管的使用寿命

B. 了解某校八(3)班学生的视力情况

C. 了解某省初中生每周上网时长情况

D. 了解京杭大运河中鱼的种类

【试题分析】

<table>
<tr><th rowspan="3">知识主题</th><th colspan="9">核心素养</th><th colspan="3">问题情境</th><th rowspan="3">水平层次</th></tr>
<tr><th colspan="4">数学眼光</th><th colspan="2">数学思维</th><th colspan="3">数学语言</th><th rowspan="2">现实情境</th><th rowspan="2">科学情境</th><th rowspan="2">数学情境</th></tr>
<tr><th>抽象能力</th><th>几何直观</th><th>空间观念</th><th>创新意识</th><th>运算能力</th><th>推理能力</th><th>模型观念</th><th>数据观念</th><th>应用意识</th></tr>
<tr><td>统计概率</td><td></td><td></td><td></td><td></td><td></td><td></td><td></td><td>√</td><td>√</td><td>√</td><td></td><td></td><td>一</td></tr>
</table>

本题选择学生生活中熟悉的四个现实情境，主要考查学生对数据收集方式的了解情况。问题设计面向全体学生，侧重基础，易于解决，体现了统计调查在生活中的应用。此类试题编制时，要以学生熟悉的背景材料为载体，考查学生对全面调查和抽样调查意义的理解，让学生体会抽样的必要性，试题多以选择题或填空题形式呈现。

例2 某校拟开设3门校本课程供学生选择：①文学鉴赏，②趣味数学，③航模科技. 为了了解该校八年级1 000名学生对这三门校本课程的选择意向，张老师准备抽取40名学生作为调查对象，最合适的抽取方式是（　　）

A. 随机抽取八(3)班的40名学生　　B. 随机抽取八年级40名男生

C. 随机抽取八年级40名女生　　D. 随机抽取八年级40名学生

【试题分析】

知识主题	核心素养									问题情境			水平层次
	数学眼光				数学思维		数学语言						
	抽象能力	几何直观	空间观念	创新意识	运算能力	推理能力	模型观念	数据观念	应用意识	现实情境	科学情境	数学情境	
统计概率								√	√	√			二

本题考查简单随机抽样方法和样本估计总体的思想。只有抽样是合理的，才可能获得可靠数据，数据分析才会合理有意义。要使抽样合理，必须保证总体中的每一个个体都有相等大小的机会被抽到，不能局限于某特定范围或群体内，即抽取的样本要有代表性。编制此类试题，要选择合适的现实情境，设置不同的抽样方式供学生选择。试题多以选择题或填空题形式呈现，侧重考查学生对简单随机抽样的特点和样本随机性的理解。

例3 为了了解本班同学最喜欢的体育运动项目，小明设计了如图所示的调查问卷：

调查问卷　　　　年　　月　　日

你最喜欢的体育运动项目是（　　）（单选）

A. 排球　　B. 游泳　　C. 跑步　　D. 球类

你认为此问卷的选项设计合理吗？请说出你的理由.

【试题分析】

知识主题	核心素养									问题情境			水平层次
	数学眼光				数学思维		数学语言						
	抽象能力	几何直观	空间观念	创新意识	运算能力	推理能力	模型观念	数据观念	应用意识	现实情境	科学情境	数学情境	
统计概率								√	√	√			二

本题以调查本班同学最喜欢的体育运动项目为背景，考查学生设计调查问卷的能力。问卷调查的目的是为了获得真实准确的数据，因此，问卷中问题的表述要清晰，选项的设置要合理，特别是选项要做到不重复、不遗漏。编制此类试题时，可以先创设适当的问题情境，让学生针对调查目的设计调查问卷；也可以先提供调查问卷，让学生指出其中的缺陷和问题，并加以完善。此类试题若以解答题形式呈现，不仅能考查学生对知识的掌握情况，还可以有效检测学生的思维水平以及语言表达能力。

二、与整理和描述数据有关的试题编制

整理和描述数据是指为了更清楚地了解数据所蕴含的规律，对所获得的杂乱无章的原始数据进行分组（分类），并使用统计图表呈现整理的结果，如条形统计图、折线统计图、扇形统计图、频数直方图等。《课程标准（2022 年版）》对整理和描述数据的学业要求是：能绘制扇形统计图、频数分布直方图，能用扇形统计图、条形统计图、折线统计图、频数直方图等整理与描述收集到的数据，能读懂各种统计图所反映的数据信息，能解释数据中蕴含的信息；知道按照组内离差平方和最小的原则对数据进行分类的方法；能根据需要使用恰当的统计图表整理和表示数据。与整理和描述数据有关的试题编制，侧重于考查扇形统计图、频数直方图以及数据分组的方法。

例4 垃圾分类利国利民，某校宣传小组就“空矿泉水瓶应投放到哪种颜色的垃圾收集桶内”进行调查统计活动，他们随机采访了 50 名学生并做好记录. 以下是打乱的统计步骤：

①从扇形统计图中分析出本校学生对空矿泉水瓶投放的正确率.

②整理采访记录并绘制空矿泉水瓶投放的频数分布表.

③绘制扇形统计图来表示空矿泉水瓶投放各收集桶所占的百分比.

以上统计步骤的先后顺序应该是 ( )

A. ②→③→① B. ②→①→③

C. ③→①→② D. ③→②→①

【试题分析】

知识主题	核心素养									问题情境			水平层次
	数学眼光				数学思维		数学语言						
	抽象能力	几何直观	空间观念	创新意识	运算能力	推理能力	模型观念	数据观念	应用意识	现实情境	科学情境	数学情境	
统计概率								√	√	√			一

本题以当前社会热点“垃圾分类”为现实背景引出数学问题，主要考查学生对统计过程的了解，让学生经历收集数据(设置在题干中)、整理数据、描述数据、分析数据的统计过程，体会统计在生活中的应用。编制此类试题，可选择恰当的问题情境，打乱数据处理的步骤，让学生根据自己的理解重新排序。这样的设置方式，可以充分考查学生对数据处理过程的认识水平，进一步发展学生的数据观念。

例5 空气的成分(除水汽、杂质等)：氮气约占78%，氧气约占21%，其他气体约占1%.要反映上述信息，宜采用的统计图是 ( )

A. 条形统计图 B. 折线统计图

C. 扇形统计图 D. 频数分布直方图

【试题分析】

知识主题	核心素养									问题情境			水平层次
	数学眼光				数学思维		数学语言						
	抽象能力	几何直观	空间观念	创新意识	运算能力	推理能力	模型观念	数据观念	应用意识	现实情境	科学情境	数学情境	
统计概率		√					√	√	√	√	√		一

图表意识是数据观念的重要组成部分。本题融合科学背景，表述简单明了，主要考查学生对各种统计图的认识和应用。解决本题的关键在于，学生要理解各种统计图呈现数据时表现的特征差异。编制此类试题时，要选择合适的问题情境，考查学生读取数据信息、设计或选择统计图描述数据信息的能力。

例 6　5 名同学的每周平均劳动时间（单位：分钟）从短到长排列分别为 65，74，81，85，95. 现要将这五名同学分为两组，使得每周平均劳动时间相差不多的人分在同一组. 下表给出了 4 种不同分组及部分相关数据，请解答下列问题：

分组情况	组内离差平方和	组间离差平方和
第一组 1 个(65)； 第二组 4 个(74，81，85，95)	230.75	281.25
第一组 2 个(65，74)； 第二组 3 个(81，85，95)	144.5	367.5
第一组 3 个(65，74，81)； 第二组 2 个(85，95)	a	333.3
第一组 4 个(65，74，81，85)； 第二组 1 个(95)	230.75	281.25

(1) 求表格中 a 的值.

(2) 上述 4 种分组方法中，最合理的是哪一种？为什么？

【试题分析】

<table>
<tr><th rowspan="3">知识主题</th><th colspan="9">核心素养</th><th colspan="3">问题情境</th><th rowspan="3">水平层次</th></tr>
<tr><th colspan="4">数学眼光</th><th colspan="2">数学思维</th><th colspan="3">数学语言</th><th rowspan="2">现实情境</th><th rowspan="2">科学情境</th><th rowspan="2">数学情境</th></tr>
<tr><th>抽象能力</th><th>几何直观</th><th>空间观念</th><th>创新意识</th><th>运算能力</th><th>推理能力</th><th>模型观念</th><th>数据观念</th><th>应用意识</th></tr>
<tr><td>统计概率</td><td></td><td></td><td></td><td></td><td>√</td><td>√</td><td></td><td>√</td><td>√</td><td>√</td><td></td><td></td><td>二</td></tr>
</table>

本题以学生每周平均劳动时间为研究背景，考查学生的数据分组（分类）能力。数据分组有多种方法，按照组内离差平方和最小的原则就能让平均劳动时间相差不多的人分在同一组。解决第(1)题的关键是要知道 S_1^2+

S_2^2 是定值;解决第(2)题的关键是要知道按照组内离差平方和最小的方法进行分组。此类试题考查的核心知识为数据的整理与分类,编制此类试题时,要选取合适的现实情境,让学生体会数据分类的必要性。对数据进行分类时,数据的计算往往比较烦琐,因此,编制试题时可提供部分数据以降低运算难度,把考查重点聚焦在数据分类的方法及其合理性的理解上。

例 7 北京时间 2023 年 12 月 27 日 14 时 50 分,我国天目一号气象星座 19~22 星发射升空,卫星顺利进入预定轨道,发射任务取得圆满成功.某校为了让全校学生更多地了解有关知识,举办了一场气象卫星知识竞赛.赛后,校学生会随机抽取了若干名参赛学生的知识竞赛成绩(满分:100 分),并绘制成如下尚不完整的统计图表.根据图表信息,解答下列问题:

成绩 x(分)	频数	百分数
$50\leqslant x<60$	a	15%
$60\leqslant x<70$	18	30%
$70\leqslant x<80$	b	c
$80\leqslant x<90$	6	10%
$90\leqslant x<100$	3	5%

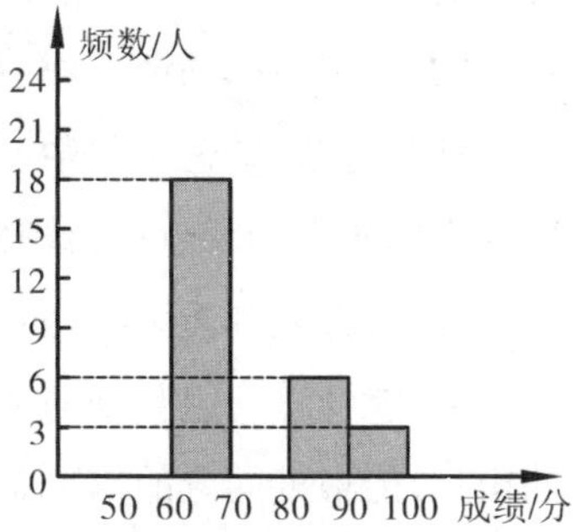

图 4-1-1

(1) 求抽取的学生总人数和 a,b,c 的值.

(2) 补全频数分布直方图.

(3) 若将抽取的学生知识竞赛成绩绘制成扇形统计图,求成绩在 $70\leqslant x<80$ 的学生所在扇形圆心角的度数.

【试题分析】

知识主题	核心素养									问题情境			水平层次
	数学眼光				数学思维		数学语言						
	抽象能力	几何直观	空间观念	创新意识	运算能力	推理能力	模型观念	数据观念	应用意识	现实情境	科学情境	数学情境	
统计概率		√			√		√	√	√	√			二

本题综合运用统计表、频数分布直方图和扇形统计图整理和描述同一组数据，但给出的统计图表并不完整，需要学生从不同的图表中获取信息，进行相互补充，从而完善统计表和统计图。本题主要考查学生对统计图表特征的了解情况，以及统计数据之间的相互转换能力。编制此类试题，要设置适当的问题背景，区分学生处理和描述数据的能力。为降低难度，通常不要求学生绘制完整的统计图表，只要求补全尚不完整的统计图表。

三、 与分析数据有关的试题编制

分析数据主要是提取样本的数字特征，包括反映数据集中趋势的平均数、中位数、众数，反映数据离散程度的方差，以及反映数据分布位置的四分位数、百分位数等。《课程标准(2022 年版)》对分析数据的学业要求是：能计算一组数据的中位数、众数、加权平均数，知道计算加权平均数的分布式计算方法，知道中位数、众数、平均数都能刻画这组数据的集中趋势以及它们各自的特点；会计算一组简单数据的离差平方和、方差，知道离差平方和、方差都能刻画这组数据的波动(离散)程度；知道百分位数和四分位数，能计算一组数据的四分位数，知道箱线图可以直观反映数据分布的信息；能根据问题的需要提取中位数、众数、平均数、四分位数、方差等数据的数字特征。与分析数据有关的试题，重点考查统计量计算和意义理解。

例8 在一次数学测试中，小明的成绩为 72 分，超过班级半数同学的成绩，分析得出这个结论所用的统计量是 ( )

A. 中位数　　B. 众数　　C. 平均数　　D. 方差

【试题分析】

知识主题	核心素养									问题情境			水平层次
	数学眼光				数学思维		数学语言			现实情境	科学情境	数学情境	
	抽象能力	几何直观	空间观念	创新意识	运算能力	推理能力	模型观念	数据观念	应用意识				
统计概率						√		√	√	√			二

本题以学生熟悉的数学测试成绩为背景，表述简洁明了。能否超过班级半数同学的成绩，应该选择中位数这个统计量。试题综合考查常用统计量的意义及其简单应用，检测学生对不同统计量的特征差异的认识水平，帮助学生进一步感悟统计量在现实生活中的应用价值。此类试题编制时，应创设现实背景，考查数据观念与数据推理能力，关注统计量的意义，侧重分析与研判，减少烦琐的运算。

例9 一枚质地均匀的正方体骰子(六个面分别标有数字 1,2,3,4,5,6)，投掷 5 次，分别记录每次骰子向上一面出现的数字. 根据下面的统计结果，能判断记录的这 5 个数字中一定没有出现数字 6 的是（ ）

A. 中位数是 3，众数是 2　　B. 平均数是 3，中位数是 2

C. 平均数是 3，方差是 2　　D. 平均数是 3，众数是 2

【试题分析】

知识主题	核心素养									问题情境			水平层次
	数学眼光				数学思维		数学语言						
	抽象能力	几何直观	空间观念	创新意识	运算能力	推理能力	模型观念	数据观念	应用意识	现实情境	科学情境	数学情境	
统计概率					√	√		√				√	二

本题用学生熟悉的投掷骰子为背景，考查中位数、众数、平均数、方差的理解与计算，解题时可根据中位数、众数、平均数、方差的定义，结合选项中设定情况，列出可能出现的 5 个数字，逐项判断即可。本题涉及多重能力考查：运算能力、推理能力与数据观念等。需要注意的是：此类试题编制时，常常是将其他知识或核心素养融入统计量的考查，综合程度的提高，容易导致试题难度过大。

例10 小周所在班级全班 32 人参加学校的英文听力测验，下图中有全校与小周全班英文听力测验成绩的箱线图. 若小周的成绩恰为全校的第 65 百分位数，则小周在班上的成绩排名最好可能是第______名，最差可能是第______名.

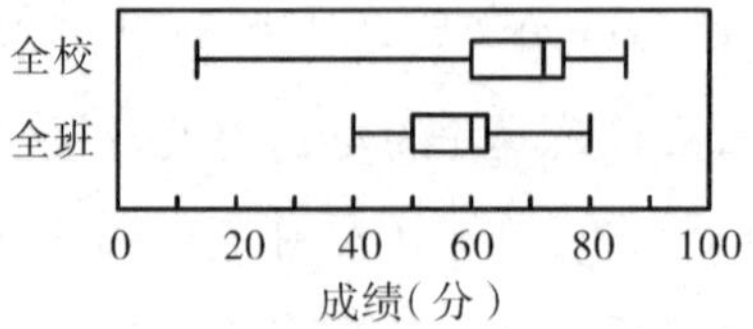

图 4-1-2

【试题分析】

知识主题	核心素养									问题情境			水平层次
	数学眼光				数学思维		数学语言			现实情境	科学情境	数学情境	
	抽象能力	几何直观	空间观念	创新意识	运算能力	推理能力	模型观念	数据观念	应用意识				
统计概率		√			√	√	√	√	√	√			三

本题考查百分位数、四分位数与箱线图等知识。试题涉及两个箱线图,将它们同时呈现在一个图中,可以直观地看出不同数据集之间的差异,能更好地体现数据的分布特征,有助于学生的理解和分析。编制此类试题时,要创设凸显百分位数、四分位数与箱线图的意义与作用的现实情境,引导学生分析箱线图的分布特征及其与百分位数的关系,考查学生利用百分位数和箱线图解决实际问题的能力。

例11 某校学生会要在甲、乙两名候选人中选择一人担任文艺部干事,对他们进行了文化水平、艺术水平、组织能力的测试,根据综合成绩择优录取,他们的各项成绩(单项满分 100 分)如下表所示:

候选人	文化水平	艺术水平	组织能力
甲	80 分	87 分	82 分
乙	80 分	96 分	76 分

(1) 如果把各项成绩的平均数作为综合成绩,应该录取谁?

(2) 如果想录取一名组织能力较强的候选人,把文化水平、艺术水平、组织能力三项成绩分别按照 20%,20%,60% 的比例计入综合成绩,应该录取谁?

【试题分析】

知识主题	核心素养									问题情境			水平层次
	数学眼光				数学思维		数学语言						
	抽象能力	几何直观	空间观念	创新意识	运算能力	推理能力	模型观念	数据观念	应用意识	现实情境	科学情境	数学情境	
统计概率					√	√		√	√	√			二

本题考查权的意义和算术平均数、加权平均数的计算方法。试题借助不同的问题情境，让学生感受日常生活中由于重要程度不同，需用加权平均数。试题的明线是在甲、乙两名候选人中选择一人担任文艺部干事，暗线是以权的探索及应用贯穿始终，核心素养的主要表现为数据观念和推理能力。编制此类试题时，可创设现实的统计决策情境，重点考查学生对统计量的理解和运算能力。问题也可以设计得更加开放。例如，本题可以让学生自主赋权设计方案，这样学生更能感受到加权平均数的价值。

四、与利用数据解释或说明有关的试题编制

利用数据解释或说明问题主要是指用样本数据的数字特征估计总体的数字特征，用样本数据的分布估计总体的分布，用样本数据的变化趋势估计总体的变化趋势，从而解释和说明问题。《课程标准(2022 年版)》对利用数据解释或说明问题的学业要求是：知道样本与总体的关系，能用样本平均数估计总体平均数，能用样本方差估计总体方差；能根据数据的数字特征解释或解决问题；能根据统计图表分析随机现象的变化趋势；体会数据分析的重要性，感悟通过样本特征估计总体特征的思想，形成数据观念，发展模型观念。

与利用数据解释或说明问题有关的试题，要侧重对学生分析数据的思维品质及语言表达能力的考查。需要注意的是，这一类试题答案往往只有好坏之分，而无对错之别，因此必须制定多元化、分层次的评分标准。

例12　安全使用电动车可以大幅度减少因交通事故引发的人身伤害，为此，交警部门在全市范围开展了安全使用电动车专项宣传活动．在活动前和活动后分别随机抽取了部分使用电动车的市民，就骑电动车戴

安全帽情况进行问卷调查,将收集的数据制成如下统计图表.

活动前骑电动车戴安全帽情况统计表

类别	人数
A	68
B	245
C	510
D	177
合计	1 000

A:每次戴
B:经常戴
C:偶尔戴
D:从不戴

活动后骑电动车戴安全帽情况统计图

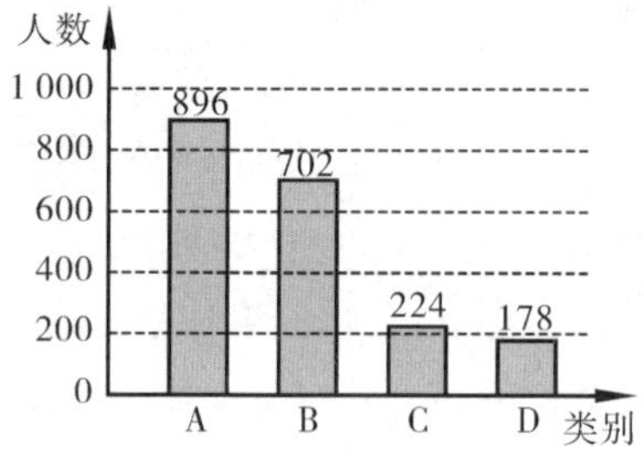

图 4-1-3

(1) 宣传活动前,在抽取的市民中哪一类别的人数最多?占抽取人数的百分之几?

(2) 该市约有 30 万人使用电动车,请估计活动前全市骑电动车"从不戴"安全帽的总人数.

(3) 小明认为,宣传活动后骑电动车"从不戴"安全帽的人数为 178,比活动前增加了 1 人,因此交警部门开展的宣传活动没有效果.小明分析数据的方法是否合理?请结合统计图表,对小明分析数据的方法及交警部门宣传活动的效果谈谈你的看法.

【试题分析】

知识主题	核心素养									问题情境			水平层次
	数学眼光				数学思维		数学语言			现实情境	科学情境	数学情境	
	抽象能力	几何直观	空间观念	创新意识	运算能力	推理能力	模型观念	数据观念	应用意识				
统计概率					√	√	√	√	√	√			三

本题以安全使用电动车专项宣传活动为背景,第(1)题考查统计量的简单计算,第(2)题考查样本估计总体的思想,第(3)题考查学生对抽样的理解水平和统计量的选择能力。解决第(3)题,学生需要知道样本数量不同时,比较频数是不合理的,需选择其他合适的统计量。本题不但具有良好的评价功能,而且创设的"骑电动车戴安全帽"这一情境渗透了人文关

怀，形成了素养导向的育人素材。

编制此类试题时，应创设真实的问题情境，体现统计与生活的密不可分，让学生在实际情境中获得数据、处理数据、分析数据，最终运用数据解决问题。问题设置要适切科学，能从不同的角度进行分析，以达到考查学生灵活运用统计方法解决问题能力的目的，体现“有情境、有思维、有价值”的命题特征。

例13　小红家到学校有两条公交车线路. 为了选择合适的乘车线路，小红随机抽取了 5 个工作日乘坐 A 线路公交车，5 个工作日乘坐 B 线路公交车，每天上学、放学时间各乘车 1 次，并分别记录所用时间如下表(单位：min)：

实验序号	1	2	3	4	5	6	7	8	9	10
A 线路所用时间	15	32	15	16	34	18	21	14	35	20
B 线路所用时间	25	29	23	25	27	26	31	28	30	24

根据以上信息解答下列问题：

	平均数	中位数	众数	方差
A 线路所用时间	22	a	15	63.2
B 线路所用时间	b	26.5	c	6.36

(1) 填空：$a=$________，$b=$________，$c=$________.

(2) 应用你所学的统计知识帮助小红选择乘车线路，并说明你的理由.

【试题分析】

<table>
<tr><td rowspan="3">知识主题</td><td colspan="9">核心素养</td><td colspan="3">问题情境</td><td rowspan="3">水平层次</td></tr>
<tr><td colspan="4">数学眼光</td><td colspan="2">数学思维</td><td colspan="3">数学语言</td><td rowspan="2">现实情境</td><td rowspan="2">科学情境</td><td rowspan="2">数学情境</td></tr>
<tr><td>抽象能力</td><td>几何直观</td><td>空间观念</td><td>创新意识</td><td>运算能力</td><td>推理能力</td><td>模型观念</td><td>数据观念</td><td>应用意识</td></tr>
<tr><td>统计概率</td><td></td><td></td><td></td><td></td><td>√</td><td>√</td><td>√</td><td>√</td><td>√</td><td>√</td><td></td><td></td><td>三</td></tr>
</table>

本题以选择乘车线路为现实背景，第(1)题考查学生能否根据统计表提供的数据信息熟练计算平均数、中位数和众数，第(2)题考查学生对统计量意义的理解和运用水平，考查基于数据分析做出判断和决策的能力。试题创设了现实的统计决策情境，引发学生经历数据处理的一般过程，基于数据分析作出合理的判断和决策，最终达到考查数据观念的目的。

编制此类试题时，要创设现实情境，体现统计试题的任务导向，注重考查学生多角度处理、分析数据和对结果作出合理解释的能力。同一情境下的问题设计要有层次性和内在逻辑性，要有利于展现学生的思维过程。

例14 大黄鱼有“国鱼”之称，由于过去滥捕等多种因素，大黄鱼资源已基本枯竭. 目前，某市已培育出十余种大黄鱼品种，某鱼苗人工养殖基地对其中的四个品种“宁港”“御龙”“甬岱”“象山港”共300尾鱼苗进行成活实验，从中选出成活率最高的品种进行推广，通过实验得知“甬岱”品种鱼苗成活率为80%，并把实验数据绘制成下列两幅统计图(部分信息未给出)：

(1) 求实验中“宁港”品种鱼苗的数量.

(2) 求实验中“甬岱”品种鱼苗的成活数，并补全条形统计图.

(3) 你认为应选哪一品种进行推广？请说明理由.

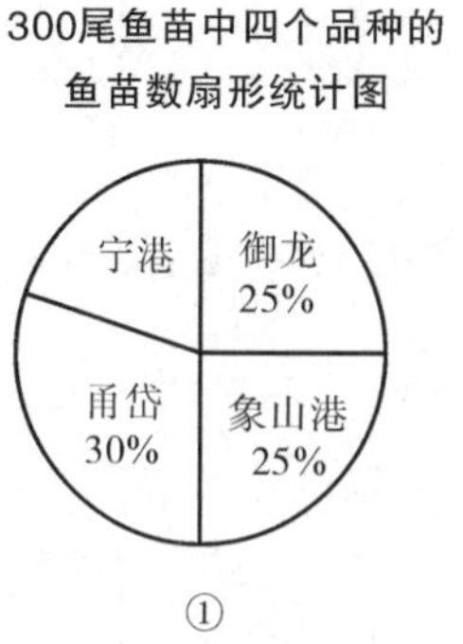

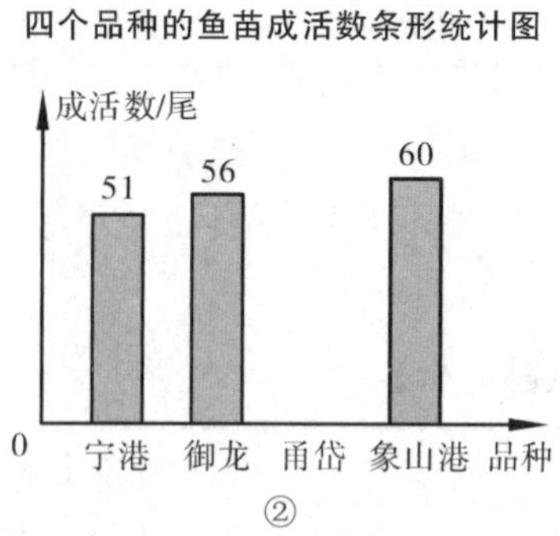

图4-1-4

【试题分析】

知识主题	核心素养									问题情境			水平层次
	数学眼光				数学思维		数学语言			现实情境	科学情境	数学情境	
	抽象能力	几何直观	空间观念	创新意识	运算能力	推理能力	模型观念	数据观念	应用意识				
统计概率		√			√	√	√	√	√	√			三

本题以大黄鱼品种培育为背景，让学生体会解读数据推断决策的统计价值，促进数学应用意识的发展。第(3)题重点考查学生利用图表信息进行分析以及运用分析结果作出推断决策的能力，同时也考查了学生的语言表达能力。利用数据解释和说明问题时，要根据数据说话，不能泛泛而谈。解答此题时要同时关注到各品种鱼苗的成活数量与实验数量，从而用成活率等相关数据作出相对准确合理的判断。

此类试题的编制要重点体现统计思想在生产或生活中的应用价值，关注学生利用数据解释和说明问题的能力，要侧重对学生分析数据的思维品质及语言表达能力的考查，在判断决策结果时应要求学生结合相关统计量说明理由。不同水平层次的学生可能会有不同的作答情况，建议采用分层赋分的方式进行评价。

第二节　随机事件的概率

用概率解决实际问题的基本思路是：判断事件性质，定量刻画随机事件发生的可能性大小，作出决策或预测。初中阶段，随机事件的概率试题的编制，应该创设真实的生活或生产情境，重点考查求简单随机事件概率、用频率估计概率。

一、求简单随机事件概率的试题编制

简单随机事件的概率可以用古典概型刻画。《课程标准（2022 年

版）》对求简单随机事件概率的学业要求是：能描述简单随机事件的特征（可能结果的个数有限，每一个可能结果出现的概率相等），能用列表、画树状图等方法求出简单随机事件所有可能的结果以及指定随机事件发生的所有可能结果，能计算简单随机事件的概率。此类试题重点考查用列举法（主要是列表与画树状图的方法）求概率。

例1 一只不透明的袋子中装有4个小球，分别标有编号1，2，3，4，这些小球除编号外无其他不同.

（1）搅匀后从中任意摸出1个球，这个球的编号是2的概率为______.

（2）搅匀后从中任意摸出1个球，记录球的编号后放回、搅匀，再从中任意摸出1个球，则第2次摸到的小球编号比第1次摸到的小球编号大1的概率是多少？（用列表或画树状图的方法说明）

【试题分析】

<table>
<tr><td rowspan="3">知识主题</td><td colspan="9">核心素养</td><td colspan="3">问题情境</td><td rowspan="3">水平层次</td></tr>
<tr><td colspan="4">数学眼光</td><td colspan="2">数学思维</td><td colspan="3">数学语言</td><td rowspan="2">现实情境</td><td rowspan="2">科学情境</td><td rowspan="2">数学情境</td></tr>
<tr><td>抽象能力</td><td>几何直观</td><td>空间观念</td><td>创新意识</td><td>运算能力</td><td>推理能力</td><td>模型观念</td><td>数据观念</td><td>应用意识</td></tr>
<tr><td>统计概率</td><td></td><td></td><td></td><td></td><td>√</td><td>√</td><td></td><td>√</td><td></td><td></td><td></td><td>√</td><td>三</td></tr>
</table>

本题以摸球为背景，考查简单随机事件概率的求法。其中第（1）题的指定事件包含的结果数容易确定，第（2）题为了能更好地呈现学生的思维过程，要求学生用列表或画树状图的方法来列出这个事件发生的可能结果，以及求出该事件的概率。编制此类试题时，情境设计要尽量简单，以便学生从试题中能迅速抽取信息。重点考查基本方法，要求学生掌握常规方法，避免繁难计算，体现基础性。

例2 三名运动员参加定点投篮比赛，原定出场顺序是：甲第一个出场，乙第二个出场，丙第三个出场. 由于某种原因，要用抽签方式重新确定三名运动员的出场顺序. 求抽签后每名运动员的出场顺序都发生变化的概率.

【试题分析】

知识主题	核心素养									问题情境			水平层次
	数学眼光				数学思维		数学语言			现实情境	科学情境	数学情境	
	抽象能力	几何直观	空间观念	创新意识	运算能力	推理能力	模型观念	数据观念	应用意识				
统计概率	√				√	√		√	√	√			三

本题以学生熟悉的抽签确定比赛出场顺序为背景，体现了背景的公平性，而用抽签这一形式确定结果能体现随机性。本题中，事件发生的所有可能结果可直接通过列举或画树状图获得，但学生顺利解决问题还需要有较强的文字理解能力和综合分析能力。此类试题的编制可基于学生熟知的实际背景，如学校举行的比赛、活动或生活中的案例，从实际情境中提出研究的问题，重点考查用列举法求简单随机事件的概率。

二、用频率估计概率的试题编制

用频率估计概率是指通过随机试验获得随机事件概率的估计值。《课程标准(2022 年版)》对用频率估计概率的学业要求：知道经历大量重复试验，随机事件发生的频率具有稳定性，能用频率估计概率；体会数据的随机性以及概率与统计的关系；能综合运用统计与概率的思维方法解决简单的实际问题。此类试题的编制，应注重与实际生活的联系，提供必要的数据，考查学生通过频率估计概率的意识和能力。

例3 为了了解某市九年级男生的身高情况，随机抽取了该市100名九年级男生，他们的身高如下表所示：

身高(cm)	$x<160$	$160\leqslant x<170$	$170\leqslant x<180$	$x\geqslant 180$
人数	5	38	42	15

根据以上结果，随机抽取该市一名九年级男生，估计他的身高不低于180 cm的概率是 ( )

A. 0.85　　B. 0.57　　C. 0.42　　D. 0.15

【试题分析】

知识主题	核心素养									问题情境			水平层次
	数学眼光				数学思维		数学语言			现实情境	科学情境	数学情境	
	抽象能力	几何直观	空间观念	创新意识	运算能力	推理能力	模型观念	数据观念	应用意识				
统计概率								√	√	√			一

本题以了解某市九年级男生的身高情况为背景，要求学生会根据图表获取数据信息，体会频率与概率的关系，从而利用频率估计概率解决问题。此类试题的编制可基于恰当的现实背景，例如动植物的成活率、产品的合格率、投篮的命中率、池塘中鱼的数量的估计等，检测学生在解决实际问题的过程中，主动用频率估计概率的能力水平。

例4 某学习小组做投掷一枚自制的正方体骰子(六个面分别刻有1～6的点数)的实验，整理的实验数据如下表：

累计投掷次数	50	100	200	300	500	1 000	2 000	3 000	5 000
点数为1的次数	11	23	45	65	112	221	441	664	1 106
点数为1的频率	0.220 0	0.230 0	0.225 0	0.216 7	0.224 0	0.221 0	0.220 5	0.221 3	0.221 2

下面有三个推断：

①再投掷5 000次此骰子，点数为1的次数也一定是1 106次.

②估计点数为1的概率是0.22.

③通过上述实验的结果，可以推断这枚自制的骰子可能质地不均匀.

其中正确的是__________.(填序号)

【试题分析】

知识主题	核心素养									问题情境			水平层次
	数学眼光				数学思维		数学语言			现实情境	科学情境	数学情境	
	抽象能力	几何直观	空间观念	创新意识	运算能力	推理能力	模型观念	数据观念	应用意识				
统计概率	√					√		√	√	√			三

本题中推断①、②考查学生对频率和概率的关系及概率意义的理解，推断③以试验中自制的正方体骰子投掷时出现“点数为1”的概率与质地均匀的正方体骰子投掷时不一致，从而判断骰子质地不均匀。这个问题设置打破常规，有一定的新颖性。此类试题的编制，要以学生积累的活动经验为基础，侧重对用频率估计概率的考查。有时可以逆向设置问题，这样可能更有利于考查学生对频率与概率关系的理解水平。

例5 某校开展线上教学，有“录播”和“直播”两种教学方式，供学生选择其中一种. 为分析该校学生线上学习情况，在接受这两种教学方式的学生中各随机抽取40人调查学习参与度，数据整理结果如下表(数据分组包含左端点值不包含右端点值)：

参与度方式 / 人数 / 方式	0.2～0.4	0.4～0.6	0.6～0.8	0.8～1
录播	4	16	12	8
直播	2	10	16	12

(1) 从教学方式为“直播”的学生中任意抽取一名学生，估计该学生的参与度在0.8及以上的概率.

(2) 该校共有800名学生，选择“录播”和“直播”的人数之比为1∶3，估计参与度在0.4以下的人数.

【试题分析】

知识主题	核心素养									问题情境			水平层次
	数学眼光				数学思维		数学语言			现实情境	科学情境	数学情境	
	抽象能力	几何直观	空间观念	创新意识	运算能力	推理能力	模型观念	数据观念	应用意识				
统计概率					√	√		√	√	√			三

本题以学生线上学习为背景，情境真实发生，具有现实意义。试题主要考查利用频率估计概率和用样本估计总体的思想，体现了对统计与概率的综合考查。此类试题的编制，要以真实的统计活动情境为背景，让学

生综合运用统计与概率的知识解决问题，检测他们的数据观念、推理能力、应用意识等数学关键能力。

好题精选

1. 如图①②分别是甲、乙两所学校的男、女教师人数占比情况，下列判断一定成立的是（　　）

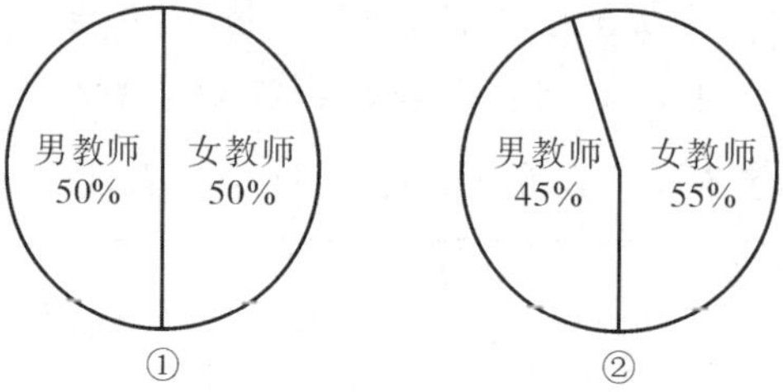

（第 1 题）

A. 甲校男教师比乙校男教师多

B. 甲校女教师比乙校女教师少

C. 若甲校男教师比乙校男教师多，则甲校女教师比乙校女教师多

D. 若甲校女教师比乙校女教师多，则甲校男教师比乙校男教师多

2. 在某校艺体节的乒乓球比赛中，李东个人技艺高超，顺利进入总决赛. 根据数据预测“李东夺冠的可能性是 80%”，对该预测理解正确的是（　　）

A. 李东一定会夺冠

B. 李东夺冠的可能性较大

C. 李东夺冠的可能性较小

D. 若李东和对手比赛 10 局，则他一定赢 8 局

3. 超市货架上有一批大小不一的鸡蛋，某顾客从中选购了部分大小均匀的鸡蛋. 设货架上原有鸡蛋的质量（单位：g）平均数和方差分别为 $\overline{x}$，s^2，该顾客选购的鸡蛋的质量平均数和方差分别为 $\overline{x}_1$，s_1^2，则下列结论一定成立的是（　　）

A. $\overline{x}<\overline{x}_1$　　B. $\overline{x}>\overline{x}_1$　　C. $s^2>s_1^2$　　D. $s^2<s_1^2$

4. 某林业部门为了考察某种幼树在一定条件下的移植成活率,在同等条件下,对这种幼树进行大量移植,并统计成活情况,具体数据如下表.

幼树移植数(棵)	100	1 000	5 000	8 000	10 000	15 000	20 000
幼树移植成活数(棵)	83	817	4 485	7 224	8 983	13 443	18 044
幼树移植成活的频率	0.830	0.817	0.897	0.903	0.898	0.896	0.902

(1) 该种幼树在此条件下移植成活的概率大约是________.(结果精确到 0.1)

(2) 如果该林业部门共移植这种幼树 10 万棵,那么成活的幼树约有________棵.

5. 八(1)班 10 名同学进行了一分钟跳绳测试. 体育委员整理测试成绩数据,并绘制了如下的箱线图. 由图可知,这 10 名同学中,一分钟跳绳个数达到 170 下及以上的至少有________人.

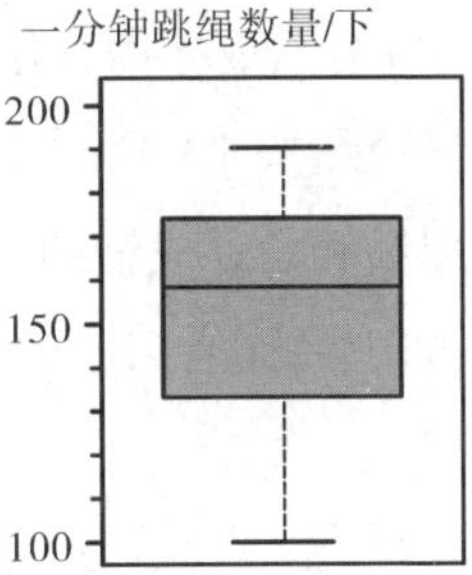

(第 5 题)

6. 一个三位数中任意两个相邻数字之差的绝对值不超过 1,称该三位数为"平稳数". 用 1,2,3 三个数字随机组成一个无重复数字的三位数,恰好是"平稳数"的概率为________.

7. 数学老师对本班学生作了一次统计调查. 提出的问题是"你最喜欢的课是数学课吗"收集数据的方式是请同学们当场举手表决,这种收集数据的方式合理吗? 若合理,请说明理由;若不合理,请提出合理的收集方式.

8. 某校组织全校同学进行"亚运知识"竞赛. 小明随机抽取了部分七年级学生的竞赛成绩,绘制成如右的频数直方图(每一组含左边边界值,不含右边边界值).

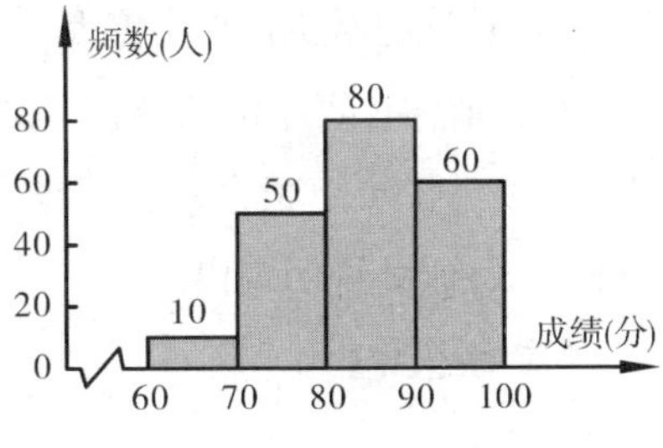

(第 8 题)

(1) 若该校七年级共有学生 700 人,估计竞赛成绩在 80 分及以上的约有________人.

(2) 若全校共有 2 000 名学生，小明估计全校约有 1 400 名学生的竞赛成绩在 80 分及以上. 你赞同小明的说法吗？为什么？

9. 甲、乙两位同学相约打乒乓球.

(1) 有 4 支乒乓球拍(分别记为 A,B,C,D)，若甲先从中随机选取 1 支，乙再从余下的球拍中随机选取 1 支，求乙选中球拍 C 的概率.

(2) 双方约定：两人各投掷一枚质地均匀的硬币，如果两枚硬币全部正面向上或全部反面向上，那么甲先发球，否则乙先发球. 这个约定是否公平？为什么？

10. 某校计划建立小记者站，有 20 名学生报名参加选拔. 报名的学生需参加采访、写作、摄影三项测试，每项测试均由七位评委打分(满分 100 分)，取平均分作为该项的测试成绩，再将采访、写作、摄影三项的测试成绩按 4 : 4 : 2 的比例计算出每人的总评成绩. 小悦、小涵的三项测试成绩和总评成绩的部分数据如下表，这 20 名学生的总评成绩频数分布直方图(每组含最小值，不含最大值)如下图所示.

选手	测试成绩/分			总评成绩/分
	采访	写作	摄影	
小悦	83	72	80	78
小涵	86	84		

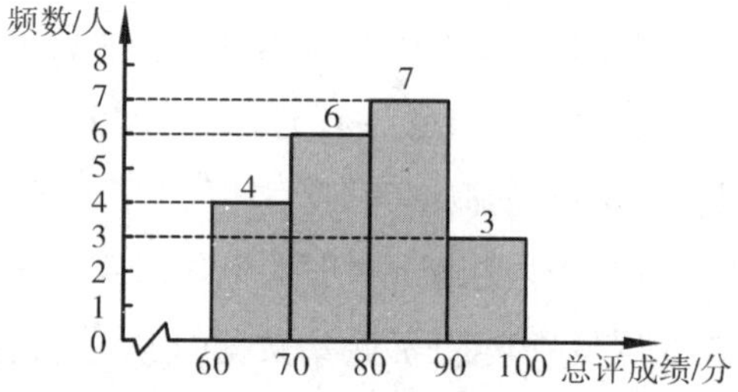

(第 10 题)

(1) 在摄影测试中，七位评委给小涵打出的分数如下：67，72，68，69，74，69，71. 这组数据的中位数是______，众数是______，平均数是______.

(2) 请你计算小涵的总评成绩.

(3) 学校决定根据总评成绩择优选拔 12 名小记者. 试分析小悦、小涵能否入选，并说明理由.

【参考答案】

1. D 2. B 3. C 4. (1) 0.9 (2) 9 万 5. 3 6. $\frac{1}{3}$

7. 不合理，可以采用不署名的问卷调查

8.（1）490 （2）不赞同，因为样本是在七年级学生中抽取的，不具有代表性

9.（1）$\frac{1}{4}$ （2）公平，因为两人先发球的概率都是$\frac{1}{2}$

10.（1）69，69，70 （2）82 分 （3）不能判断小悦能否入选，但是小涵能入选，理由：由 20 名学生的总评成绩频数分布直方图可知，小于 80 分的有 10 人，因为小悦 78 分、小涵 82 分，所以不能判断小悦能否入选，但是小涵能入选

第五章　综合与实践领域的试题编制

综合与实践以培养学生综合运用所学知识和方法解决实际问题的能力为目标，初中阶段可采用项目式学习的方式，设计情境真实、较为复杂的问题，引导学生综合运用数学学科和跨学科的知识与方法解决问题。

综合实践活动以问题解决为导向，整合数学与其他学科的知识和思想方法，让学生从数学的角度观察与分析、思考与表达、解决与阐释社会生活以及科学技术中遇到的现实问题。综合与实践的学习，有助于学生感受数学与科学、技术、经济、金融、地理、艺术等学科领域的融合，积累数学活动经验，体会数学的科学价值，提高发现与提出问题、分析与解决问题的能力，发展应用意识、创新意识和实践能力。

情境化是综合与实践领域试题命制的基本要求。命制试题时，除了需要关注知识、能力、价值取向、学科素养等在测评中不同程度的体现外，还要关注考生对于真实背景与数学模型之间的抽象过程，关注考生面对很多信息的处理能力，包括信息获取、解释、推理、决策、问题解决、对方法步骤的认识、检查和调节等。综合与实践领域的试题有助于实现对学生知识技能、关键能力、综合品质的多维考查。

综合与实践领域的试题要素主要分为显性要素与隐性要素两部分。其中，显性要素一般由支持工具和指令构成，支持工具包括相应的背景情境、条件素材，指令指问题的设问，明确向考生提出的一组答题指向；隐性要素主要是测试目的，指试题背后蕴含的数学知识、方法、思想等。

根据学科知识领域在综合与实践考查中的作用、意义、方式等，我们可以将综合与实践类试题分为以下四类。

(1) 基于数与代数领域的综合与实践类试题。此类试题依托真实的背景情境，蕴含初中数学数与代数领域相应的知识、方法、数学思想等，可以从知识应用、项目解决、实践操作等角度编制试题。

(2) 基于图形与几何领域的综合与实践类试题。此类试题在考查时，通常需要对相应情境经过抽象转化，得到合适的数学模型来推理计算，隐性考查图形与几何领域相关的知识、方法等数学素养。

(3) 基于统计与概率领域的综合与实践类试题。此类试题主要分统计类与概率类两大类型，以统计类试题为主，考查学生的数据观念；概率类试题，主要考查真实背景下，事件发生的可能性大小、对结果的预测等。另外在考查中，也存在将统计与概率综合考查的综合与实践类试题。

(4) 基于多领域或跨学科的综合与实践类试题。此类试题主要涉及数学学科多领域知识、方法的应用，以及学科知识与跨学科背景、知识融合的情况，对关键能力与核心素养发展水平要求较高。

总之，综合与实践类试题的命制，要着力于考查学生将所学知识迁移到现实情境中的能力，考查学生在问题解决全过程中的表现，并在评价中关注与标准答案不同的作答，鼓励学生发散思维和创新精神。

第一节　基于数与代数领域的综合与实践

《课程标准(2022 年版)》指出：数与代数是数学知识体系的基础之一，是学生认知数量关系、探索数学规律、建立数学模型的基石，可以帮助学生从数量的角度清晰准确地认识、理解和表达现实世界。在综合与实践领域，“数与式”作为代数的基本语言，可以有效地让背景情境通过字母运算和推理得到一般性的结论；“方程与不等式”可以揭示实际问题中最基本的数量关系(相等关系和不等关系)；“函数”作为研究变量之间关系的重要模型，可以探索事物变化的规律，同时借助函数可以认识方程和不等式。

一、代数知识应用类试题

代数知识应用类综合与实践试题是指基于真实背景情境下，抽象出代数模型，应用代数的相关概念、性质、关系展开分析、推理、计算获得相应结论，从而解决相关问题的一类试题。此类题目情境丰富、类型多样，包括密码学、工程物理学、金融和经济学、人工智能和机器学习、优化和决策分析、生物学和医学等，问题的解决与学生核心素养的形成有密切关联，主要包括运算能力、模型观念、推理能力、应用意识、创新意识等。

例1 如图，小明探究“制作视力表”的相关内容：当测试距离为 5 m 时，标准视力表中最大的“E”字高度为 72.7 mm. 当测试距离为 3 m 时，最大的“E”字高度为（　　）

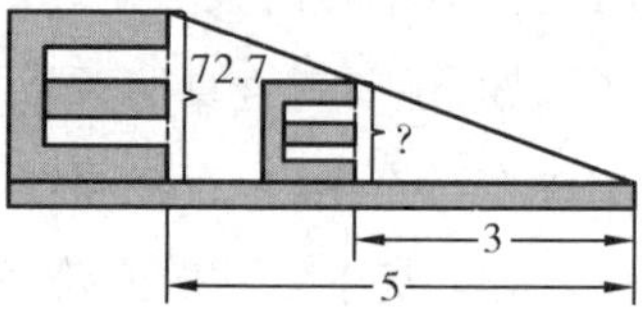

图 5-1-1

A. 4.36 mm　　B. 29.08 mm

C. 43.62 mm　　D. 121.17 mm

【试题分析】

知识主题	核心素养									问题情境			水平层次
	数学眼光				数学思维		数学语言						
	抽象能力	几何直观	空间观念	创新意识	运算能力	推理能力	模型观念	数据观念	应用意识	现实情境	科学情境	数学情境	
数与代数		√			√					√			一

本题主要考查了相似三角形性质的实际应用。《课程标准(2022 年版)》要求了解相似三角形的性质定理，会利用图形的相似解决一些简单的实际问题，问题设计面向全体学生。本试题难度不大，旨在引导学生用数学知识解决生活中的问题。其亮点在于以学生所熟悉的“标准视力表”为载体，考查学生抽象数学模型的能力。一是体现情境创设，问题情境属于日常生活联系数学学习；二是关注应用，在应用数学知识解决问题的过程中渗透核心素养，使学生能够体会到数学在生活中的应用。

此类试题的编制，主要是先确定考查的核心知识，再选用合适的背景情境进行融合。在选择情境时，既要考虑背景与知识的融合程度，也要考虑背景本身的公平性与考查的导向性。由于本题实际上考查了相似三角形对应线段成比例的知识，在试题的命制时，与背景中是否选择“E”并无太大关联，完全可以用其他相应的物体、图形等加以替换，但一般应选择具有正确价值观、爱国教育、文化育人等方面的素材。

例2 如图①是某抛物线型拱桥，图②是示意图，现以 O 为原点，OA 所在直线为 x 轴建立平面直角坐标系，桥面 $BC /\!/ OA$，其抛物线表达式为 $y=-\dfrac{1}{320}(x-80)^2+20$，桥拱上点 A 距离桥面 $AB=22$ m. 若存在一点 E 使得 $CE=\dfrac{3}{8}CB$，则点 E 到抛物线的距离 $ED=$________m.

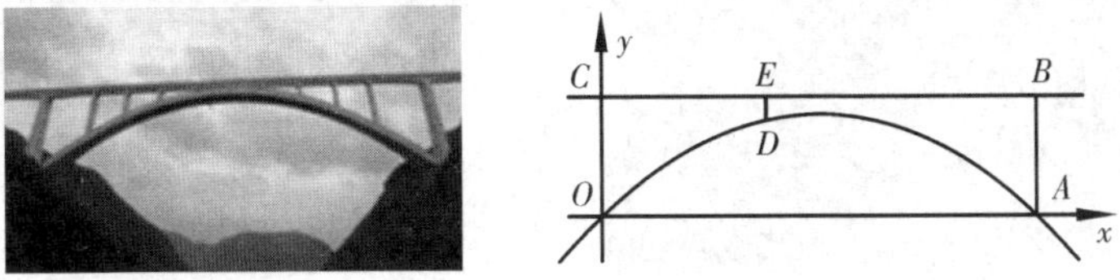

① ②

图 5-1-2

【试题分析】

知识主题	核心素养									问题情境			水平层次
	数学眼光				数学思维		数学语言			现实情境	科学情境	数学情境	
	抽象能力	几何直观	空间观念	创新意识	运算能力	推理能力	模型观念	数据观念	应用意识				
数与代数		√			√		√		√	√			三

本题主要考查了抛物线与 x 轴的交点以及抛物线上点的坐标求解。《课程标准(2022 年版)》要求通过对实际问题的分析，体会二次函数的意义，通过图象了解二次函数的性质，能解决相应的实际问题。本题利用生活中的长度问题，考查二次函数的图象与性质、矩形的性质，由实物图形，巧妙建立平面直角坐标系，画出二次函数的图象。解答时需将边长转化成坐标，利用二次函数的表达式计算，考查学生的模型观念、运算能力。

此题体现了现实生活中蕴藏着丰富的图形，包含各类需要研究的问题，取材于实际生活，展现了数学的应用价值。此类情境的选择，学生们生活中常见，易于理解，引导学生在生活中去观察思考问题与解决问题。

考虑到学生根据图形建立坐标系、求表达式耗时较长、易错等情况，本题直接给出二次函数的表达式，让学生根据图象解决问题，为学生今后在生活中解决类似问题提供了一种思路。

例3　如图①，在一次普及“交通安全知识”的活动中，同学们对某辆货车的盲区面积进行探究. 图②是货车盲区的部分分布图，盲区1，2是两个形状大小均相同的直角三角形，盲区3是一个梯形，盲区4是一个正方形.

①

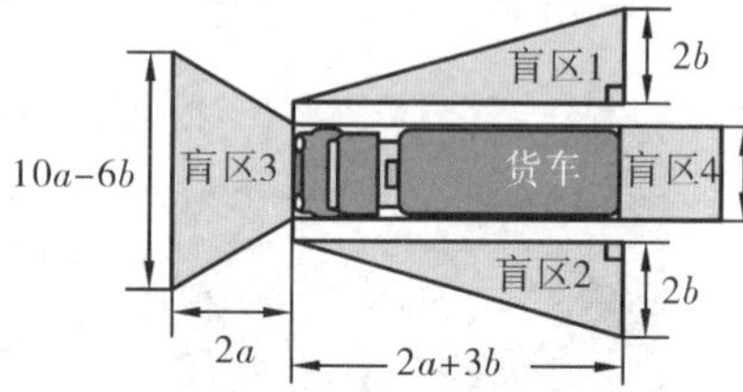

②

图5-1-3

(1) 用含 a，b 的代数式表示图中盲区的总面积.

(2) 若 $a+b=2$，$ab=1$，求图中盲区的总面积.

【试题分析】

知识主题	核心素养									问题情境			水平层次
	数学眼光				数学思维		数学语言			现实情境	科学情境	数学情境	
	抽象能力	几何直观	空间观念	创新意识	运算能力	推理能力	模型观念	数据观念	应用意识				
数与代数		√	√		√				√	√			三

本题主要考查了代数式表示，化简与求值以及乘法公式的计算、推理。《课程标准(2022年版)》要求能分析具体问题中的简单数量关系，并用代数式表示，会把具体数代入代数式进行计算，能进行简单的整式加减运算，能进行简单的整式乘法运算，能利用乘法公式进行简单的计算和推理。本题旨在引导学生用数据来呈现盲区的大小，凸显对交通安全的重视。试题以“货车盲区”为背景，学生在列式计算时，需要通过观察，准确找到底、高等边长，列出算式进行整式的乘法运算，在已知两数和、两数积

的基础上，进行代数式的变形、计算，最后整体代入。学生在完成试题的过程中，提升交通安全意识。

该题关注生活中货车的盲区问题，盲区的分布图包含直角三角形、梯形、正方形等常见图形，在此基础上设计了列代数式及化简、求值，并渗透整体思想。在日常生活中，交通安全一直都是十分关注的话题，需要经常教育学生重视，本题让学生观察图形、列式求解，非常形象地说明在道路上行走时多关注盲区，避免出现安全事故。试题意在让学生逐步养成用数学的观点看待问题的习惯，培养学生运用数学知识、方法解决实际问题的能力和数学思维能力。

例 4 根据以下素材，探索完成任务.

<table>
<tr><th colspan="3">如何设计拱桥景观灯的悬挂方案</th></tr>
<tr><td>素材 1</td><td>图①所示为一座拱桥，图②是其抛物线形桥拱的示意图，某时测得水面宽 20 m，拱顶离水面 5 m. 据调查，该河段水位在此基础上再涨 1.8 m，达到最高</td><td>
①
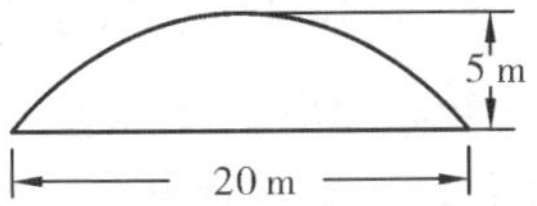

②</td></tr>
<tr><td>素材 2</td><td>为迎佳节，拟在图①桥洞前面的桥拱上悬挂 40 cm 长的灯笼，如图③. 为了安全，灯笼底部距离水面不小于 1 m；为了实效，相邻两盏灯笼悬挂点的水平间距均为 1.6 m；为了美观，要求在符合条件处都挂上灯笼，且挂满后成轴对称分布</td><td>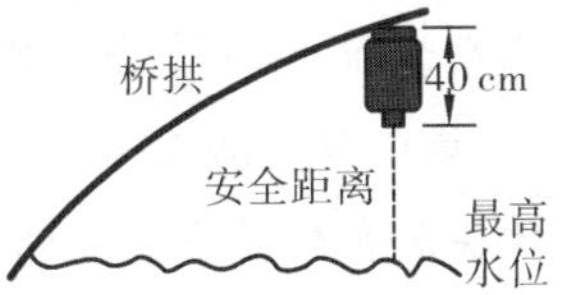

③
图 5-1-4</td></tr>
</table>

<table>
<tr><th colspan="3">问题解决</th></tr>
<tr><td>任务 1</td><td>确定桥拱形状</td><td>在图②中建立合适的平面直角坐标系，求抛物线的函数表达式</td></tr>
<tr><td>任务 2</td><td>探究悬挂范围</td><td>在你建立的坐标系中，仅在安全的条件下，确定悬挂点的纵坐标的最小值和横坐标的取值范围</td></tr>
<tr><td>任务 3</td><td>拟定设计方案</td><td>给出一种符合所有悬挂条件的灯笼数量，并根据你建立的坐标系，求最左边一盏灯笼悬挂点的横坐标</td></tr>
</table>

【试题分析】

知识主题	核心素养									问题情境			水平层次
	数学眼光				数学思维		数学语言						
	抽象能力	几何直观	空间观念	创新意识	运算能力	推理能力	模型观念	数据观念	应用意识	现实情境	科学情境	数学情境	
数与代数	√	√		√	√	√	√		√	√			三

本题以“如何设计桥拱景观灯的悬挂方案”为驱动性问题，提供生活中的真实素材，实现问题背景情境化。在探索过程中，有机融合平面直角坐标系、二次函数、方程、不等式、轴对称等相关知识，将模型观念、抽象能力、空间观念、推理能力、应用意识等核心素养与问题解决的过程深度契合，突出素养考查的整体性与知识内容的结构化。

探究分析时，任务1，需要思考建坐标系位置的合理性与方便性，利用合适的点的坐标确定表达式。任务2，学生需要结合最高水位、安全距离以及灯笼高度确定最低悬挂点的高度，再结合表达式确定悬挂点的横坐标。任务3，对学生的分析能力和表达能力提出了较高的要求，利用悬挂间距和轴对称的要求进行推理分析。学生在经历数学建模的全过程中，体会解决真实项目的基本流程。

本题突出考查学生用数学语言表达问题、用数学方法构建模型解决问题的核心素养，以“确定桥拱形状——探索悬挂范围——设计悬挂方案”三个进阶步骤为支架，最大限度地还原数学建模的全过程，让学生体会数学在真实世界中展现的智慧和应用性，具有重要的育人价值。本题突出从解题走向解决问题的转变，引导学生以更加积极的姿态、更加灵活的策略应对现实世界。

二、方法探究类试题

代数领域中方法探究类综合与实践试题是指应用代数领域的概念、定理、公式等，设计有针对性的、有问题情境支撑的、引发学生思考的素材支架，引导学生优化方案、尝试代数推理证明、尝试简单线性规划等方面的试题。问题解决中需要关注学生从整体的视角对具体内容进行分析，考查代数思维，关注相关核心概念的建立与迁移，让学生在掌握基础知识与基本技能的同时，经历数学思考，积累活动经验，发展核心素养。

例5 综合与实践：如何选择印刷厂更优惠？

【情境】某校准备印刷一批《新生手册》，咨询了甲、乙两家印刷厂，他们给出的收费标准如图所示. 设印制数量为 x(份)，甲、乙两家印刷厂的收费分别为 $y_{甲}$(元)和 $y_{乙}$(元).

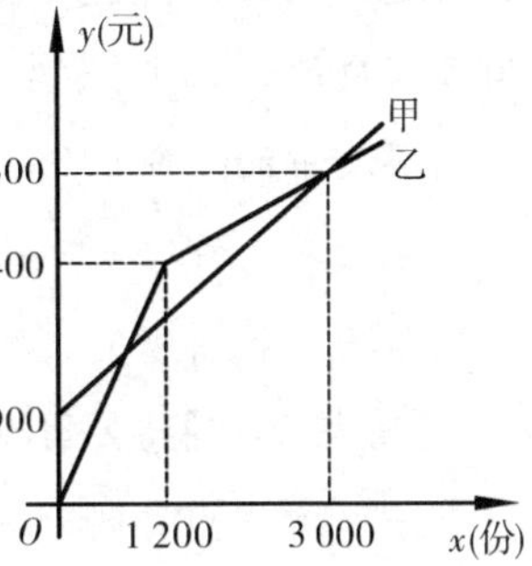

图 5-1-5

【项目解决】

目标 1：确定甲厂收费标准.

求 $y_{甲}$ 关于 x 的函数表达式.

目标 2：初步比较印刷费用.

当印刷份数在1 200份以下时，印多少份两厂费用相同？

目标 3：给出最终选择方案.

根据印制数量的不同，如何选择较优惠的印刷厂？

【试题分析】

知识主题	核心素养									问题情境			水平层次
	数学眼光				数学思维		数学语言						
	抽象能力	几何直观	空间观念	创新意识	运算能力	推理能力	模型观念	数据观念	应用意识	现实情境	科学情境	数学情境	
数与代数				√	√	√	√		√	√			二

本题以“方案对比”作为核心问题，呈现甲、乙两家印刷厂收费与印制数量之间的函数图象，学生在函数图象分析的过程中建立方程或不等式完成解答，考查一次函数的表达式、图象与性质、解一元一次不等式。解答目标 1，需要根据两个已知点的坐标，运用待定系数法求出一次函数的表达式；解答目标 2，将“两厂费用相同”转化为求两个函数图象的交点；解答目标 3，观察图象，确定在不同自变量范围下函数值的关系。在三个目标的完成过程中，“函数图象”始终为解题的主线，围绕这一主线，学生深刻理解函数图象的本质。

本题以“印刷厂收费与印制数量的图象”为背景设计问题，三个问题设计层层递进，根据图象利用“待定系数法”先求一次函数的表达式，然后求两个一次函数图象的交点坐标，最后根据图象比较两家印刷厂在不同印制数量范围内确定选择哪家印刷厂。培养学生识图析图、建立模型、解决问题的能力，发展学生的模型观念、创新意识、应用意识等核心素养，在项目解决的过程中，学生感悟图象在数学解题中的作用，函数模型在实际问题解决中的研究价值。

例6 综合与实践：设计完成工程的最短工期方案（最短工期是指完成某项工程所需的最短时间）.

【背景素材】某公司要生产某大型产品 60 件，已知甲、乙、丙三家工厂完成一件产品的时间分别为 4 天，6 天，5 天. 现计划：①三家子工厂同时开始生产；②分配给甲工厂的数量是丙的 2 倍.

【问题解决】为设计方案，可以通过特殊情况或满足部分条件逐步进行探究.

思考 1（特值分析）：若该公司将 20 件产品分配给甲工厂，则最短工期为多少天？

思考 2（减少要素）：若不考虑②，仅由甲、乙两家工厂完成生产，则当两家工厂同时完成生产时工期最短时，应如何分配产品件数？并求出最短工期.

思考 3（方案探究）：如何分配三家工厂的生产任务使得工期最短，并求出最短工期.

【试题分析】

知识主题	核心素养									问题情境			水平层次
	数学眼光				数学思维		数学语言						
	抽象能力	几何直观	空间观念	创新意识	运算能力	推理能力	模型观念	数据观念	应用意识	现实情境	科学情境	数学情境	
数与代数				√	√	√	√		√	√			三

本题以“设计完成工程的最短工期方案”为驱动性问题，从甲完成固定工程量到甲、乙合作，再到分配甲、乙、丙三家工厂共同完成，契合实际情况。在探索中，融合有理数的运算、一元一次方程等相关知识，培养模

型观念、推理能力、应用意识等核心素养，学生建立方程模型，对数学模型进行求解，然后根据结果去解决实际问题，设计出最短工期的方案。探究解答时，思考1需要学生通过特殊值，理清题意，分步求出各厂所需的工期，从而确定最短工期。思考2需要学生在明确两厂相等的工期是最短工期后，建立方程求解。思考3需要学生首先设元，明确甲厂的工期一定比丙厂的工期长，从而得出甲、乙两家工厂的工期一样，建立方程，由于解非整数解，再考虑取相邻整数进行比较。在分析过程中，学生对最短工期的理解更加清晰，逐步设计该工程的最短工期方案。

本题以“最短工期”为背景设计问题，以“特值分析—减少要素—方案探究”三个步骤呈现一类项目化问题解决的全过程，三个步骤从常规思维的角度带学生走进项目化，以“总工作量不变，同时完成或接近同时完成的工期作为最短工期”作为解决问题的突破口，学生在完成一个个子任务后体会到一类项目化问题的逐步分解、求解的过程，感悟数学在真实世界中展现的功能和价值。

例7 探究奖项设置和奖品采购的方案.

素材1:如图，某学校举办“中国传统文化”知识竞赛，分别设置一等奖、二等奖和三等奖，奖品如下.已知一盒中性笔比一本笔记本的单价高9元，10盒中性笔和10本笔记本的总价为210元.

一等奖：3盒中性笔和2本笔记本

二等奖：2盒中性笔和1本笔记本

三等奖：1盒中性笔

图5-1-6

素材2:为提高学生参赛积极性，学校将原定的获奖级别及人数进行调整，如下表：

获奖级别	一等奖	二等奖	三等奖
调整前人数(单位:个)	5	15	30
调整后人数(单位:个)	m	20	n

调整前后获奖总人数不变，调整前一、二、三等奖的平均分数分别为94分、80分、71分，调整后一、二、三等奖的平均分数分别为90分、75分、70分.

素材3：调整后开始采购，学校有活动经费690元和30张“吉祥超市”的兑换券，一张兑换券兑换3盒中性笔或者7本笔记本（一张兑换券只能兑换一种商品）.

【任务1】分别求一盒中性笔和一本笔记本的单价.

【任务2】求 m,n 的值.

【任务3】学校计划将活动经费用完，所需奖品全部在“吉祥超市”采购，请你设计一个最佳采购方案.

【试题分析】

知识主题	核心素养									问题情境			水平层次
	数学眼光				数学思维		数学语言						
	抽象能力	几何直观	空间观念	创新意识	运算能力	推理能力	模型观念	数据观念	应用意识	现实情境	科学情境	数学情境	
数与代数				√	√	√	√		√	√			三

本题以“奖项设置和奖品采购”为背景，融合二元一次方程（组）等核心知识，发展学生运用数学知识解决现实问题的意识和实践能力，让学生经历设计解决具体问题的方案，并加以实施的过程，体验建立模型、解决问题的过程，进一步获得数学活动经验。

在研究任务1时，需要将中性笔单价和笔记本单价分别设元，构建二元一次方程组；任务2根据“获奖总人数不变”和“总得分不变”构建二元一次方程组求解；任务3根据题意分别假设兑换中性笔和笔记本所用的奖券数量，建立二元一次方程，利用整数解求解，最后确定最佳采购方案。

项目任务分为三个子任务实施，先根据已知条件探究出奖品的单价，再根据“调整前后总人数不变”隐藏的两个方程建立方程组确定变化后的人数，根据人数进行奖品采购，需要考虑在经费全部花完的情况下如何更少地使用兑换券，三个问题设计符合逻辑，也是日常生活中需要考虑的事项，学生通过建模，厘清关系，完成任务，建模的过程有助于学生分析问题、解决问题，体现数学知识的实际运用，培养学生的知识综合运用能力。

例 8 设计公交车停靠站的扩建方案.

【素材 1】图①为某公交车停靠站，顶棚截面由若干段形状相同的抛物线拼接而成. 图②为某段结构示意图，C_1，C_2 皆为轴对称图形，且关于点 M 成中心对称，该段结构水平宽度为 8 m.

①

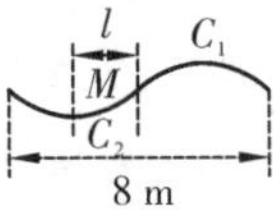

②

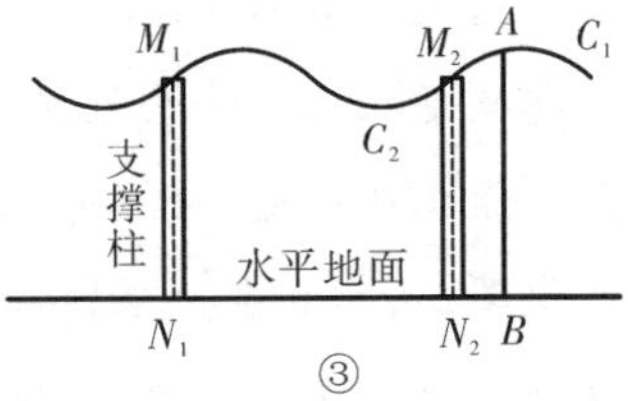

③

图 5-1-7

【素材 2】图③为停靠站部分截面示意图，两根长为 2.5 m 的立柱 M_1N_1，M_2N_2 竖直立于地面并支撑在对称中心 M_1，M_2 处. 小温将长为 2.8 m的竹竿 AB 竖直立于地面，当点 A 触碰到顶棚时，测得 N_2B 为1 m.

【素材 3】将顶棚扩建，要求截面为轴对称图形，且水平宽度为 27 m. 计划在顶棚两个末端到地面之间加装垂直于地面的挡风板.

【任务】(1) 确定中心：求图②中点 M 到该结构最低点的水平距离 l.

(2) 确定形状：在图③中建立合适的直角坐标系，求 C_1 的函数表达式.

(3) 确定高度：求挡风板的高度.

【试题分析】

知识主题	核心素养									问题情境			水平层次
	数学眼光				数学思维		数学语言						
	抽象能力	几何直观	空间观念	创新意识	运算能力	推理能力	模型观念	数据观念	应用意识	现实情境	科学情境	数学情境	
数与代数	√	√	√	√	√	√	√		√	√			三

本题以“公交车停靠站”为背景，将顶棚截面抽象成若干段形状相同的抛物线，考查了二次函数的表达式、图象及性质，坐标系中的轴对称性、

中心对称性等初中数学核心知识。任务1,利用轴对称性与中心对称性可以确定水平距离;任务2需要结合图形的特征,建立合适的平面直角坐标系,假设“顶点式”,代入两个点的坐标确定其表达式;任务3,根据对称轴的不确定性进行分类讨论,先由总长确定点的横坐标,代入所在抛物线的表达式求该点的纵坐标,从而得出挡风板的高度。

本题先由实际物体抽象出数学图形,蕴含二次函数考点,再由扩建需要考虑确定抛物线的表达式,由轴对称需要考虑对称轴的分类,将两个二次函数组合在一起,分类求解时需要关注对称轴属于哪一个二次函数。在认识图形、建立直角坐标系、求函数表达式、确立挡风板的高度过程中,学生真切地感受到数学知识的应用价值与实践意义,激发探究学习的驱动力。

三、实践操作类试题

代数领域实践操作类综合与实践试题是指在蕴含代数相关知识、方法的基础上,基于实际背景情境下由学生或其他对象通过观察、尝试、猜测、度量、剪拼、验证等过程,探索解题方法和思路的一类试题。此类试题常常涉及代数推理、方案设计、最优化、模型应用等类型。在问题解决的过程中,常涉及对代数表达式的操作,如化简、合并、因式分解、求值、变形等,也会运用到一些数学思想,如转化、函数、数形结合等,将问题转化为更熟悉或更容易解决的形式等。

例9 【素材1】某景区游览路线及方向如图5-1-8①所示,①④⑥各路段路程相等,⑤⑦⑧各路段路程相等,②③两路段路程相等.

【素材2】设游玩行走速度恒定,经过每个景点都停留20分钟.小温游路线①④⑤⑥⑦⑧用时3小时25分钟;小州游路线①②⑧,他离入口的路程s与时间t的关系(部分数据)如图5-1-8②所示,在2 100 m处,他到出口还要走10分钟.

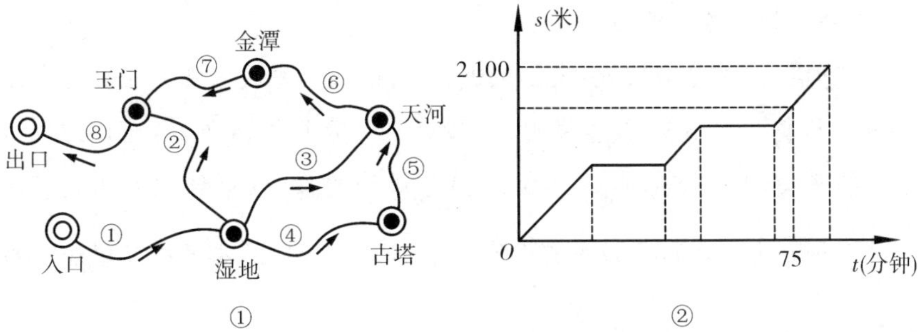

图 5-1-8

【问题】路线①③⑥⑦⑧各路段路程之和为　　　　　　　　（　　）

A. 4 200 m　　B. 4 800 m　　C. 5 200 m　　D. 5 400 m

【试题分析】

知识主题	核心素养									问题情境			水平层次
	数学眼光				数学思维		数学语言						
	抽象能力	几何直观	空间观念	创新意识	运算能力	推理能力	模型观念	数据观念	应用意识	现实情境	科学情境	数学情境	
数与代数		√		√	√	√	√		√	√			三

在旅游中，我们常常会遇到关于游玩时间安排、不同路线选择的一些问题。本题以旅游路线为背景，假设游玩速度一定，根据游玩路线及时间信息进一步推导有效的信息。在实际情境中考查分段函数的理解，符合《课程标准（2022 年版）》中"能用适当的函数表示法刻画简单的实际问题中的变量之间的关系"。解答本题时，学生需在情境中从旅游路线、游玩过程中的函数图象获取有效信息，进行代数推理。在"时间×速度＝路程"的基本关系下，可以由路程比即时间比进行推理，也可以从函数图象中获取速度信息建立三元一次方程组，并利用整体思想进行求解。

本题在具体生动的生活情境中考查方程与函数的综合性问题，在假定游玩速度一定的理想模型下，题干中所有的已知量都是生活中可获取的，充分尊重情境的合理性与科学性，有效地考查了学生应运数学知识解决真实项目问题的过程。试题对学生的阅读素养、抽象能力及建模能力有较高要求，突出考查了学生对现实问题的分析和解决、信息的获取与处理、数学建模等各种能力。

例10 综合与实践：某小组进行漂洗实验，每次漂洗的衣服量和添加洗衣粉量固定不变. 实验发现，当每次漂洗用水量 v(单位：升)一定时，衣服中残留的洗衣粉量 y(单位：克)与漂洗次数 x(单位：次)满足 $y=\frac{kv+2.5}{x}$(k 为常数)，已知当使用 5 升水，漂洗 1 次后，衣服中残留洗衣粉 2 克.

(1) 求 k 的值.

(2) 如果每次用水 5 升，要求漂洗后残留的洗衣粉量小于 0.8 克，求至少漂洗多少次.

(3) 现将 20 升水等分成 x 次($x>1$)漂洗，要使残留的洗衣粉量降到 0.5 克，则每次漂洗用水多少升?

【试题分析】

知识主题	核心素养									问题情境			水平层次
	数学眼光				数学思维		数学语言			现实情境	科学情境	数学情境	
	抽象能力	几何直观	空间观念	创新意识	运算能力	推理能力	模型观念	数据观念	应用意识				
数与代数				√	√	√	√		√	√			三

本题以衣服漂洗为背景，根据衣服中残留的洗衣粉量与漂洗次数之间的函数关系进行探究，在关系式中，k 为定值，v 是已知量或者可用漂洗次数来表示，考查反比例函数的表达式与性质、不等式、解一元二次方程等内容。第(1)题，利用衣服中残留的洗衣粉量与漂洗次数之间的关系式，学生根据已知条件确定常数 k；第(2)题，代入用水量 v，明确 y 与 x 之间的反比例函数表达式，利用反比例函数的性质和已知的函数值范围求自变量的取值范围，从而确定漂洗的次数；第(3)题，根据已知关系与已知量建立一元二次方程，选择方程中合适的根作为问题的解。

本题固定条件“每次漂洗的衣服量和添加洗衣粉量固定不变”，实验探究获得衣服中残留的洗衣粉量与漂洗次数之间的函数关系，符合实验的要求，将几个困惑点设置成问题进行探究，让学生在探究过程中理解知识，体会数学研究的价值。本题围绕一个关系式，层层递进，抽丝剥茧，逐步探究蕴含在关系式中量与量之间的关系，让学生感悟函数、不等式、方程等基本模型在生活中的应用。

例11 根据以下素材，探索完成任务.

<table>
<tr><th colspan="3">如何设计购买方案</th></tr>
<tr><td>素材 1</td><td colspan="2">某校 40 名学生要去参观航天展览馆，已知展览馆分为 A，B，C 三个场馆，且购买 1 张 A 场馆门票和 1 张 B 场馆门票共需 90 元，购买 3 张 A 场馆门票和 2 张 B 场馆门票共需 230 元. C 场馆门票为每张 15 元</td></tr>
<tr><td>素材 2</td><td colspan="2">由于场地大小有限，要求到 A 场馆参观的人数要少于到 B 场馆参观的人数，且每位学生只能选择一个场馆参观. 参观当天刚好有优惠活动：每购买 1 张 A 场馆门票赠送 1 张 C 场馆门票</td></tr>
<tr><th colspan="3">问题解决</th></tr>
<tr><td>任务 1</td><td>确定门票价格</td><td>求 A 场馆和 B 场馆的门票价格</td></tr>
<tr><td>任务 2</td><td>探究经费使用</td><td>若购买 A 场馆的门票赠送的 C 场馆门票刚好够参观 C 场馆的学生使用，求此次购买门票所需总金额的最小值</td></tr>
<tr><td>任务 3</td><td>拟定购买方案</td><td>若购买门票总预算为1 100元，在不超额的前提下，要让去 A 场馆的人数尽量多，请你设计一种购买方案：<table><tr><th colspan="4">购买方案</th></tr><tr><td>门票类型</td><td>A</td><td>B</td><td>C</td></tr><tr><td>购买数量</td><td>______</td><td>______</td><td>______</td></tr></table></td></tr>
</table>

【试题分析】

知识主题	核心素养									问题情境			水平层次
	数学眼光				数学思维		数学语言						
	抽象能力	几何直观	空间观念	创新意识	运算能力	推理能力	模型观念	数据观念	应用意识	现实情境	科学情境	数学情境	
数与代数				√	√	√	√		√	√			三

购买门票是大部分学生都有的生活经历，此类情境也常常在试题中出现，是学生非常熟悉的一种背景，在这类问题中，往往涉及方程、不等

式、函数等内容，这也是本题的核心知识点。任务 1，根据素材 1 中的两个条件设元、建立二元一次方程组，获得两个展览馆门票的价格；任务 2，在已知展览馆门票价格的基础上，列式得到门票总金额与门票数量之间的一次函数关系，通过对限制条件的分析，获得自变量的取值范围，利用一次函数的性质确定最值；任务 3，需在门票总金额不超限额的条件下，根据实际情况的要求，确定门票数量的最优整数解。

本题围绕门票总金额、门票价格与门票数之间的关系构建方程、一次函数，给出实际生活中的约束条件，产生不等式，以此研究一次函数的最值。学生在解决问题的过程中，梳理了方程、不等式、函数的概念，厘清它们之间的关系，解方程、不等式，研究函数性质，感悟数学在生活中的显性作用，培养学生用数学的思维去思考问题、解决问题，发展学习能力、实践能力、创新意识与应用意识。

例12 某校需要订购某款跳绳 a 条和排球 $2a$ 个. 经调查发现，该款跳绳、排球各商家均标价为 50 元/条，40 元/个，现有 3 家商店在做促销活动如下表：

商店	促销活动
甲	库存充裕，全场 9 折
乙	库存充裕，按套数(含 1 条跳绳和 1 个排球)优惠：30 套及以内，每套 85 元；超过 30 套，每增加 1 套，所有套数每套优惠 0.5 元，但降幅不超过 15 元
丙	仅库存排球 55 个，排球每满 5 个送 1 个

(1) 若仅在一家商店购买，请用含 a 的代数式分别表示甲、乙两店的费用，填写下表.

商店 \ a	$0<a\leqslant 30$	$30<a\leqslant 60$	$a>60$
甲		______	
乙	______	______	______

(2) 当 $a=60$ 时，请你通过计算设计一种购买方案，使得总费用不超

过6 220元.

【试题分析】

知识主题	核心素养									问题情境			水平层次
	数学眼光				数学思维		数学语言			现实情境	科学情境	数学情境	
	抽象能力	几何直观	空间观念	创新意识	运算能力	推理能力	模型观念	数据观念	应用意识				
数与代数		√		√	√	√	√		√	√			三

本题来源于生活中的实际问题，学生需在商店的优惠活动中厘清关系，列出代数式，在代入具体数求值的过程中，寻找最合适的方案，满足总费用的要求。试题符合《课程标准(2022年版)》所要求的“能分析具体问题中的简单数量关系，并用代数式表示，会把具体数代入代数式进行计算”。第(1)题，只考虑在一家商店购买，甲商店的费用可以先求总价再计算优惠，乙商店分三种情况考虑，列式时需要考虑按套数优惠后，部分排球或跳绳需单独按原价购买；第(2)题，需计算出单独在一家商店购买的费用与在几家商店共同购买的最低费用，然后进行比较，分析时先计算出排球或跳绳在各商店优惠后的单价，再考虑分配购买的商店与数量。

本题由实际问题引发，学生需要思考如何在总金额约束的条件下设计购买方案。现实中，我们也会考虑单独在一家商店购买或者分配到几家商店购买，这就需要清楚几家商店不同的优惠方式，转化成单件商品的单价对比，再从优惠方案中寻找一种合适的购买方案。在探究本题的过程中，可以丰富学生的生活经验，提升学生将生活问题转化为数学问题并运用数学知识解决问题的能力。

第二节　基于图形与几何领域的综合与实践

图形与几何是义务教育阶段学生数学学习的重要领域，初中阶段图形与几何领域包括“图形的性质”“图形的变化”和“图形与坐标”三个主题。“图形的性质”强调通过实验探究、直观发现、推理论证来研究图形；“图形的变化”强调从运动变化的观点来研究图形；“图形与坐标”强调数形结合，用代数方法研究图形，在平面直角坐标系中用坐标表示图形上点的位置，用坐标法分析和解决实际问题。此类综合与实践试题，常常借助真实情境抽象出几何研究对象，再利用几何的相关知识、方法进行推导计算，帮助学生在空间观念的基础上进一步建立几何直观，提升抽象能力和推理能力。

一、 知识应用类试题

几何领域知识应用类综合与实践试题是指由生活实际情境抽象几何模型，并对图形概念以及对基于概念的图形性质、关系、变化规律进行应用的一类试题。其应用的类型较为广泛，如实际情境中测量数据，要求学生根据这些数据来解决问题；给出基本图形，要求进行组合、变换、延伸或者添加，创造出新的图形；由生活实际物体抽象出几何图形进行推理计算等。在问题的解决过程中，需要学生经历实际情境抽象为几何模型的过程，再运用几何知识进行分析推导，探索解题的方法和思路，从而达到真实问题解决的目的。

例1 削笔刀是学生学习生活中不可或缺的工具(如图①)，如图②是削笔刀的侧面图，$ABCD$ 为直角梯形，其中 $\angle B=90°$，$\angle FEG=\angle LGE$，$FE=25$ mm，$BC=24$ mm，$NM/\!/CD$，$PL/\!/CD$，且点 F，L，G 在同一条直线上. 在削铅笔的过程中，笔芯两侧(PQ 及 LN)紧贴 EF，LG，则削笔刀可削的铅笔最大笔身直径为______mm；笔尖的粗细会影响书写的舒适度与美观度，如图②，笔尖的直径 PL 为 4 mm，为削到较舒适的粗细程度(如图③，笔尖直径为 0.5 mm)，需转动铅笔，使铅笔前进______mm.

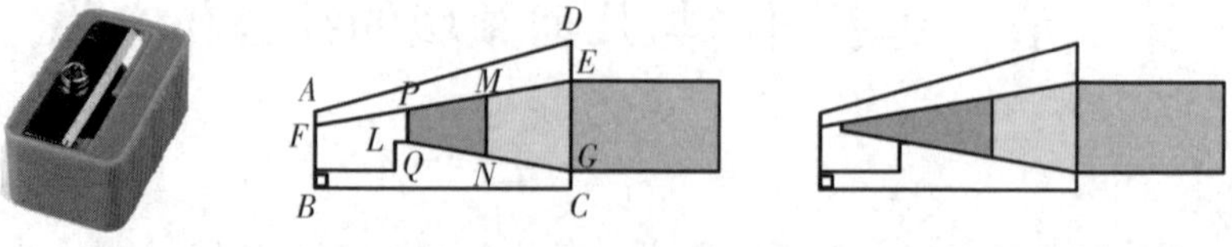

① ② ③

图 5-2-1

【试题分析】

知识主题	核心素养									问题情境			水平层次
	数学眼光				数学思维		数学语言						
	抽象能力	几何直观	空间观念	创新意识	运算能力	推理能力	模型观念	数据观念	应用意识	现实情境	科学情境	数学情境	
图形与几何		√		√	√	√	√		√	√			三

本题立足基础，主要考查了相似三角形性质的实际应用、等腰三角形性质定理、直角三角形勾股定理应用、计算边长等。解题的关键在于将生活实际和有关数学知识有效结合，通过分析建模构图，用相似三角形性质定理计算边长，旨在引导学生用数学知识解决生活中的问题。试题以学生所熟悉的“削笔刀”这个学具为载体，考查学生抽象数学模型的能力。一是体现“情境创设”，问题情境属于日常生活联系数学学习；二是“关注应用”，通过构图找相似，利用相似三角形对应边的比等于对应高的比，计算边长，在应用数学知识解决问题的过程中渗透核心素养，使学生能够体会到数学在生活中的应用。

此类试题的命制依据《课程标准(2022 年版)》，落实立德树人的根本任务，在学生熟知的生活背景中展开数学问题，引导学生在情境中解决问题，问题设计面向全体学生，聚集核心素养，突出关键能力考查，命题突出数学本质，引导学生学以致用，构图转化，重视理性思维，关注时代气息。试题强调学以致用，全面体现基础性、综合性、应用性和创新性的考查要求，充分凸显了重基础、重应用、重思维、重创新的考查特点，有效发挥了对初中数学的积极引导作用。

例2　如图①所示为某游乐园的海盗船，A，B 两位同学坐在海盗船上的示意图如图②，开始状态下，$OA=OB$，且 A，B 离地高度相等，水平距离 AB 为 5 米. 当 B 同学摆动到最低位置 B' 时，他的高度下降了 0.5 m，A 同学也随之旋转至 A' 的位置，此时，B 同学离顶端 O 的距离 OB' 为________m，A 同学的高度上升了________m.

①

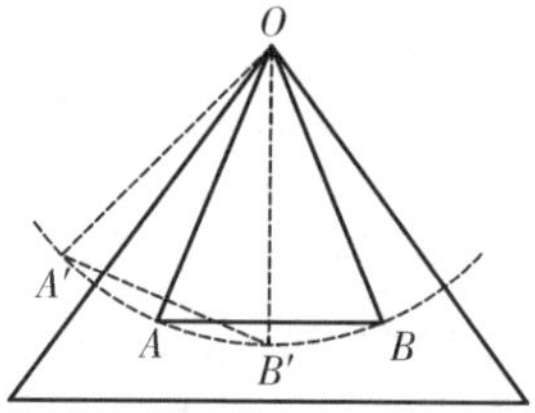

②

图 5-2-2

【试题分析】

知识主题	核心素养									问题情境			水平层次
	数学眼光				数学思维		数学语言						
	抽象能力	几何直观	空间观念	创新意识	运算能力	推理能力	模型观念	数据观念	应用意识	现实情境	科学情境	数学情境	
图形与几何	√	√			√				√	√			三

本题考查了垂径定理以及勾股定理的实际应用、特殊三角形的基本性质等，问题设置由易到难，注重对典型图形、重要方法的考查，图形简洁，思维量较大，充分体现了通过构造基本图形实现几何问题代数化的考查特点。本题求线段长度有很多方法，从核心素养的视角来看，试题蕴含了推理能力、几何直观、模型观念和抽象能力等数学素养，彰显了数学的理性思维和数学的育人功能。该题亮点在于融入旋转变换，以学生所熟悉的“海盗船”为载体，考查学生抽象数学模型的能力。以全等三角形为媒介进行线段转化，既是基本方法，也是此题的亮点，一是体现“情境创设”，问题情境属于日常生活联系数学学习；二是“关注应用”，在应用数学知识解决问题的过程中渗透核心素养，使学生能够体会到数学在生活中的应用。

此类试题的编制，主要是先确定考查的核心知识，紧扣特殊三角形与圆的轴对称性展开，是一道代数与几何的综合题，既源于教材，又高于教材，再选用合适的背景情境进行融合。在选择情境时，既要考虑背景与知识的融合程度，也要考虑背景本身的公平性与考查的导向性。试题设计新颖别致，关注利用创新思维解决问题的一般观念，解决问题的过程需要运用联系与变化的观点，厘清量与量的关系，发现对应关系及其规律，体现创新性的考查要求。

例3 【情境】图①是某庭院所砌的一堵带有月洞门的墙，其设计图（图②）是轴对称图形，对称轴 GH 交圆弧于点 G，墙面 $ABCD$ 为正方形，门洞上方匾额的中点 M,N,P,Q 分别是上方两个矩形对角线的交点. 已知 $AB=\frac{15}{4}$ m，$EF=\frac{3}{2}$ m，$GH=\frac{21}{8}$ m，$EK=\frac{3}{8}$ m.

【问题】月洞门所在圆的半径为__________m，匾额的长与宽之比为________.

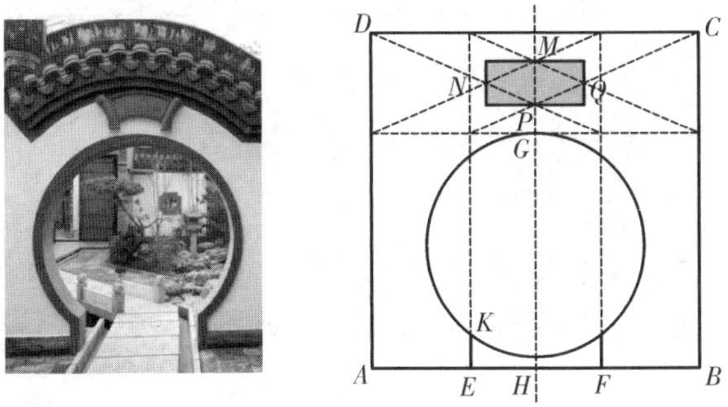

① ②

图 5-2-3

【试题分析】

知识主题	核心素养									问题情境			水平层次
	数学眼光				数学思维		数学语言						
	抽象能力	几何直观	空间观念	创新意识	运算能力	推理能力	模型观念	数据观念	应用意识	现实情境	科学情境	数学情境	
图形与几何	√	√	√		√	√	√			√			三

本题考查了矩形的性质、正方形的性质、相似三角形的性质、勾股定理、圆的有关性质等，考查的知识点较综合，几乎涉及了初中阶段大部分几何基本图形。第(1)题从复杂图形中抽离基本图形，考查垂径定理等圆中的基本性质，渗透方程等以数解形；第(2)题解法众多，解法的共同点是把“图形”用活，通过辅助线构筑基本图形，明晰解题方向。

此类试题的编制，主要是先确定考查的核心知识，再选用合适的背景情境进行融合。在选择情境时，既要考虑背景与知识的融合程度，也要考虑背景本身的公平性与考查的导向性。试题中即包含基本的数学思想方法，又有适量“新、活、宽”的题目，做到新而不奇、活而不乱、宽而不偏，复杂图形中渗透最基本图形，凸显学科立德树人的要求。

例4 【问题背景】在一次综合实践活动中，博雅小组需测量河对岸一棵桂花树的高度.

【制订方案】

寻找合适的观测点 → 确定人与树之间的水平距离关系 → 利用收集的数据计算树的高度

(1) 小博调整位置，确定观测点 A，此时眼睛 B 与木棍的上端 E、树的顶端 M 在同一直线上；与木棍的下端 F、树的底端 N 在同一直线上，测量他与木棍之间的水平距离.

(2) 保持木棍 EF 不动，小雅手持等长的木棍，在观测点 C 时，眼睛 D 与木棍的上端 E、树的顶端 M 在同一直线上；与木棍的下端 H、树的底端 N 在同一直线上，测量她与木棍之间的水平距离(木棍均竖直向下).

(3) 测量两人的视高(眼睛到地面的高度).

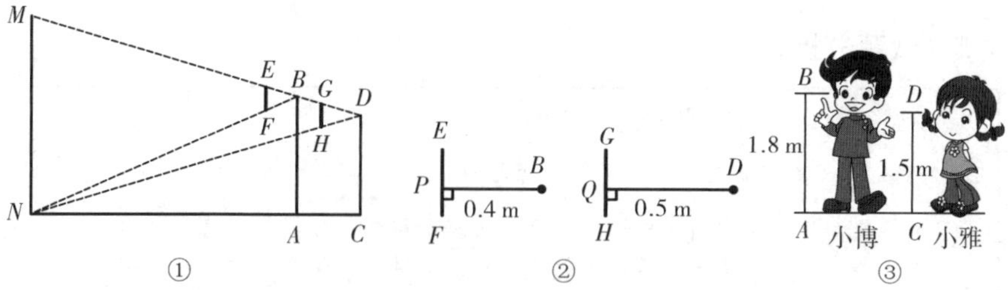

图 5-2-4

【解决问题】现场进行方案实施，测量示意图、测量数据分别如图①、图②、图③所示.

任务1：求$\dfrac{AN}{CN}$的值，确定人与树之间的水平距离关系.

任务2：分析运用数据，计算桂花树的高度.

【试题分析】

知识主题	核心素养									问题情境			水平层次
	数学眼光				数学思维		数学语言						
	抽象能力	几何直观	空间观念	创新意识	运算能力	推理能力	模型观念	数据观念	应用意识	现实情境	科学情境	数学情境	
图形与几何		√			√		√		√	√			三

本题主要考查了相似三角形性质的实际应用。在解决整个问题的过程中,学生需要综合运用几何、测量和数据处理的知识。他们需要理解题目中的情境,制订合理的方案,进行准确的推理和计算。“图形的性质”是初中阶段“图形与几何”领域的重要内容,通过实验测量树高属于综合与实践领域,在数学知识与现实生活的一个契合点,《课程标准(2022年版)》强调通过实验测量探究、直观发现,推理论证研究基本图形,在用几何直观理解几何基本事实的基础上,构造基本图形,求解边长,试题还考查了学生的推理能力和几何直观等素养。

此类试题的命制,主要是先确定考查的核心知识,再选用合适的背景情境进行融合。在选择情境时,既要考虑背景与知识的融合程度,也要考虑背景本身的公平性与考查的导向性。学生通过经历模型的建构过程,方能体会到构造直角三角形解决此类问题的通性通法。方案设计应该合理且具有挑战性。要求学生根据实际情况制订方案,包括测量工具的选择、测量点的确定等,这样可以培养学生的问题解决能力。由于本题实际上考查了相似三角形对应线段成比例的知识,注重图形建构,关注通性通法,学生在解题过程中,要能建构图形,运用数形结合思想建立模型,体现数学应用美,增强探究的韵味。

二、方法探究类试题

初中几何方法探究类题型主要是考查学生对几何图形的基本性质、定理、公式的理解和应用能力,以及学生的探究能力和创新意识。此类综合与实践试题常常要求学生将几何知识应用到实际问题当中,如计算几何图形的面积、周长,求解几何图形的角或边的长度等,解题时需要学生掌握各种几何图形的性质和公式，通过探究、猜测、验证等方式发现或证明某个结论或规律，考查灵活运用几何知识解决实际问题的能力，良好的探究能力和创新意识，以及扎实的几何基础知识。

例5 如图①，两个正方形分别由Ⅰ，Ⅱ两种规格小长方形纸片拼成，现将它们放入一个长为 a，宽为 b 的大长方形中，如图②，其中阴影部分恰好为正方形，则大长方形中未被纸片覆盖部分甲的周长为________.（用含 a，b 的代数式表示）

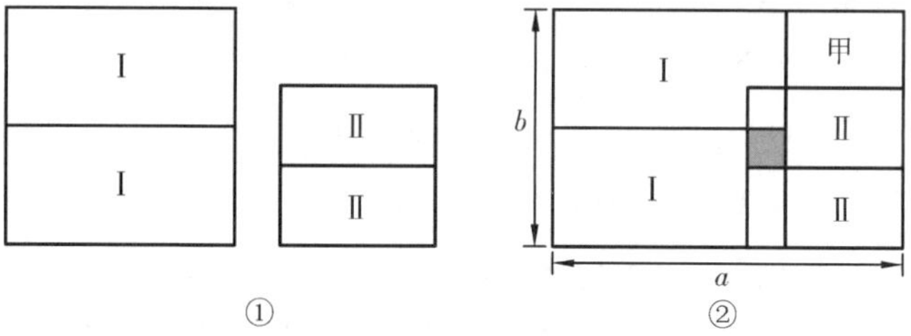

图 5-2-5

【试题分析】

知识主题	核心素养									问题情境			水平层次
	数学眼光				数学思维		数学语言						
	抽象能力	几何直观	空间观念	创新意识	运算能力	推理能力	模型观念	数据观念	应用意识	现实情境	科学情境	数学情境	
图形与几何		√			√	√						√	二

本题通过几何图形和纸片的拼接，巧妙地考查了周长的计算和代数表达式的构建，考查了代数式的应用，以及矩形的性质和正方形的性质综合知识应用。试题以正方形和矩形为考查背景，侧重考查学生基于概念对图形性质、关系、变化规律的理解，培养学生的抽象能力，更加理性的几何直观和空间想象力，感悟数学论证的逻辑，体现数学的严谨性。该题的亮点一是优选学习素材，为“探究活动”铺垫；二是注重方法串联、提升思维深度，思考路径较多。解题过程中，有助于学生运用代数推理的方法解决问题，提升思维深度；在应用代数知识解决几何问题的过程中渗透推理、运算等核心素养。

此类试题的编制，主要是先确定考查的核心知识和基本方法的运用。在选择情境时，既要考虑背景与知识的融合程度，又要考虑背景本身的公平性与考查的导向性，让学生求周长时可以借助所需的结论寻找隐含条件，架起结论与条件之间的“桥梁”，从而弱化难度。对于图形问题，一部分解题条件已经在题目中给出，还有一部分隐含在图形中，学生需要挖掘图形中隐含的关键条件，从而形成思路与方法。

例6　在学习圆的基本性质后，老师提供了一个尺规作图问题供同学们探究思考.

问题：如图①，已知⊙O 的一条弦 AB 和该圆内的一点 P，请用直尺和圆规过点 P 作一条弦 MN，使得 $MN=AB$.

小明提供了一种作图方法：如图②，连结 OP，以 O 为圆心，OP 为半径作圆弧交 AB 于点 C，再以 P 为圆心，BC 为半径作圆弧交⊙O 于点 M，连结 MP 并延长交⊙O 于点 N，则弦 MN 即为所求.

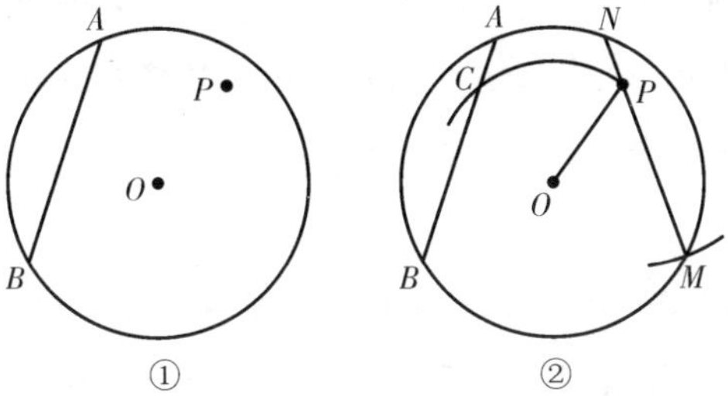

图 5-2-6

请根据小明的作法补充证明 $MN=AB$，并在图②中补画另一条与 AB 等长的弦 $M'N'$.

证明：连结 AO,BO,MO,NO,CO， 由作图过程可知：$OP=$______，$CB=$______. ……

【试题分析】

知识主题	核心素养									问题情境			水平层次
	数学眼光				数学思维		数学语言						
	抽象能力	几何直观	空间观念	创新意识	运算能力	推理能力	模型观念	数据观念	应用意识	现实情境	科学情境	数学情境	
图形与几何		√				√						√	二

本题以尺规作图为背景，给出了一种过圆内一点作等弦的作法，但对于作法的正确性，需要学生补充证明完成，符合《课程标准(2022 年版)》关于尺规作图的相关要求，并且以此为背景进行试题编制，让所有学生感觉熟悉公平，另外补充证明的过程，也是初中数学重要核心的几何内容与过程，具有良好的导向作用。

编制此类试题，首先是要确定考查的知识与方向，然后选择适切的载体。如本题的证明，若直接给出已知与求证，则变为一个普通的证明考查试题，在此背景下的证明，让学生充分感受此种作图存在的正确性与合理性，彰显证明的价值与功能，又能较好地考查逻辑推理、几何直观等数学素养。

例7 综合与实践：设计温室大棚安装排气装置方案.

素材 1：某个温室蔬菜大棚的横截面可以看作由矩形 $ABCD$ 和 $\overset{\frown}{AD}$ 构成(如图①)，其中 $AB=3$ m，$BC=4$ m，E 为 $\overset{\frown}{AD}$ 的中点，点 B，C 在 $\overset{\frown}{AD}$ 所在的圆上.

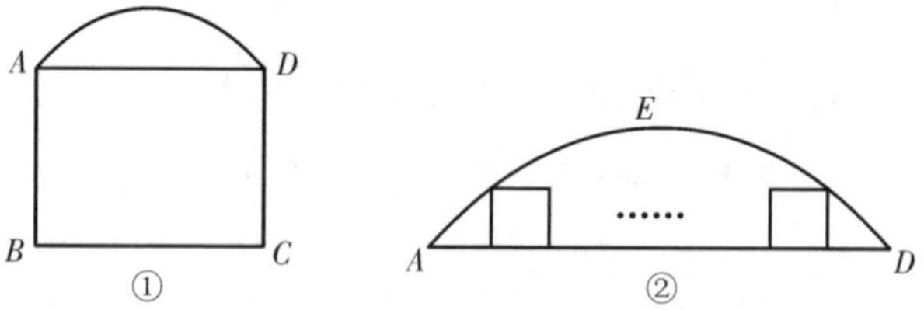

图 5-2-7

素材 2：为了保证蔬菜大棚的通风性，该大棚要安装若干个正方形的排气装置(如图②). 每个排气装置的边长为 0.5 m，相邻排气装置的间距均相等，且不少于 0.5 m，排气装置的下边与 AD 对齐，最左侧一个顶点落在$\overset{\frown}{AD}$上，且安装好后成轴对称图形.

问题解决：

任务1(确定顶棚半径)：求$\overset{\frown}{AD}$所在圆的半径.

任务2(拟订安装方案)：写出一种符合所有安装条件的排气装置的数量，并求出排气装置的间距.

【试题分析】

知识主题	核心素养									问题情境			水平层次
	数学眼光				数学思维		数学语言						
	抽象能力	几何直观	空间观念	创新意识	运算能力	推理能力	模型观念	数据观念	应用意识	现实情境	科学情境	数学情境	
图形与几何	√	√			√	√			√	√			三

本题以“设计温室大棚安装排气装置方案”为驱动性任务，将温室蔬菜大棚的横截面作为研究对象，考查圆的基本性质、特殊三角形、不等式、轴对称等初中数学核心知识。在问题的解决过程中，学生需要从生活实际情境中抽象出研究的几何图形，再运用几何领域的相关知识经过分析、推导、计算、验证等过程加以解决，突出考查了抽象能力、几何直观、推理能力、应用意识等数学核心素养。

此类试题的编制，需要寻找一个合适的载体来承载相应的数学知识，本题的背景恰好与圆的基本性质、不等式、轴对称等融为一体。另外，在子任务的设计中，试题遵循任务解决的一般路径，难度适中，层层递进，也是课堂教学中项目式学习较好的素材，具有良好的导向作用。

例8 【探究与证明】折纸操作简单，富有数学趣味，我们可以通过折纸开展数学探究，探索数学奥秘.

【动手操作】如图①，将矩形纸片$ABCD$对折，使AD与BC重合，展平纸片，得到折痕EF；折叠纸片，使点B落在EF上，并使折痕经过点A，得到折痕AM，点B，E的对应点分别为B'，E'，展平纸片，连结AB'，BB'，BE'.

请完成：

(1) 观察图①中$\angle 1$，$\angle 2$和$\angle 3$，试猜想这三个角的大小关系.

(2) 证明(1)中的猜想.

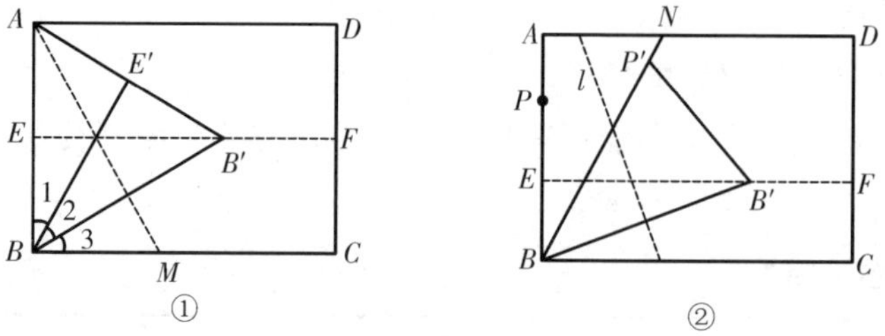

图 5-2-8

【类比操作】如图②，N 为矩形纸片 $ABCD$ 的边 AD 上的一点，连结 BN，在 AB 上取一点 P，折叠纸片，使 B，P 两点重合，展平纸片，得到折痕 EF；折叠纸片，使点 B，P 分别落在 EF，BN 上，得到折痕 l，点 B，P 的对应点分别为B'，P'，展平纸片，连结 $P'B'$.

(3) 证明 BB'是$\angle NBC$ 的一条三等分线.

【试题分析】

知识主题	核心素养									问题情境			水平层次
	数学眼光				数学思维		数学语言						
	抽象能力	几何直观	空间观念	创新意识	运算能力	推理能力	模型观念	数据观念	应用意识	现实情境	科学情境	数学情境	
图形与几何		√	√		√	√	√			√			三

本题涵盖了图形与几何领域中核心的知识，需要学生综合运用多种知识和方法来解答。题目通过折纸实验考查了轴对称的性质、矩形的性质、等边三角形、中垂线的性质以及全等三角形的判定与性质等综合知识，需要学生在动手操作中探索数学奥秘。本题的亮点在于对基本图形的提炼，以矩形为背景，通过折纸操作探寻边角关系，涉及知识综合，从学生熟悉的基本几何图形出发，运用基本模型“角平分线＋平行线”解决几何问题，第(2)题要求学生能够准确添加辅助线，构造基本图形进而挖掘折叠带来的特殊边角转化关系，这种环环相扣的逻辑推理的思维发展过程，要求学生具备从复杂问题中提炼基本图形的能力，这正是学生应该注意培养的数学思维能力。

此类试题的编制，以折纸为实践活动，利用折纸中隐含相等的线段和相等的角，和前后位置变换，探寻角的关系。编制此试题，主要是先确定考查的核心知识，考查学生的论证推理能力、几何直观素养，再选用常见的矩形为背景情境进行融合。对于类比操作部分，可以考虑设置更多层次和角度的问题，例如改变折叠的方式、位置或引入更多的几何元素，以激发学生的创新思维。在选择情境时，既要考虑背景与知识的融合程度，也要考虑背景本身的公平性与考查的导向性。

三、实践操作类试题

几何领域中的实践操作类综合与实践试题是指在实际背景下，抽象出几何研究对象，通过具有一定的实践活动，如测量、图形变换、规律探索等寻求解决问题路径的一类试题。此类试题通常包括测量问题、作图问题、图案设计问题、图形规律探索问题等，往往没有固定答案，在面对实践操作类试题时，最重要的是熟悉各种图形的性质和特点，掌握基本的作图方法和测量技能，要善于观察、思考和总结，同时会运用转化、数形结合、方程函数等思想，将问题化归为已知的数学模型进行分析、推理、计算，从而得出可行的问题解决路径。

例9 如图，直尺 $ABCD$ 直立在水平桌面 GE 上，点 B 不动，转动直尺，使其一顶点靠在竖直墙壁 EF 上. 观测发现，点 D,C,D' 在同一直线上. 若顶点 A 到墙壁 EF 的距离（AE）为 20 cm，$\angle C'BE=30°$，则直尺宽 CD 为________ cm，直尺长 AD 为________ cm.

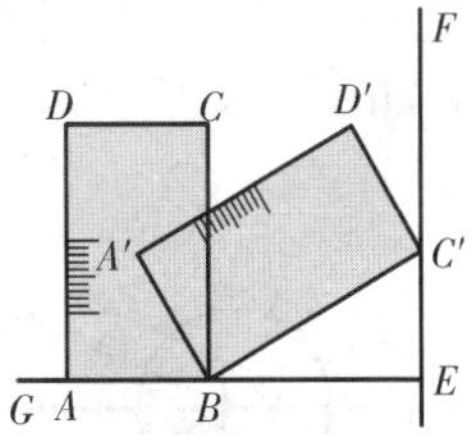

图 5-2-9

【试题分析】

<table>
<tr><td rowspan="3">知识主题</td><td colspan="9">核心素养</td><td colspan="3">问题情境</td><td rowspan="3">水平层次</td></tr>
<tr><td colspan="4">数学眼光</td><td colspan="2">数学思维</td><td colspan="3">数学语言</td><td rowspan="2">现实情境</td><td rowspan="2">科学情境</td><td rowspan="2">数学情境</td></tr>
<tr><td>抽象能力</td><td>几何直观</td><td>空间观念</td><td>创新意识</td><td>运算能力</td><td>推理能力</td><td>模型观念</td><td>数据观念</td><td>应用意识</td></tr>
<tr><td>图形与几何</td><td></td><td>√</td><td></td><td></td><td></td><td>√</td><td></td><td></td><td>√</td><td>√</td><td></td><td></td><td>一</td></tr>
</table>

本题设定了一个具体的情境，即直尺直立在水平桌面上，然后将其一端靠在竖直墙壁上。这种情境的设置使问题更具有现实意义，能够考查学生解决实际问题的能力。题目主要考查矩形、特殊直角三角形性质等知识，判断、识别图形的变化，利用图形的变化推理，用相似三角形或锐角三角函数知识解决实际问题等内容，同时考查学生的几何直观、空间观念、推理能力。同时，该题的答案也很有启发性。学生可以根据答案进一步理解直尺的特性和几何中的角度和三角函数知识，进而提升问题解决能力和数学思维。

在编制这类试题时，应尽可能设计具有实际背景的问题，让学生感到所学的数学知识具有实际应用价值，从而提高他们的学习兴趣和积极性。利用几何图形和实际操作可以帮助学生更好地理解抽象的数学概念和公式。学生通过亲自动手操作和观察，可以提高空间想象力和实践能力。

例10 小东制作了一个半径测量仪（图①）. 细杆 AB 与两把直尺上均有刻度，轴心 C 与两把直尺的零刻度重合，AB 平分 $\angle DCE$，$\angle DCE$ 的度数可通过圆盘上的刻度读出. 如图②，将轴心 C 置于一个圆上，两把尺子与圆的交点分别为点 F，G，它们表示刻度值均为 2 cm，细杆末端 B 在圆上，BC 为 5 cm，则该圆的半径为________cm；如图③，点 D，E 恰好落在一个圆上，它们表示的刻度值均为 12 cm，细杆末端 B 在圆上，BC 为 8 cm，$\angle DCE=60^\circ$，则该圆的半径为________cm.

图 5-2-10

【试题分析】

知识主题	核心素养									问题情境			水平层次
	数学眼光				数学思维		数学语言			现实情境	科学情境	数学情境	
	抽象能力	几何直观	空间观念	创新意识	运算能力	推理能力	模型观念	数据观念	应用意识				
图形与几何		√		√		√			√			√	二

本题从知识层面上主要考查了直角三角形、勾股定理、垂径定理等初中数学核心知识，渗透了方程的思想，又考查了学生分析问题、解决问题的思维能力。本题的亮点在于它将圆的半径测量问题与几何学中的角平分线性质、勾股定理等知识相结合，构造出一个具有实际应用价值的物理模型。将圆的半径测量问题转化为一个可以通过简单工具和测量手段解决的问题，这无疑对培养考生的创新思维和解决实际问题的能力有很大的帮助。

该题以圆为背景，在图形背景定型的基础上，将线段进行了迁移，巧构图形，确定性分析定型条件，在命题过程中注重对构图进行分析，控制变量。本试题旨在引导学生用数学知识解决生活中的问题，保证试题的公平性和严谨性，又兼具一定的创新性，主要是先确定考查的核心知识，再选用合适的背景情境进行融合。在选择情境时，既要考虑背景与知识的融合程度，也要考虑背景本身的公平性与考查的导向性。

例11 根据背景素材，探索解决问题.

测算圆形湖的半径	
背景素材	某兴趣小组要测算一片圆形湖的半径(如图 5-2-11). 湖的附近有一条东西走向的直道 l，湖的边缘有一些树木(点 A,B,C,D)
测量工具	激光笔，量角仪，皮尺等
测量步骤	步骤 1：在道路上的 E 处测得树 A 和 B 均在点 E 的正南方向. 步骤 2：从点 E 处向正东方向行走 18 米到达 F 处，测得 $\angle EFA=45^\circ$，$\angle GFC=45^\circ$. 继续向正东方向行走 9 米到达点 G 处，测得树 C 和 D 在点 G 的正南方向. 步骤 3：从点 G 处向正东方向行走 21 米到达 H 处，测得 $\angle EHB=45^\circ$

续表

问题解决		
任务 1	绘制湖心	在图中用尺规画出湖的圆心 O
任务 2	获取数据	分别求 A,B 两树和 C,D 两树之间的距离
任务 3	推理计算	计算湖的半径

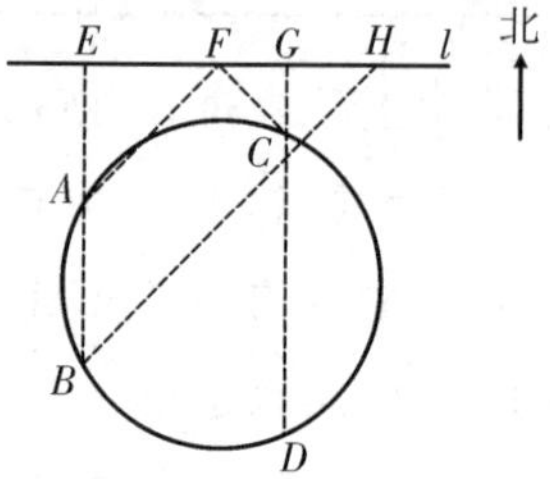

图 5-2-11

【试题分析】

知识主题	核心素养									问题情境			水平层次
	数学眼光				数学思维		数学语言			现实情境	科学情境	数学情境	
	抽象能力	几何直观	空间观念	创新意识	运算能力	推理能力	模型观念	数据观念	应用意识				
图形与几何	√			√	√				√	√			三

本题考查等腰直角三角形性质及勾股定理，圆心的确定以及垂径定理等圆的相关知识。这道题目是一个典型的几何问题，需要通过给出的数据和角度信息，确定圆形湖的圆心和半径。首先，需要利用已知信息绘制湖心。然后，分别求出 A,B 两树和 C,D 两树之间的距离。最后，通过推理计算出湖的半径。试题所考查的知识点相对比较综合，在构图和解法上兼顾圆的轴对称性和旋转不变性。试题不仅考查了学生的几何和代数基础知识，还考查了学生的空间想象能力和逻辑推理能力，其亮点在于它结合了几何、代数和推理等多个方面的知识点，通过实际应用的设计，提高了学生的空间想象能力和数学应用能力。

本题难度适中，构图精巧，解法简洁，可见其厚重感和灵动性，能较好地考查学生分析问题能力和思维深度。命制此类试题，主要是先确定考查的核心知识，再选用合适的背景情境进行融合。在选择情境时，既要考虑背景与知识的融合程度，也要考虑背景本身的公平性与考查的导向性。编制这类试题需要注重考查学生的几何、代数和推理等多方面能力，同时要设计合适的情境和提供足够的信息，以帮助学生解决问题。另外，还需要注重实际应用，以便让学生更好地理解数学在日常生活中的应用价值。

例12 根据背景素材，探索解决问题.

测算发射塔的高度		
背景素材	某兴趣小组在一幢楼房窗口测算远处小山坡上发射塔的高度 MN(如图 5-2-12).他们通过自制的测倾仪(如图 5-2-13)在 A,B,C 三个位置观测，测倾仪上的示数如图 5-2-14 所示	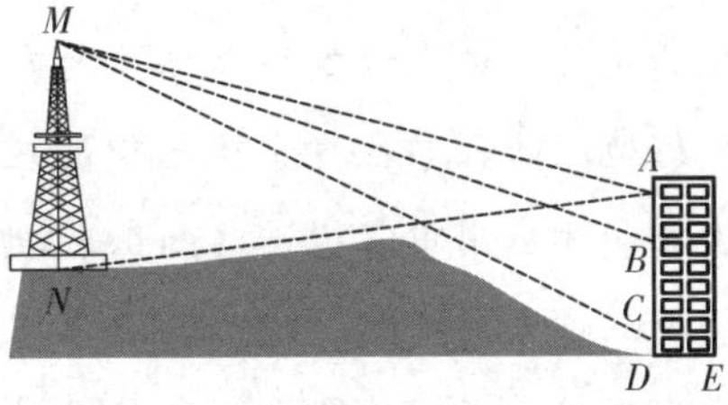 图 5-2-12
	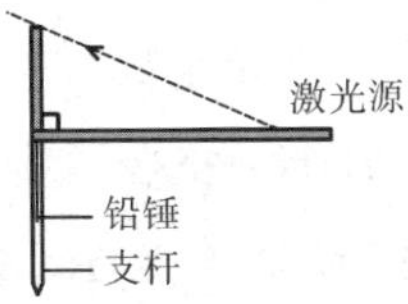 图 5-2-13	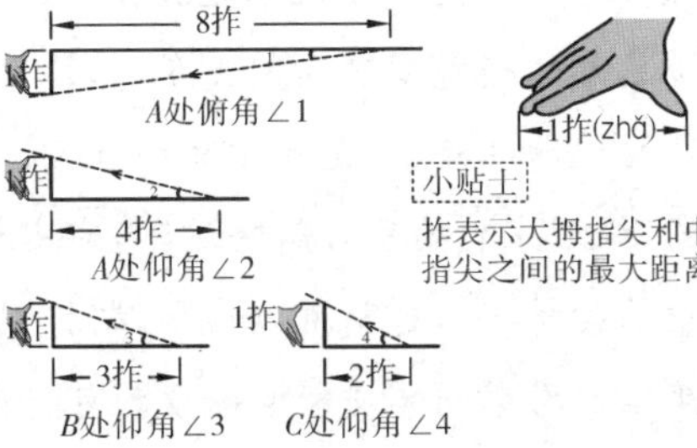 图 5-2-14
	经讨论，只需选择其中两个合适的位置，通过测量、换算就能计算发射塔的高度	
问题解决		
任务 1	分析规划	选择两个观测位置:点________和点________
	获取数据	写出所选位置观测角的正切值，并量出观测点之间的图上距离
任务 2	推理计算	计算发射塔的图上高度 MN
任务 3	换算高度	楼房实际宽度 DE 为 12 米，请通过测量换算发射塔的实际高度

注：测量时，以答题纸上的图上距离为准，并精确到 1 mm.

【试题分析】

知识主题	核心素养									问题情境			水平层次
	数学眼光				数学思维		数学语言			现实情境	科学情境	数学情境	
	抽象能力	几何直观	空间观念	创新意识	运算能力	推理能力	模型观念	数据观念	应用意识				
图形与几何	√	√		√	√				√	√			三

本题主要考查三角函数、相似三角形、比例关系、测量、推理和计算等知识点，侧重于解直角三角形知识的实际应用，熟练掌握三角函数关系是解题的关键。试题注重培养学生的空间想象能力和实际应用能力，让学生更好地理解数学在日常生活中的应用价值。通过实际问题的设计，让学生在实际应用中掌握这些知识点；通过分析规划，要求学生选择两个合适的观测位置；通过获取数据，要求学生写出所选位置观测角的正切值，并量出观测点之间的图上距离；通过换算高度，要求学生将发射塔的图上高度换算为实际高度。这个过程需要学生具备一定的实际应用能力，能够根据已知的楼房宽度和图上距离，计算出发射塔的实际高度。

此类试题的编制，是有意义的真实情境问题，引导学生做有意义的思考探究，经历完整的项目解决过程，突出教—学—评的一致性。本题源于教材中的素材——自制测倾仪和以“拃”测量长度，提供开放的测量结果，让学生理性思考测算发射塔高度的可行方案。由于方案规划环节的开放性，使得学生解答方面的评价更加多元，试题不仅关注学生的知识掌握程度，还关注学生的能力发展、态度表现等方面。这种评价体系更加全面、客观，能够更好地反映学生的实际水平。这种评价方式也为学生提供了更广阔的发展空间，有利于他们的个性发展和潜能发挥，是新课标背景下命题方向的有益尝试和创新。

第三节　基于统计与概率领域的综合与实践

统计与概率是义务教育阶段数学学习的重要领域之一，它包括“抽样与数据分析”和“随机事件的概率”两个主题，学生将学习简单的获得数据的抽样方法，通过样本数据推断总体特征的方法，以及定量刻画随机事件发生可能性大小的方法，形成和发展数据观念。该部分内容强调从实际问题出发，在真实背景下解决项目问题，与综合与实践领域密切关联。“抽样与数据分析”主题主要根据问题背景设计收集数据的方法，经历更加有条理地收集、整理、描述、分析数据的过程，体会抽样的必要性和数据分析的合理性；“随机事件的概率”主题则强调经历简单随机事件发生概率的计算过程，尝试用概率定量描述随机现象发生的可能性大小，理解概率的意义。

一、统计类综合与实践试题

统计类综合与实践试题是指以现实生活中的实例为背景，设计问题任务，引导学生通过合理选择相关统计量来分析刻画数据特征，并能根据样本数据的变化趋势推断总体的变化趋势的一类试题。此类试题有利于引导学生理解抽样的必要性，理解平均数、中位数、众数如何刻画数据的集中趋势，理解方差如何刻画数据的离散程度，理解四分位数如何刻画数据的取值特征，在问题解决中，让学生经历有条理地收集、整理、描述、分析数据的过程，感悟数据分析的必要性，形成和发展数据观念和模型观念。

例1　某公司有 A,B,C 三种型号电动汽车出租，每辆车每天费用分别为 300 元、380 元、500 元. 阳阳打算从该公司租一辆汽车外出旅游一天，往返路程为 210 km，为了选择合适型号的汽车，通过网络调查，获得三种型号汽车充满电后的里程数据如图 5-3-1 所示.

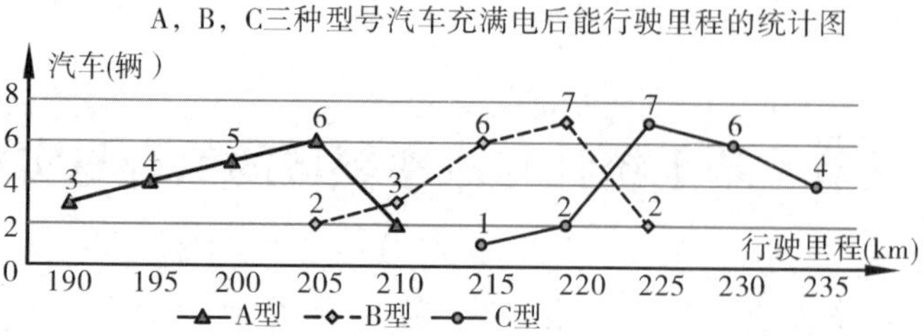

图 5-3-1

(1) 阳阳对B,C型号汽车数据的统计如下表,请继续求出A型号汽车的平均里程、中位数和众数.

汽车型号	平均里程(km)	中位数(km)	众数(km)
B	216	215	220
C	227.5	227.5	225

(2)为了尽可能避免行程中充电耽误时间,又能经济实惠地用车,请你从相关统计量和符合行程要求的百分比等进行分析,给出合理的用车型号建议.

【试题分析】

<table>
<tr><th rowspan="3">知识主题</th><th colspan="9">核心素养</th><th colspan="3">问题情境</th><th rowspan="3">水平层次</th></tr>
<tr><th colspan="4">数学眼光</th><th colspan="2">数学思维</th><th colspan="3">数学语言</th><th rowspan="2">现实情境</th><th rowspan="2">科学情境</th><th rowspan="2">数学情境</th></tr>
<tr><th>抽象能力</th><th>几何直观</th><th>空间观念</th><th>创新意识</th><th>运算能力</th><th>推理能力</th><th>模型观念</th><th>数据观念</th><th>应用意识</th></tr>
<tr><td>统计与概率</td><td></td><td></td><td></td><td>√</td><td>√</td><td></td><td></td><td>√</td><td>√</td><td>√</td><td></td><td></td><td>二</td></tr>
</table>

本题主要考查识别折线统计图,理解平均数、中位数和众数的概念,对统计结果进行简单的判断与分析。要求学生通过识别折线统计图分析获取的数据,计算数据的平均数、中位数及众数等基本统计量,能结合实际需求,多角度评析,给出较优的用车建议。试题根植于生活,应用于生活,考查学生对数据的分析及应用意识。本题以如何选取汽车为例,考查学生分析和处理数据的信息并解决问题的能力,对教学起到良好的导向作用,培养学生适应社会的综合能力。

本题编制的背景选自当下国家倡导的新能源汽车，蕴含学科德育育人的要求，再融入平时生活中常见的旅游租车情境，具备了较好的考查公平性与良好的导向性。同时，对于用车型号的建议，需要学生对相关统计量进行计算、分析，才能做出合理的选择，真正体现数据观念在综合实践中的考查。

例2 某校为了了解400名学生在校午餐所需的时间，抽查了20名学生在校午餐所花的时间，由图示分组信息得：$A,C,B,B,C,C,C,A,B,C,C,C,D,B,C,C,C,E,C,C$.

分组信息
A组：$5<x\leqslant10$ B组：$10<x\leqslant15$ C组：$15<x\leqslant20$ D组：$20<x\leqslant25$ E组：$25<x\leqslant30$
注：x(分钟)为午餐时间！

图5-3-2

某校被抽查的20名学生在校午餐所花时间的频数表

组别	划记	频数
A	丅	2
B	止	4
C	▲	▲
D	▲	▲
E	▲	▲
合计		20

(1) 请填写频数表，并估计这400名学生午餐所花时间在C组的人数.

(2) 在既考虑学生午餐用时需求，又考虑食堂运行效率的情况下，校方准备在15分钟、20分钟、25分钟、30分钟中选择一个作为午餐时间，你认为应选择多少分钟为宜？说明理由.

【试题分析】

知识主题	核心素养									问题情境			水平层次
	数学眼光				数学思维		数学语言						
	抽象能力	几何直观	空间观念	创新意识	运算能力	推理能力	模型观念	数据观念	应用意识	现实情境	科学情境	数学情境	
统计与概率				√	√			√	√	√			二

本题提供了“学生在校午餐所花时间”的抽样调查情境，依托“学生在校午餐所花时间”抽样调查的真实情境，考查学生在数据整理与分析的过程中应具备的数据分析观念。第(1)题，学生需结合划记进行频数统计，并利用样本来估计整体；第(2)题，学生要根据已有调查数据，理性而全面地思考，并做出决策，用数学的思维思考现实生活问题。

试题侧重数据观念考查，情境贴近生活，充分激发学生已有的生活经验，在数据整理与分析的过程中强化了学生的数据观念。在分析解答的过程中，避免了教学中解题套路的现象，需要学生站在实际情景的角度进行统计分析。从在校午餐用时的分组情况入手，到给出合理的午餐用时建议，让学生真正经历数据收集、整理、分析的过程，培养学生处理数据的能力。

例3 A,B两家酒店规模相当，去年下半年的月盈利折线统计图如图所示.

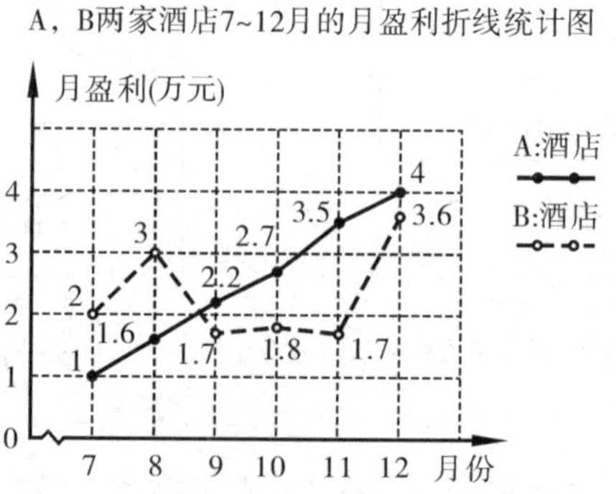

图5-3-3

(1) 要评价这两家酒店7～12月的月盈利平均水平，你选择什么统计量？求出这个统计量.

(2) 已知A,B两家酒店7～12月的月盈利的方差分别为1.073(平方万元)，0.54(平方万元). 根据所给的方差和你在(1)中所求的统计量，结合折线统计图，你认为去年下半年哪家酒店经营状况较好？请简述理由.

【试题分析】

知识主题	核心素养									问题情境			水平层次
	数学眼光				数学思维		数学语言						
	抽象能力	几何直观	空间观念	创新意识	运算能力	推理能力	模型观念	数据观念	应用意识	现实情境	科学情境	数学情境	
统计与概率				√	√			√	√	√			二

本题取材于学生熟悉的身边事：两家酒店的月盈利情况，情境真实，背景公平，学生既不感到陌生，又容易入手，有话可说。试题主要考查学生对统计图的读取能力、数据整理分析能力、统计量的选择与运用等，根据折线统计图的知识，运用统计的基本思想和方法分析解决身边的常见问题，考查了平均数、方差等初中核心统计知识。

第(1)题起点低，读懂折线统计图的前提下绝大多数学生都能解决，选择并计算平均数又是最基础的统计知识与最基本的运算要求。第(2)题是统计量的选择与运用，不是简单的计算或求出统计量的值，而是基于一定情境任务下让学生自主选择合适的统计量进行分析，作出合理判断，强化了统计观念的考查。学生需要从已知的信息中，运用已知数据，结合生活实际，判断哪家酒店的经营状况较好，体会数学知识源于生活、应用于生活的意义。同时，在评分标准上，试题也体现了 SOLO 分层评价法的基本理念，让不同层次的学生都能展示自己的能力水平，不同水平的解答又相应获得不同的赋分，对课堂教学起到了良好的导向作用。

例4 综合与实践：如何选择合适的话费套餐？

素材1：小聪妈妈去年1～6月的通话、流量使用情况如表1.

表1

月份	1	2	3	4	5	6
通话时间(分)	56	62	53	59	65	47
通用流量(GB)	25.4	27	22.8	21.1	20.6	24

表 2

	A 套餐	B 套餐
每月基本服务费(元)	98	118
每月免费通话时间(分)	60	60
每月免费通用流量(GB)	20	30
超出后通话收费	0.19 元/分钟	
超出后流量收费	3GB 以内 5 元/GB,超过 3GB 后 3 元/GB	

素材 2:经了解,运营商有两种较适合小聪妈妈的话费套餐如表 2.每月免费国内通用流量和免费国内通话时间不能结转到下个月.

任务 1:求小聪妈妈平均每月通话时间.

任务 2:根据使用情况,小聪妈妈每月使用流量在 20～30 GB,通话时间不超过 60 分钟,求出此时 A 套餐、B 套餐的月费与通用流量 x(单位:GB)之间的函数关系式 y_A 元,y_B 元.

任务 3:请分析小聪妈妈应选择哪个话费套餐更合适.

【试题分析】

知识主题	核心素养									问题情境			水平层次
	数学眼光				数学思维		数学语言						
	抽象能力	几何直观	空间观念	创新意识	运算能力	推理能力	模型观念	数据观念	应用意识	现实情境	科学情境	数学情境	
统计与概率				√	√	√		√	√	√			三

现代通信离不开手机、互联网,本题以通话时间和通用流量为背景,借助虚拟数据的采集,考查了平均数、一次函数、不等式、方程等相关知识,渗透了方程、函数、分类讨论等数学思想方法,是一个融合统计、代数知识的综合实践类试题。

此题的编制,较好地选择了一个成人的情境,却又是学生较为熟悉的背景,以小聪妈妈半年通话、流量使用情况为载体,分析整体的使用情况,再根据分析结果和相应的套餐,利用函数、方程模型进行刻画比较,具有低起点、层次性、高思维、应用性等特点。从任务3中套餐的确定，学生完成了一个较为完整的微项目，因此本题也为学生项目式学习提供了一个良好的载体，为评价促进教学起到了良好的导向作用。

二、概率类综合与实践试题

初中阶段概率类综合与实践试题主要指真实情境背景下，考查简单随机事件发生概率的计算，尝试用概率定量描述随机现象发生的可能性大小、概率的意义等一类试题。此部分内容整体要求不高，但应用相关知识综合解决简单问题，有助于学生感悟从不确定性的角度认识客观世界的思维模式和解决问题的方法，初步理解通过数据认识现实世界的意义，感知大数据时代的特征，发展数据观念和模型观念。

例5　染色体(X,Y)决定了人类的性别，女性的染色体为XX，男性的染色体为XY. 如图5-3-4是一对夫妻的性染色体遗传图谱，如果这位女士怀上了一个小孩，那么该小孩为男孩的概率为　　(　　)

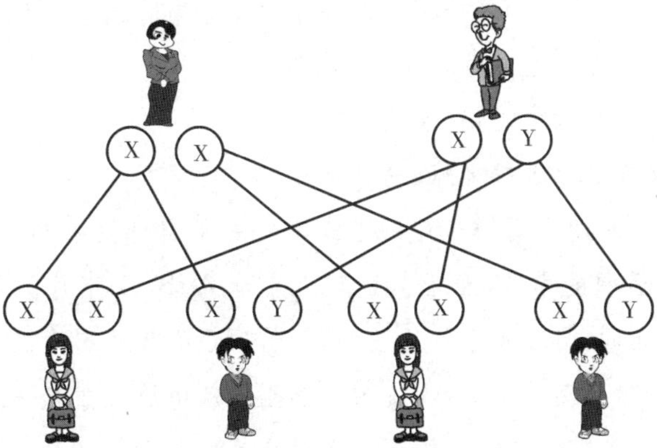

图5-3-4

A. $\frac{1}{4}$　　　　B. $\frac{1}{3}$

C. $\frac{1}{2}$　　　　D. $\frac{3}{4}$

【试题分析】

知识主题	核心素养									问题情境			水平层次
	数学眼光				数学思维		数学语言						
	抽象能力	几何直观	空间观念	创新意识	运算能力	推理能力	模型观念	数据观念	应用意识	现实情境	科学情境	数学情境	
统计与概率				√		√			√		√		一

本题选择了生物学中的遗传图谱为背景情境，较好地融合了下一代男、女性别的可能性问题。学生可以通过列表或树状图的方式枚举各种情况，进而获得该小孩为男孩的概率。作为一个简单的跨学科概率类试题，试题既确保了情境的公平性，又能较好地传播基础科学知识，是一类简单而富有价值的概率类综合与实践试题。

例6 某校组织七年级学生开展“讲好红色故事，传承红色基因”为主题的研学之旅，策划了三条红色线路让学生选择（每人只能选择一条线路）：

A. 南梁精神红色记忆之旅（华池县）.

B. 长征会师胜利之旅（会宁县）.

C. 西路军红色征程之旅（高台县）.

小亮和小刚两人用抽卡片的方式确定一条自己要去的线路.他们准备了3张不透明的卡片，正面分别写上字母A，B，C，卡片除正面字母不同外其余均相同，将3张卡片正面向下洗匀，小亮先从中随机抽取一张卡片，记下字母后正面向下放回，洗匀后小刚再从中随机抽取一张卡片.

（1）求小亮从中随机抽到卡片A的概率.

（2）请用画树状图或列表的方法，求两人都抽到卡片C的概率.

【试题分析】

知识主题	核心素养									问题情境			水平层次
	数学眼光				数学思维		数学语言			现实情境	科学情境	数学情境	
	抽象能力	几何直观	空间观念	创新意识	运算能力	推理能力	模型观念	数据观念	应用意识				
统计与概率	√					√			√	√			二

本题以“讲好红色故事，传承红色基因”为主题，提供了A,B,C三条研学线路，然后以卡片抽签的方式进行选择，将等可能事件蕴含其中，也渗透了学科德育的功能。在问题的解决中，涉及画树状图或列表的基本方法。同时，在试题的编制中，由一个人抽签的概率到两个人抽签概率，具有一定的层次性。

例7 在深化教育综合改革、提升区域教育整体水平的进程中，某中学以兴趣小组为载体，加强社团建设，艺术活动学生参与面达100%，通过调查统计，八(2)班参加学校社团的情况(每位同学只能参加其中一项)：A. 剪纸社团，B. 泥塑社团，C. 陶笛社团，D. 书法社团，E. 合唱社团，并绘制了如下两幅不完整的统计图.

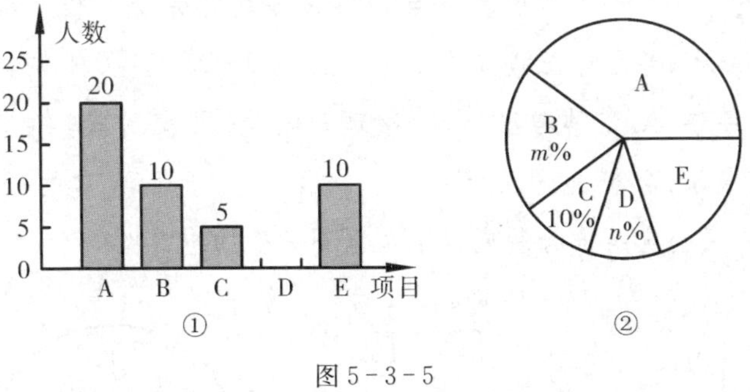

图5-3-5

(1) 求该班学生总人数，并把条形统计图补充完整.

(2) 求扇形统计图中 m,n 的值和参加剪纸社团对应的扇形圆心角度数.

(3) 小鹏和小兵参加了书法社团，由于参加书法社团的几位同学都非常优秀，老师将从书法社团的学生中选取2人参加学校组织的书法大赛,请用列表法或画树状图法,求出恰好是小鹏和小兵参加比赛的概率.

【试题分析】

知识主题	核心素养									问题情境			水平层次
	数学眼光				数学思维		数学语言						
	抽象能力	几何直观	空间观念	创新意识	运算能力	推理能力	模型观念	数据观念	应用意识	现实情境	科学情境	数学情境	
统计与概率		√			√	√		√	√	√			二

本题以学校社团为背景,将统计和概率融为一体。在问题解决中,需要学生读取统计图中的有效信息,才能完成第(1)(2)题。第(3)题考查"恰好是小鹏和小兵参加比赛的概率",需要通过统计图得出参加"书法社团"的总人数,然后才能借助"列表法"或"画树状图法"进行枚举,在概率的求解过程中,具有一定的综合性。

此题的编制,以现实生活中的学校社团为背景,体现了情境的公平性、合理性,较好地将统计图与概率融合,在这样的过程中,让学生感悟数据分析的必要性,形成和发展数据观念和模型观念,并引导学生从统计与概率的角度认识、理解和表达现实世界中大量存在的随机现象。

例 8 《义务教育课程方案》和《义务教育劳动课程标准(2022 年版)》正式发布,劳动课正式成为中小学的一门独立课程,日常生活劳动设定四个任务群:A. 清洁与卫生,B. 整理与收纳,C. 家用器具使用与维护,D. 烹饪与营养. 学校为了较好地开设课程,对学生最喜欢的任务群进行了调查,并将调查结果绘制成以下两幅不完整的统计图.

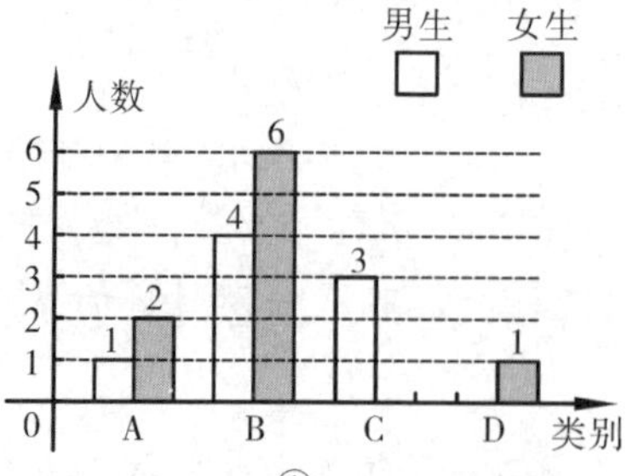

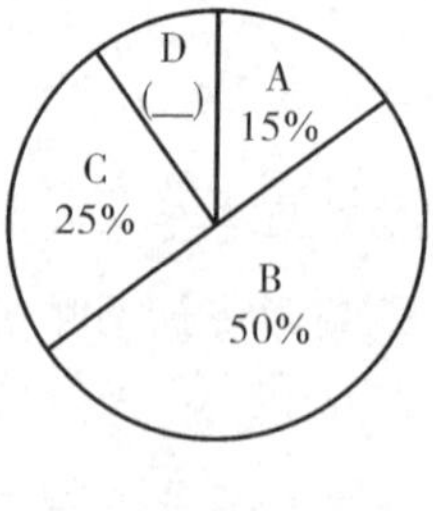

图 5-3-6

请根据统计图解答下列问题：

(1) 本次调查中，一共调查了多少名学生？选择“家用器具使用与维护”的女生和“烹饪与营养”的男生分别有多少名？

(2) 补全上面的条形统计图和扇形统计图.

(3) 学校想从选择“家用器具使用与维护”的学生中随机选取两名学生作为“家居博览会”的志愿者，请用画树状图的方法或列表法求出所选的学生恰好是一名男生和一名女生的概率.

【试题分析】

知识主题	核心素养									问题情境			水平层次
	数学眼光				数学思维		数学语言			现实情境	科学情境	数学情境	
	抽象能力	几何直观	空间观念	创新意识	运算能力	推理能力	模型观念	数据观念	应用意识				
统计与概率					√	√		√	√	√			二

本题以劳动教育中的四个任务群为背景，通过两幅不完整的统计图来考查学生读图获取信息的能力，在问题的解决中，让学生感知统计图表蕴含着的信息，为以后统计与概率的学习积累经验。第(3)题以“一名男生和一名女生的概率”进行设问，有效地考查了树状图或列表这一基本技能，有助于学生感悟从不确定性的角度认识客观世界。

此题的编制，符合《义务教育课程方案》和《义务教育劳动课程标准(2022 年版)》的相关内容要求，体现国家的育人导向，通过统计图中信息的获取和对事件可能情况的枚举，考查了学生在统计与概率领域的必备技能，体现了学生面对现实的背景，从数学的角度发现问题，综合运用统计与概率的知识与方法，分析并解决问题。

第四节　基于多领域或跨学科的综合与实践

《课程标准(2022年版)》指出:综合与实践以培养学生综合运用所学知识和方法解决实际问题的能力为目标,根据不同学段学生的特点,以跨学科主题学习为主,适当采用主题式学习和项目式学习的方式,设计情境真实、较为复杂的问题,引导学生综合运用数学学科和跨学科的知识与方法解决问题。初中阶段综合与实践领域更加关注让学生主动合作解决真实项目任务,让学生从数学的角度观察与分析、思考与表达、解决与阐释社会生活以及科学技术中遇到的现实问题,感受数学与科学、技术、经济、金融、地理、艺术等学科领域的融合,积累数学活动经验,体会数学的科学价值,提高发现与提出问题、分析与解决问题的能力,发展应用意识、创新意识和实践能力。

一、学科内多领域类试题

初中数学多领域综合实践试题是在真实情境背景下,综合运用数与代数、图形与几何、统计与概率等知识,以及综合运用各种数学概念、技巧和解题方法来解决跨领域的一类试题。在问题的解决过程中,要充分利用数学模型、图表、计算工具等辅助方法,善于分析和建立数学关系,其目标是引导学生发现解决现实问题的关键要素,用数学的思维分析要素之间的关系并发现规律,培养模型观念,经历发现、提出、分析、解决问题的过程,培养应用意识和创新意识。

例1　有三角形余料$\triangle ABC$,其中$AB=16$ cm,高线$CD=8$ cm. 同学按如图所示的方式,从中裁剪出两张宽度相等($EG=MP$)的矩形,其中一个矩形的一边在AB上. 若使所裁剪的矩形纸条面积之和最大,则矩形的宽度EG为(　　)

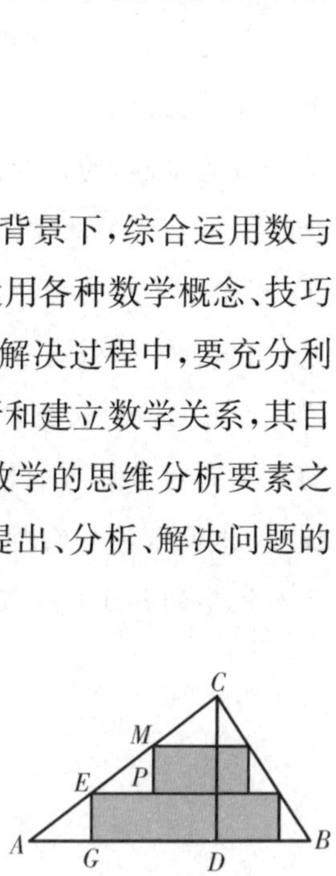

图5-4-1

A. $\frac{7}{3}$　　B. $\frac{8}{3}$　　C. $\frac{5}{2}$　　D. $\frac{7}{2}$

【试题分析】

知识主题	核心素养									问题情境			水平层次
	数学眼光				数学思维		数学语言			现实情境	科学情境	数学情境	
	抽象能力	几何直观	空间观念	创新意识	运算能力	推理能力	模型观念	数据观念	应用意识				
跨领域		√			√	√	√		√	√			二

本题主要考查了相似三角形性质与二次函数性质的实际应用，属于中等难度试题，学生需设元表示矩形的边，并利用相似三角形的性质表示矩形的其他边，从而建立二次函数模型得知矩形的宽度 EG 为何值时，面积最大，旨在引导学生用数学知识在生活中增加材料的使用率。试题以学生所熟悉的“裁剪三角形”为载体，考查学生的数学核心素养。一是体现“几何直观”，学生需在整体图形中感知各种几何图形及其组成元素，建立形与数的联系；二是“关注应用”，在应用数学知识解决问题的过程中渗透核心素养，使学生能够体会到数学在生活中的应用。

此类试题，由于源于教材，在公平性上有得天独厚的优势。编制试题时，先挖掘教材例题的知识内涵，再结合考查的核心知识，确定合理的实践目标，从看待事物的新视角进行命题。在确定实践目标时，既要考虑与知识的融合程度，也要考虑改目标与生活需求的一致性，体现科学性原则。对比相似三角形判定的作业题，此试题命制时，减少裁剪条数，能让学生减少机械性的重复，又不改变核心知识的考查，是常用的命题技术。

例2　小明家的洗手盆上装有一种抬启式水龙头(如图①). 完全开启后，水流路线呈抛物线，把手端点 A、出水口 B 和落水点 C 恰好在同一直线上，点 A 到出水管 BD 的距离为 12 cm，洗手盆及水龙头的相关数据如图②所示. 现用高 10.2 cm 的圆柱形水杯(杯底厚度忽略不计)去接水，若水流所在抛物线经过点 D 和杯子上底面中心 E，则点 E 到洗手盆内侧的距离 EH 为________cm.

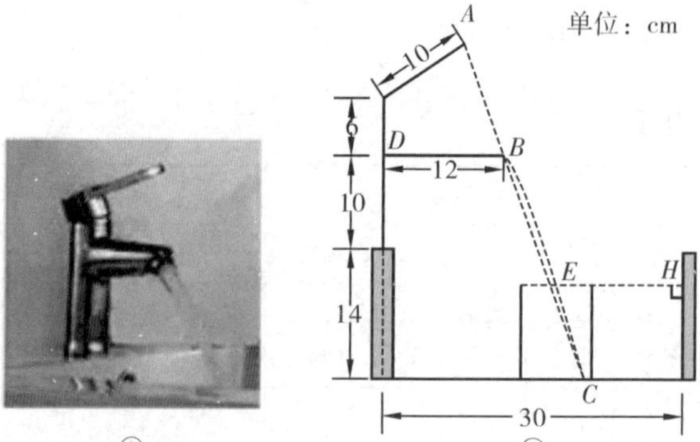

① ②

图 5-4-2

【试题分析】

知识主题	核心素养									问题情境			水平层次
	数学眼光				数学思维		数学语言						
	抽象能力	几何直观	空间观念	创新意识	运算能力	推理能力	模型观念	数据观念	应用意识	现实情境	科学情境	数学情境	
跨领域	√		√		√		√		√	√			三

本题主要考查了二次函数的实际应用，具有较高的思维含量，学生需在实际情境中建立适当的坐标系，选择合适的原点，才能大幅减少计算量，从而更顺利确定物体的位置。试题旨在引导学生用数学知识在解决生活问题的同时，关注节能减排。试题亮点是取材随处可见的生活用具，以学生身边的“水龙头”为载体，考查学生的数学核心素养。一是体现“数学抽象”，学生需将文字语言转化为数学语言，建立坐标系将水的形状描述出来；二是“关注应用”，在应用数学知识解决问题的过程中渗透核心素养，使学生能够体会到数学在生活中的应用。

此类试题的编制，源于生活，要求命题者时刻关注生活中的各种现象，思考其数学内涵，再进行一些合理的抽象，例如将水管和水柱抽象成线。在选择情境时，既要考虑背景与知识的融合程度，还需考虑背景本身的公平性与考查的导向性。最后还需考虑所求量的意义，斟酌所求量是否一定需要数学计算，直接测量是否更加容易且高效。

例3 根据背景素材,探索解决问题:

推算长方形(阴影)长宽之间的关系		
素材	图①是小胡用两个完全一样的长方形纸板做成的六巧板“T”字型图形,用它拼成图②的类似弦图的平行四边形.通过测量发现图②中长方形(阴影部分)的长与宽有一定的数量关系,于是小胡想通过从特殊到一般的方法去尝试探究他们之间的关系	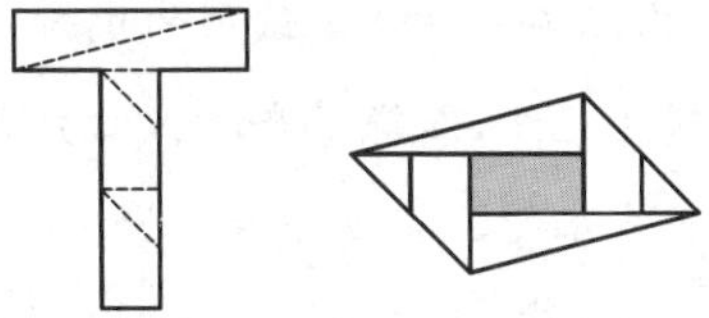 ① ② 图 5-4-3
问题解决		
任务 1	特殊值计算	若图①中长方形的长为 4,宽为 1,则图②中长方形(阴影)的长为____,宽为____
任务 2	长、宽关系计算	若图①中长方形的长为 $4m$,宽为 m,用含 m 的代数式来表示长方形(阴影部分)的长和宽
任务 3	一般化推理计算	设图①长方形的长为 n,宽为 m,图②中长方形(阴影部分)的长为 x,宽为 y,请通过计算来说明长方形(阴影部分)的长与宽的关系

【试题分析】

知识主题	核心素养									问题情境			水平层次
	数学眼光				数学思维		数学语言						
	抽象能力	几何直观	空间观念	创新意识	运算能力	推理能力	模型观念	数据观念	应用意识	现实情境	科学情境	数学情境	
跨领域		√	√		√	√			√			√	二

本题主要考查了全等三角形的性质及二元一次方程组的应用。试题以“剪纸拼图”作为背景情境,问题设计面向全体学生,体现公平性,旨在引导学生用数学知识探索拼图奥秘。题目以学生所熟悉的“类弦图”为载体,考查学生的数学核心素养。一是体现“空间观念”,观察两幅图的图形特征,感知图形是怎么拼成的,找到其中相等的边;二是体现“运算能力”,

在表示出相等的边后，聚焦目标矩形的长与宽，关注系数特征进行消元；三是体现“应用意识”，引导学生用特殊到一般的数学方法探究数学问题。

本题通过裁剪方式的确定，隐藏图形中不变的数量关系，结合代数运算，内涵丰富。此类试题的编制，首先明确真实的数学探究方法，以数学逻辑为主线，围绕考查的核心知识，进行设计。在设计探究方法时，既要考虑方法的真实性与科学性，也要考虑探究目标是否公平。

例 4 综合与实践：如何裁出面积尽可能大的矩形？

[背景素材]如图①，一块矩形木板沿直线 AB 和曲线 AE（反比例函数图象的一部分）截去两个角后剩下一块余料 $ABCDE$. 某兴趣小组计划用这块余料裁出一块面积尽可能大的矩形 $PQMN$，要求点 P 在曲线上.

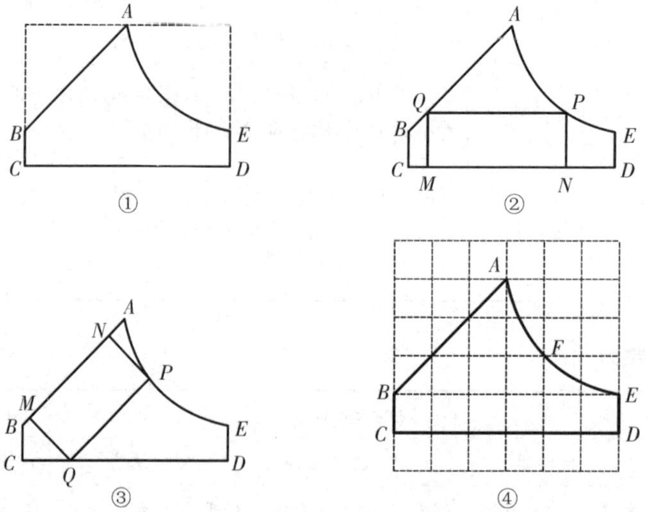

图 5-4-4

[初步规划]

甲组方案：如图②所示，MN 在 CD 上. 乙组方案：如图③所示，MN 在 AB 上.

[获取数据]经测量，$CD=6$，$BC=DE=1$，点 A 到 BC，CD 所在直线的距离分别为 3，4. 小亮想在坐标系中研究，故将 A，B，C，D，E 这五个点描绘在相应的 6×6 网格格点上，再将余料 $ABCDE$ 完整复刻在网格中. 如图④所示，发现曲线 AE 正好经过格点 F.

[问题解决]

任务1(建立模型):

请你帮小亮在图④中建立平面直角坐标系,使曲线 AE 在该坐标系下的表达式为反比例函数,并求出这个函数表达式.

任务2(寻找最值):

借助小亮的想法,求甲组方案的矩形面积最大值 S_1.

任务3(分析比较):

乙组方案能裁出面积比 S_1 更大的矩形吗?请说明理由.

【试题分析】

知识主题	核心素养									问题情境			水平层次
	数学眼光				数学思维		数学语言						
	抽象能力	几何直观	空间观念	创新意识	运算能力	推理能力	模型观念	数据观念	应用意识	现实情境	科学情境	数学情境	
跨领域		√			√	√			√	√			二

本题主要考查了矩形的性质及反比例函数应用,《课程标准(2022年版)》要求探索并证明矩形的性质定理,能根据已知条件确定反比例函数的表达式,能用反比例函数解决简单的实际问题。裁剪固定形状的材料是常见的现实情境,问题设计面向全体学生。本试题属于中等难度试题,旨在引导学生用数学知识求材料的使用率。

本题立意源自八年级下册浙教版数学教材中的作业题,改三角形纸片为特殊形状的纸片供学生探索裁剪方式,考查学生数学核心素养。一是体现“几何直观”,能通过建立坐标系建立数与形的联系;二是体现“推理能力”,学生在建立坐标系后,需要通过特殊角度去表示边;三是体现“运算能力”,在得到面积表达式后需通过有效运算得出结论;四是体现“应用意识”,考查将实际问题解析化后再解决的能力。

此类试题的编制,主要是先确定考查的核心知识,可以用组合类图形替换规则图形,使被裁剪对象更加丰富。再从探索过程中截取一段思考过程,以数学探究为主线,围绕考查的核心知识,进行子任务的设计。在设计对比任务时,应注意对比是否有必要进行计算推理。

二、跨学科情境单一领域类试题

跨学科情境单一领域类试题是指在实际背景情境下，学生需要运用某一数学领域知识与其他学科知识相结合解决项目任务的一类试题。常见的包括运用数学知识解决与物理相关的问题，如计算速度、加速度、力等；运用数学方法解决与化学相关的问题，如浓度计算、反应速率、化学方程式平衡等；运用数学知识解决与经济相关的问题，如利润计算、货币兑换、投资回报率等；运用数学方法解决与地理相关的问题，如距离计算、地图比例尺、方位角等；运用数学方法解决与生物学相关的问题，如概率计算、遗传问题、物种数量估算等；运用数学方法解决与统计学相关的问题，如数据分析、统计图表的解读、统计推断等。

例5 【素材1】某气球中充满了一定质量的气体. 当温度、大气压强不变时，多次测量该气球内的气体压强 p（单位：kPa）和气体体积 V（单位：m^3），绘制 p 关于 V 的函数图象如图所示.

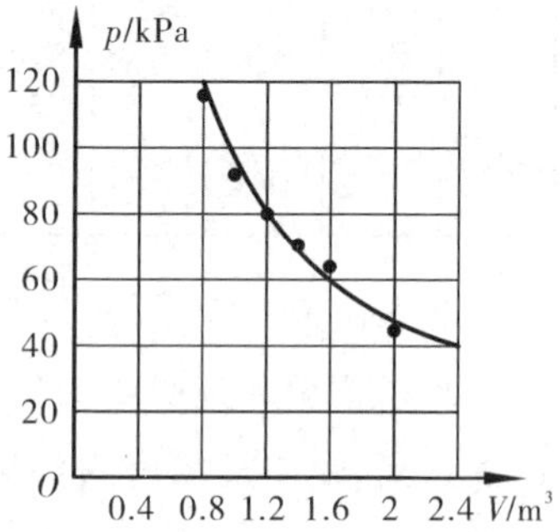

图 5－4－5

【素材2】用挤压器均匀挤压体积为 1.5 m^3 的气球时，设挤压速度恒定：0.08 m^3/s，挤压过程中温度不变. 当气球内气体的压强大于 140 kPa 时，气球将爆炸.

【问题】要使气球不爆炸，挤压器最多挤压时间为（　　）

A. 9 s　　B. 10 s　　C. 11 s　　D. 12 s

【试题分析】

知识主题	核心素养									问题情境			水平层次
	数学眼光				数学思维		数学语言			现实情境	科学情境	数学情境	
	抽象能力	几何直观	空间观念	创新意识	运算能力	推理能力	模型观念	数据观念	应用意识				
跨学科跨领域	√				√		√		√		√		二

本题主要考查了反比例函数的实际应用，属于中等难度试题，旨在引

导学生用代数知识解决科学问题，体验学科相关性。试题取材自八年级下册浙教版数学教材中反比例函数的应用例题，确保了科学情境考查的公平性。它考查学生抽象数学模型的能力，一是体现“数学建模”，本题的函数图象非常符合实际情况，没有十分理想的数据，学生需根据点的排列进行估算，确定大致的反比例函数，考查学生的模型观念；二是“关注应用”，在应用数学知识解决问题的过程中渗透核心素养，以防止气球爆炸的真实问题，引导学生用数学知识解决实际问题。

此类试题的编制，主要是先确定所跨学科知识的科学性，在题干中限定加压速度、气温、气球爆炸所受压力，都应经过严格求证，再围绕考查的核心知识进行问题设计。在选择科学情境时，既要考虑背景与知识的融合程度，也要考虑背景本身的公平性与考查的导向性。这里建立压强变化与时间函数，设计十分巧妙，但能否均匀加压且温度恒定不变，需经科学求证，避免出现数据与背景不符的现象。

例6 如图①所示是一个盛有水的圆柱形玻璃容器的轴截面示意图，把甲、乙两根相同的玻璃棒垂直插入水中，高度与水面齐平. 如图②，先将甲玻璃棒竖直向上提起 4 cm，露出水面部分高度为 5 cm，保持甲玻璃棒离容器底部 4 cm 不变，再将乙玻璃棒竖直向上提起 6 cm，发现乙玻璃棒仍有部分浸入水中，则乙玻璃棒露出水面部分高度为 ( )

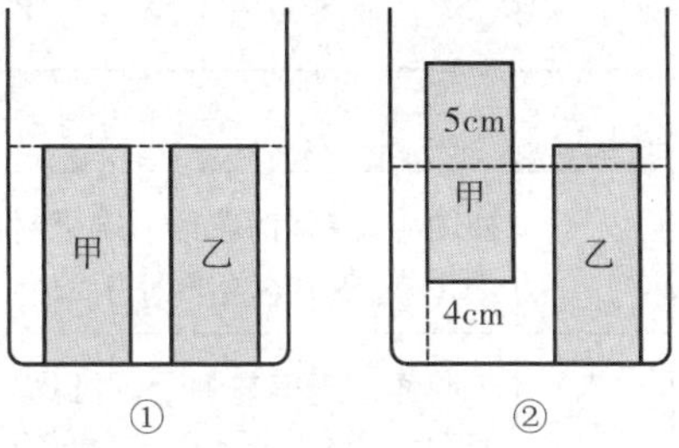

图 5-4-6

A. 7.3 cm B. 7.5 cm C. 8.3 cm D. 8.5 cm

【试题分析】

知识主题	核心素养									问题情境			水平层次
	数学眼光				数学思维		数学语言			现实情境	科学情境	数学情境	
	抽象能力	几何直观	空间观念	创新意识	运算能力	推理能力	模型观念	数据观念	应用意识				
跨学科跨领域	√		√			√	√		√	√			三

本题主要考查了代数式的实际应用，思维含量较高，对学生的抽象能力与空间观念有一定要求，旨在引导学生在面对新挑战时，利用画图形，思变化，找规律等数学方法解决问题。试题取材自七年级上册浙教版数学教材中的作业题，确保了情境的公平性。学生解决此问题需有较强的综合能力。试题亮点在于：一是体现“数学抽象”，情境中有2个变化的量，学生需抽象出物体高度变化带动水位变化；二是体现“空间观念”，学生需根据实际描述画出示意图，想象水的运动与玻璃棒的运动；三是体现“应用意识”，发现物体提升高度和水位下降之间存在的规律，两个物体先后提升的过程中，水位变化是均匀的，这是数学知识才能突破的“常识误区”。

此类试题的编制，主要是先确定考查的核心知识，再选用合适的背景情境进行融合。这里围绕“等体积”展开探究，分别设置提高两个物体，探究水位变化规律，设置十分巧妙。

例7 根据以下素材，探索完成任务.

<table>
<tr><th colspan="2">制作检测75%酒精的漂浮吸管</th></tr>
<tr><td>素材1</td><td>如图①，装有钢珠且下端密封的吸管漂浮在液体中时，所受重力与浮力大小相等，吸管浸在液体中的深度会因液体密度的改变而改变</td></tr>
<tr><td>素材2</td><td>小明通过观察与测量，得到漂浮在液体中吸管的示数 h(单位：cm)与液体密度 ρ(单位：g/cm^3)之间的几组数据如下表：
<table><tr><td>h(cm)</td><td>…</td><td>19.8</td><td>18</td><td>16.5</td><td>13.2</td><td>…</td></tr><tr><td>密度 $\rho(g/cm^3)$</td><td>…</td><td>1.0</td><td>1.1</td><td>1.2</td><td>1.5</td><td>…</td></tr></table></td></tr>
<tr><td>素材3</td><td>浓度为 $a\%$ 的酒精密度(酒精与水的密度分别为 $0.8\ g/cm^3$，$1.0\ g/cm^3$)：
$\rho_{a\%酒精}=\dfrac{m}{V}=\dfrac{a\%V\cdot\rho_{酒精}+(1-a\%)V\cdot\rho_{水}}{V}=a\%\times0.8+(1-a\%)\times1.0$
$=-0.002a+1$</td></tr>
<tr><th colspan="2">问题解决</th></tr>
<tr><td>任务1</td><td>求 ρ 关于 h 的函数表达式</td></tr>
<tr><td>任务2</td><td>由吸管上对应的刻度线可判断配制的酒精浓度.图②已标出吸管在水中的位置，请通过计算，标出可以检测75%酒精的吸管位置(精确到0.1 cm)</td></tr>
</table>

图 5-4-7

【试题分析】

知识主题	核心素养									问题情境			水平层次
	数学眼光				数学思维		数学语言			现实情境	科学情境	数学情境	
	抽象能力	几何直观	空间观念	创新意识	运算能力	推理能力	模型观念	数据观念	应用意识				
跨学科跨领域	√		√		√		√		√		√		二

本题选择了跨物理学科中的浮力、密度为背景，主要考查了反比例函数的实际应用，试题难度中等，学生需要根据已知条件确定反比例函数的表达式，根据函数表达式分析实际问题中的变量信息，发现变量间的变化规律，此题旨在引导学生用代数知识解决科学问题，体验学科相关性。

试题取材于科学自制实验器具进行跨学科融合，其中对酒精密度的详细解释，避免了科学知识本身对公平性的影响。它考查学生抽象数学模型的能力，一是体现“数学建模”，本题的表格数据符合实际情况，没有十分理想的数据，学生需根据表格中的实验数据，进行估算，确定反比例函数模型解决问题，考查学生的模型观念；二是“关注应用”，在应用数学知识解决问题的过程中渗透核心素养，制作检测75%酒精的漂浮吸管的真实问题，引导学生用数学知识解决科学问题。

此类试题的编制，主要是先确定所跨学科知识的科学性，题干的实验器具真实可制作，酒精密度公式真实有效，都应经过严格求证。再围绕考查的核心知识，选择其中数学视角的问题进行设计。在选择实验任务时，既要考虑背景与知识的融合程度，也要考虑背景本身对科学知识的要求是否占比过大。

例8　探究通过维修路段的最短时长.

素材 1:如图①,某路段($A-B-C-D$ 段)需要维修,临时变成双向交替通行,故在 A,D 处各设置红绿灯指导交通(仅设置红灯与绿灯).

素材 2:甲车先由 $A\to D$ 通行,乙车再由 $D\to A$ 通行,甲车经过 AB,BC,CD 段的时间分别为 10 s,10 s,8 s,它的路程 y(单位:m)与时间 t(单位:s)的关系如图②所示;两车经过 BC 段的速度相等,乙车经过 AB 段的速度是 10 m/s.

素材 3:红绿灯 1,2 每 114 秒一个循环,每个循环内红灯、绿灯的时长如图③,且每次双向红灯时,已经进入 AD 段的车辆都能及时通过该路段.

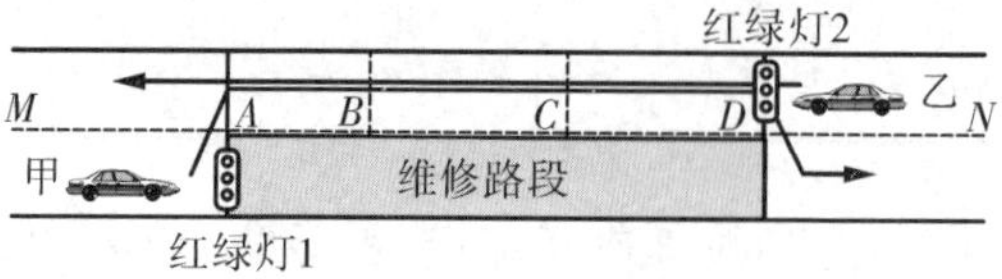

①

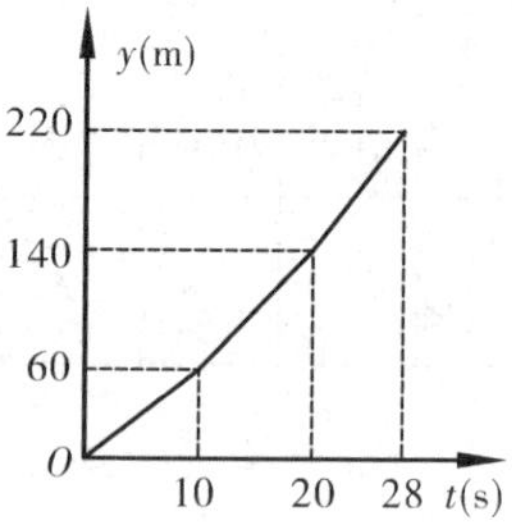

②

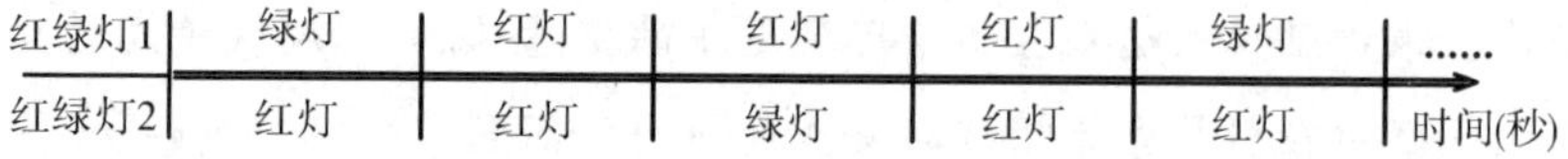

③

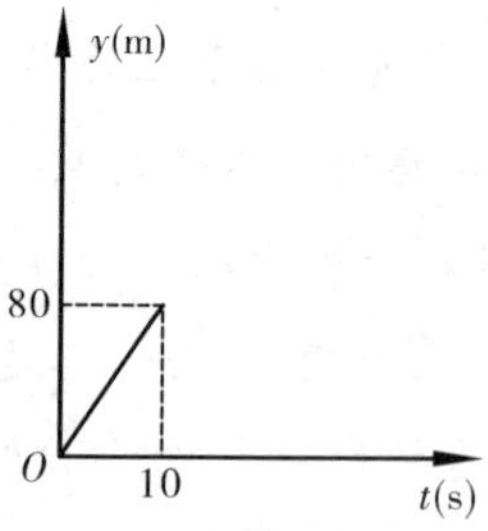

④

图 5-4-8

【任务 1】求 $A-B-C-D$ 段的总路程和甲车经过 BC 段的速度.

【任务 2】在图④中补全乙车通过维修路段时行驶的路程 y(单位:m)与时间 t(单位:s)之间的函数图象.

【任务3】丙车沿 NM 方向行驶，经 DA 段的车速与乙车经过时的速度相同，在 DN 段等红灯的车辆开始行驶后速度为 8 m/s，等红灯时车流长度每秒增加 2 m，丙车在 DN 段从开始等待至离开点 A 至少需要几秒钟？

【试题分析】

知识主题	核心素养									问题情境			水平层次
	数学眼光				数学思维		数学语言						
	抽象能力	几何直观	空间观念	创新意识	运算能力	推理能力	模型观念	数据观念	应用意识	现实情境	科学情境	数学情境	
跨学科跨领域	√				√		√		√	√			三

本题情境源于生活，聚焦城市中的交通问题，以学生“身边的问题”为载体，考查了一次函数的实际应用，本试题思维量较高，旨在引导学生关注实际情境，用数学知识解决生活中的问题。此题突出考查了学生的抽象能力、模型观念及应用意识，一是体现“情境创设”，将日常实际背景情境融入数学学习之中；二是“关注应用”，在应用数学知识解决问题的过程中渗透核心素养，使学生能够体会数学源于生活。

此类试题的编制，主要是先确定考查的核心知识，再选用合适的背景情境进行融合。在选择情境时，既要考虑背景与知识的融合程度，也要考虑背景本身的公平性与考查的导向性。在任务推进的过程中，需要考虑任务之间的逻辑关系以及子任务解决的必要性，同时，如何让实际情境的表述与学科相融合，也是对编制题目的一大考验。

三、跨学科情境多领域类试题

跨学科情境多领域类试题是指将多个数学领域知识与其他学科知识相结合的数学试题。在跨学科情境上同样包含了物理类、化学类、生物类、经济类、地理类、统计类、文史类等多样化的情境。解决此类试题需要综合灵活运用各个学科的知识和技巧，关键是要深刻理解题目的背景和要求，并将多个数学领域知识与其他学科知识融会贯通，同时增加实际经验和跨学科的思维方式也有助于解决这类问题。

例 9 根据以下素材，探索完成任务.

如何设计宣传牌		
素材 1	如图①是长方形宣传牌，长 330 cm，宽 220 cm，拟在上面书写 24 个字. (1) 中间可以用来设计的部分也是长方形，且长是宽的 1.55 倍. (2) 四周空白部分的宽度相等	
素材 2	如图②，为了美观，将设计部分分割成大小相等的左、中、右三个长方形栏目，栏目与栏目之间的中缝间距相等	
素材 3	如图③，每栏划出正方形方格，中间有"十"字间隔，竖行两列中间间隔和横向中间间隔宽度比为 1∶2	

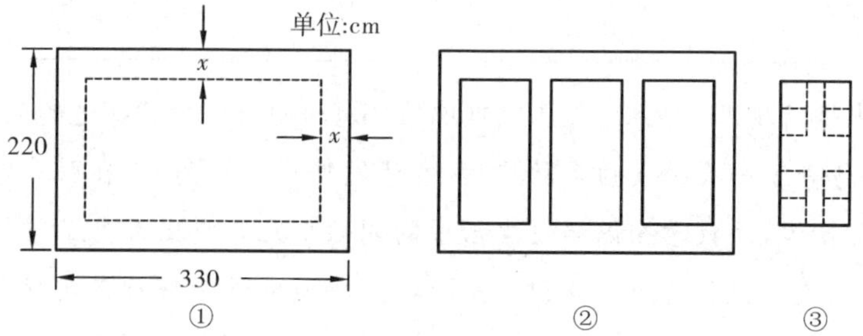

图 5-4-9

问题解决		
任务 1	分析数量关系	设四周宽度为 x cm，用含 x 的代数式分别表示设计部分的长和宽
任务 2	确定四周宽度	求出四周宽度 x 的值
任务 3	确定栏目大小	(1) 求每个栏目的水平宽度. (2) 求长方形栏目与栏目之间中缝的间距

【试题分析】

知识主题	核心素养									问题情境			水平层次
	数学眼光				数学思维		数学语言						
	抽象能力	几何直观	空间观念	创新意识	运算能力	推理能力	模型观念	数据观念	应用意识	现实情境	科学情境	数学情境	
跨学科跨领域	√		√		√		√		√	√			三

本题属于现实中广告艺术设计类情境，在特殊四边形的背景下考查了方程与方程组的实际应用，具有一定的综合性，旨在引导学生用代数知识解决生活问题。《课程标准(2022年版)》指出：能根据具体问题中的数量关系列出方程，理解方程的意义，建立模型。鉴于这一要求，本题选择了以生活中制作宣传牌为背景，来源于学生身边的素材，考查了学生的抽象能力、模型观念。一是体现"数学建模"，通过对宣传牌的描述，学生需转化建立方程模型，进行解决；二是"关注应用"，以分析数量关系，确定四周宽度，确定栏目大小，在分步应用数学知识解决问题的过程中渗透核心素养，引导学生用数学知识解决生活问题。

此类试题的编制，主要是对情境进行科学合理的任务设计，分步设计子任务中的数学问题，所有任务的设计是真实需要的。最后围绕考查的多领域核心知识，考虑背景与知识的融合程度。

例10 项目化成果展示了一款简易电子秤：可变电阻上装有托盘(质量忽略不计)，测得物品质量 x(单位：kg)与可变电阻 y(单位：Ω)的多组对应值，画出函数图象(如图①). 图②是三种测量方案，电源电压恒为8 V，定值电阻为30 Ω，与可变电阻串联.

【链接】串联电路中，通过两个电阻的电流 I 相等，$I=\frac{U}{R}$. 可变电阻、定值电阻两端的电压之和为8 V，则有 $I(y+30)=8$.

(1) 求 y 关于 x 的函数表达式，并写出自变量 x 的取值范围.

(2) 三个托盘放置不同物品后，电表 A，V_0，V_1 的读数分别为0.1 A，6 V，4 V. 请从以下方案中选择一个，求出对应物品的质量.

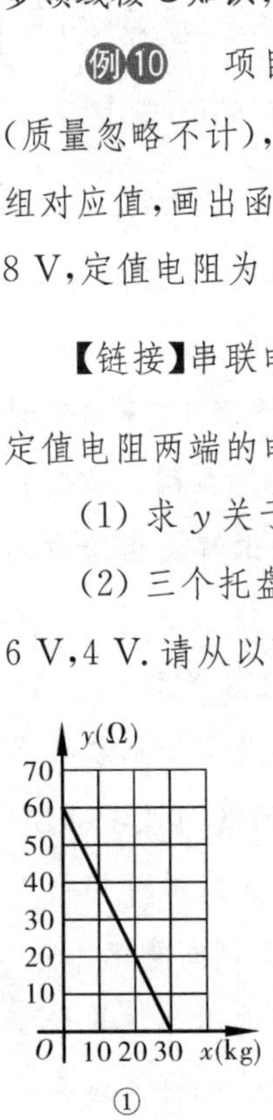

①

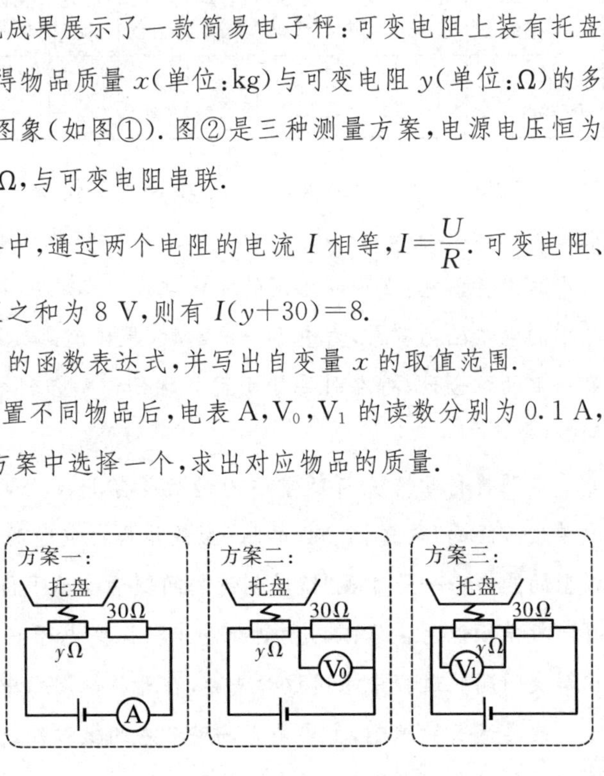

②

图 5-4-10

(3) 小明家买了某散装大米 65 kg，为了检验商家是否存在缺斤少两的情况，请你将大米分批称重，用方案一、二、三来进行检验. 设大米为 a $(60<a\leqslant 65)$kg，前两次称合适的千克数，第 3 次用含 a 的代数式表示，请填写下表.

	第 1 次(方案一)	第 2 次(方案二)	第 3 次(方案三)
大米(kg)	______	______	______
读数	$I=$______A	$U_0=$______V	$U_1\geqslant$______V

【试题分析】

知识主题	核心素养									问题情境			水平层次
	数学眼光				数学思维		数学语言						
	抽象能力	几何直观	空间观念	创新意识	运算能力	推理能力	模型观念	数据观念	应用意识	现实情境	科学情境	数学情境	
跨学科跨领域	√			√	√		√		√		√		三

《课程标准(2022 年版)》指出：结合具体情境体会一次函数的意义，能根据已知条件确定一次函数的表达式，能根据函数图象分析出实际问题中的变量信息，发现变量间的变化规律。本题在这一要求下，采用了科学中的电路图为背景，考查了一次函数、反比例函数的实际应用。该题具有一定的综合性，旨在引导学生用数学知识融合科学知识解决生活中的问题。

本题将科学情境与数学运用进行跨学科融合，并设置开放性任务。以学生必修的"电压、电流、电阻"为载体设计电子秤，考查学生抽象数学模型的能力。一是体现"情境创设"，问题情境属于科学问题与数学融合，并以数学知识为主体；二是"创新意识"，探究电子秤后，在应用跨学科知识解决问题的过程中渗透核心素养，在开放性问题中培养创新意识。

此类试题的编制，主要是先确定考查的核心知识，再选用合适的科学情境进行融合。在选择情境时，特别要注意背景的科学性，也要考虑其与知识的融合程度，考虑背景本身的公平性与考查的导向性。利用数学结论，减少跨学科知识带来的障碍，是常用的命题方法。

例11 根据背景素材，探索完成任务.

<table>
<tr><td colspan="3">吉他指板品丝设计</td></tr>
<tr><td rowspan="3">背景素材</td><td>吉他的结构如图 5 - 4 - 11 所示，按住某根品丝，拨动琴弦时，琴弦的可震动部分为这根品丝到弦桥之间的部分，其长度称为有效弦长. 没有按住品丝时，有效弦长为弦枕到弦桥之间的部分</td><td>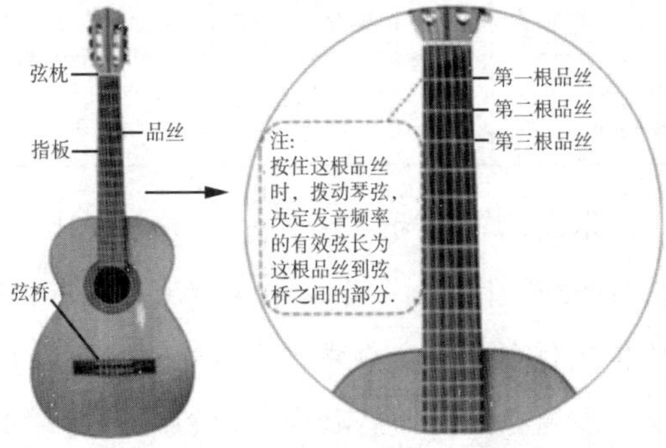

图 5 - 4 - 11</td></tr>
<tr><td colspan="2">某小组同学发现吉他指板上品丝的间距并不一致. 经查阅知道，当分别按住指板上相邻两根品丝去拨动同一根琴弦时，琴弦的发音频率之比是一个定值，其近似值为$\frac{18}{17}$(即若记某根弦按住第 n 根品丝的发音频率为 a_n，没有按住品丝的发音频率为 a_0，则$\frac{a_1}{a_0}=\frac{a_2}{a_1}=\cdots=\frac{a_n}{a_{n-1}}=\frac{18}{17}$)</td></tr>
<tr><td colspan="2">已知同一根琴弦的发音频率与有效弦长成反比，据此，该小组设计了确定品丝位置的方法：具体做法如图 5 - 4 - 12 所示，将完整琴弦记为 AB，其中 A 为弦枕，B 为弦桥. 以 AB 为直角边构造 Rt$\triangle ABC$，利用圆规在 AB 上作 $AP_1=AC$，在 P_1 处设计第一根品丝. 作 $P_1Q_1\perp AB$ 交 BC 于点 Q_1，利用圆规在 AB 上作 $P_1P_2=P_1Q_1$，在 P_2 处设计第二根品丝
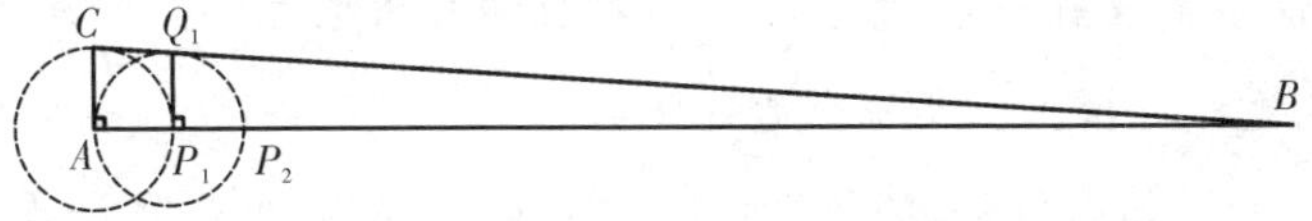

图 5 - 4 - 12</td></tr>
<tr><td colspan="3">问题解决</td></tr>
<tr><td>任务 1</td><td>分析变量关系</td><td>求发音频率之比为$\frac{18}{17}$时的有效弦长之比</td></tr>
<tr><td>任务 2</td><td>研究设计方案</td><td>求 $\tan B$ 的值</td></tr>
<tr><td>任务 3</td><td>确定品丝位置</td><td>已知弦长为 648 mm，确定第三根品丝 P_3 到 P_2 的距离</td></tr>
</table>

【试题分析】

知识主题	核心素养									问题情境			水平层次
	数学眼光				数学思维		数学语言						
	抽象能力	几何直观	空间观念	创新意识	运算能力	推理能力	模型观念	数据观念	应用意识	现实情境	科学情境	数学情境	
跨学科跨领域	√	√			√	√	√		√	√			二

本题以吉他为背景素材，考查了反比例函数、锐角三角函数的实际应用，问题设计融合了音乐元素。试题具有较强的综合性，旨在引导学生发现各学科中都蕴含数学元素，学会用数学的眼光观察世界。

本题亮点在于将数学与乐器进行跨学科融合，以设计品丝位置为任务，让学生感悟：原来美妙的乐器也离不开数学精准的计算。以"发音频率与有效弦长成反比"这一不变关系为载体，结合"琴弦的发音频率之比"设计吉他品丝位置，考查学生的数学核心素养。一是体现"情境创设"，问题情境属于音乐问题与数学学习融合，并以数学知识为主体；二是"应用意识"，在跨学科情境中应用数学知识解决问题。

此类试题的编制，主要是先确定考查的核心知识，再选用合适的跨学科情境进行融合。在选择情境时，特别注意背景的科学性，也要考虑与知识的融合程度，考虑背景本身的公平性与考查的导向性。利用数学结论，减少跨学科知识带来的障碍，是常用的命题方法。跨学科情境任务的解决，能让学生眼前一亮，感受数学与对应学科的魅力。

例12 探究汽车安全通过距离.

素材1：如图所示，斑马线宽度为4米，行人从A走到B需要4秒，一行人在点A时，有一辆车身长4米的轿车距离停止线40米处，且以11米/秒的速度行驶在前行车道上，另一长度为6米的卡车以10米/秒的速度行驶在相邻前行车道上.

素材2：汽车在做匀变速直线运动时，路程$s=v_0t+\frac{1}{2}at^2$，其中v_0为汽车速度，t为运动时间，a为加速度，当$a>0$时汽车做匀加速直线运动，当$a<0$时汽车做匀减速直线运动.

素材3：根据交通法规，人到达B处时，汽车应使车身全部穿过斑马线，或者车头未超过停止线停车，则不违反交通法规.

任务1：通过计算说明，若轿车保持匀速行驶能否安全通过.

任务2：若轿车司机选择匀减速刹车，行人运动到B时，轿车速度为0且车头恰好到达停止线，求轿车的加速度.

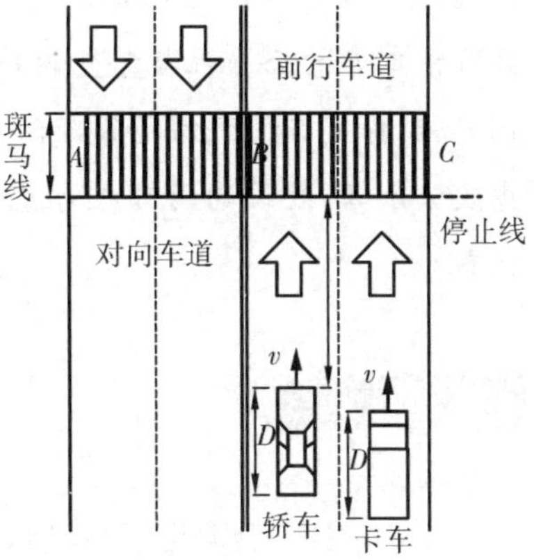

图5-4-13

任务3：已知卡车做匀变速直线运动，卡车的加速度$-1\leqslant a\leqslant 1$，若行人在斑马线上从A走到B时，卡车已安全穿过斑马线，求行人在A时卡车车头距离停止线的距离范围.

【试题分析】

知识主题	核心素养									问题情境			水平层次
	数学眼光				数学思维		数学语言						
	抽象能力	几何直观	空间观念	创新意识	运算能力	推理能力	模型观念	数据观念	应用意识	现实情境	科学情境	数学情境	
跨学科跨领域	√		√		√	√	√		√		√		二

本题属于跨交通领域的情境，主要考查了一次函数与不等式的实际应用。《课程标准（2022年版）》要求结合一次函数的表达式的性质等解决简单的实际问题，能根据具体问题中的数量关系，列出一元一次不等式，解决简单的实际问题，建立模型观念。围绕这一要求，本题将数学知识与物理知识相融合，并与交通法规“礼让行人”相结合，在数学问题解决的过程中，渗透人文教育，考查学生抽象数学模型的能力。一是体现“情境创设”，问题情境属于日常生活联系数学学习；二是“关注应用”，在应用数学知识解决问题的过程中渗透核心素养，使学生体会数学在生活中的应用。

此类试题的编制，主要是先确定考查的核心知识，再选用合适的背景情境进行融合。在选择情境时，既要考虑背景与知识的融合程度，也要考虑背景本身的公平性与考查的导向性。本题实际上主要考查的是如何控制车辆，探究车头到斑马线距离意义较小，可以从设计行驶速度方向去考虑改编试题，改编的同时也需遵守法律法规，不得设计有超速行驶导向的试题。

好题精选

1. 如图，一艘海巡船从港口 A 处出发，以 20 海里/时的速度向正西方向航行，经过 2 小时到达 B 处. 此时，港口 A 处接到南偏西 30°方向，距离港口 40 海里的 C 处渔船的求救信号，于是通知海巡船前往救援，则 B 处到 C 处的距离为　　（　　）

A. 20 海里　　B. 30 海里　　C. 40 海里　　D. 50 海里

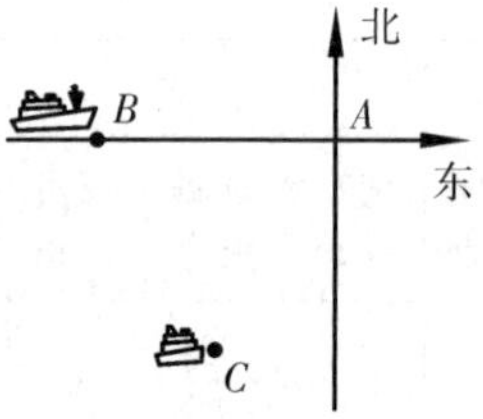

（第 1 题）

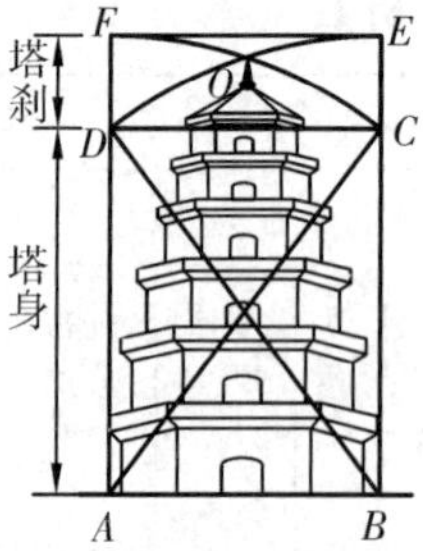

（第 2 题）

2. 中国有许多古建筑采用方圆比例设计，寓意天圆地方. 如图所示的一座塔（正面简易视图）就是按方圆比例来构图的，该塔由塔身和塔刹组成，整体呈轴对称. 以底座宽 AB 为边作正方形 $ABCD$，塔高 $AF=AC$，以 AC 长为半径的 $\overset{\frown}{DE}$ 和 $\overset{\frown}{CF}$ 交于点 O，$AB=40$ m，则刹身顶端 O 到 AB 的距离为　　（　　）

A. $40+20\sqrt{2}$　　　　B. $20\sqrt{7}$

C. $40+\dfrac{20}{3}\sqrt{3}$　　　　D. $40\sqrt{2}$

3. 如图，圆形纸片的半径为 6，现对纸片进行如下操作：

第一步	将圆形纸片（图①）对折一次得到图②，折痕为 AB
第二步	将图②中的纸片对折，得到图③，折痕为 PC，展开后如图④
第三步	将图④中的纸片折叠，使得点 A 与 P 重合，展开后如图⑤，折痕为 DE

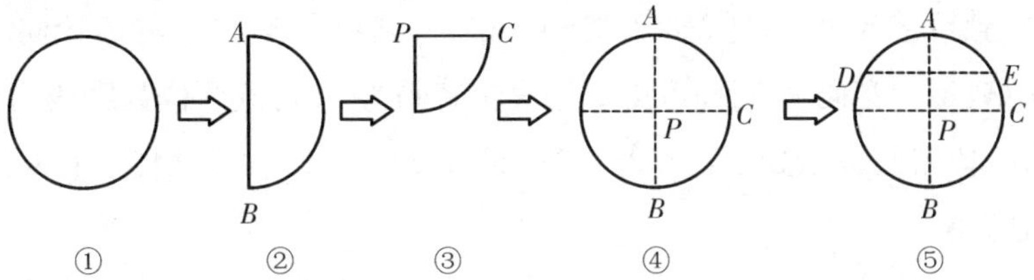

（第 3 题）

则点 B 与 E 的距离为（　　）

A. 8　　B. 9　　C. $6\sqrt{2}$　　D. $6\sqrt{3}$

4. 如图，直尺的一边交圆形手表于点 A，B，对应手表上的数字分别为 10 和 2. 而在直尺上对应的刻度分别为 0 和 3 cm，则该圆的直径为________cm.

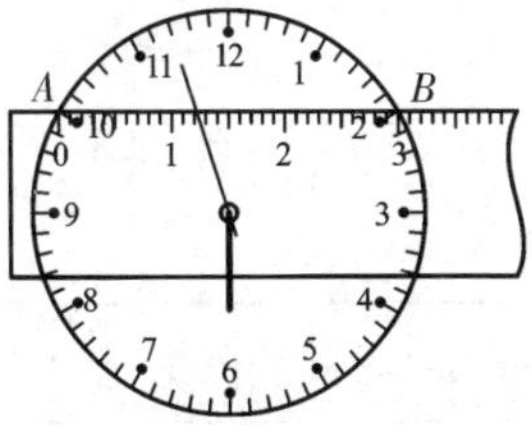

（第 4 题）

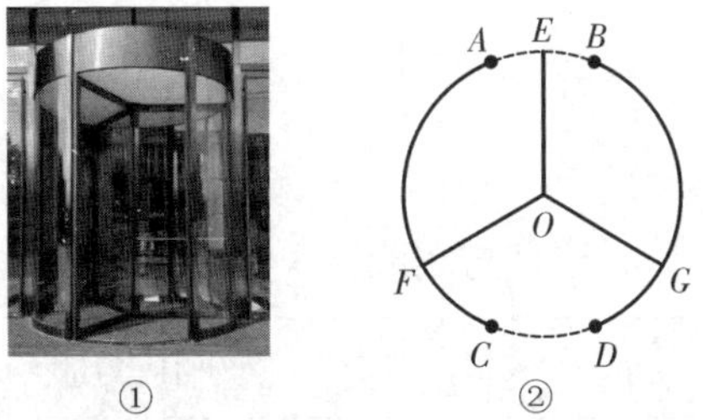

（第 5 题）

5. 如图，图①为某酒店的圆形旋转门，图②为示意图，可看成由外围直径为 3 m 的$\odot O$和隔风玻璃组成，外围圆有通道 $\overset{\frown}{AB}$和 $\overset{\frown}{CD}$，且它们关于圆心 O 成中心对称，圆内的隔风玻璃可绕圆心 O 转动，且$\angle EOF=\angle FOG=\angle GOE$，隔风玻璃在转动过程中，始终使大厅内外空气隔离，起到对大厅内保温作用. 当隔风玻璃转到如图位置时，大厅内外空气被隔风玻璃 OF，OG 隔离，通道距离 AC 的最小值为________.

6. 如图所示是一个 4 位数密码锁，由 4 个滚轮控制密码，每个滚轮

按数字 0～9 的顺序环形排列(0 的上方是 1,下方是 9),图中正面朝外的数字为"1151".小光设计了一个密码提示:$|21\dot{3}\underline{64}|14\underline{3}\dot{6}\underline{1}|$表示先把 2 号滚轮正面朝外的数字设为 1,之后将滚轮向上拨动 3 格,得到数字 8,再将滚轮向下拨动 6 格,得到数字 4,最后将滚轮向下拨动 4 格,得到密码 8;同理可得 1 号滚轮密码为 2;则该两位数密码为 28.现有一段密码提示如下:$|24\dot{2}\underline{51}|33\underline{22}\dot{6}|10\dot{2}\dot{4}|45\underline{4}\dot{2}\underline{6}|$,则该提示对应的四位数密码为________.

(第 6 题)

7. 如图所示为活塞式灌装机示意图.它是利用移动活塞将直径为 20 cm 的圆柱体水管内的水挤压出下阀口,从而对下方的矿泉水瓶进行注水.现需通过一次注水将一只容量为 5 L 的矿泉水瓶注满,则需要移动活塞几厘米?($1\ L=1\ 000\ cm^3$,结果保留 π)

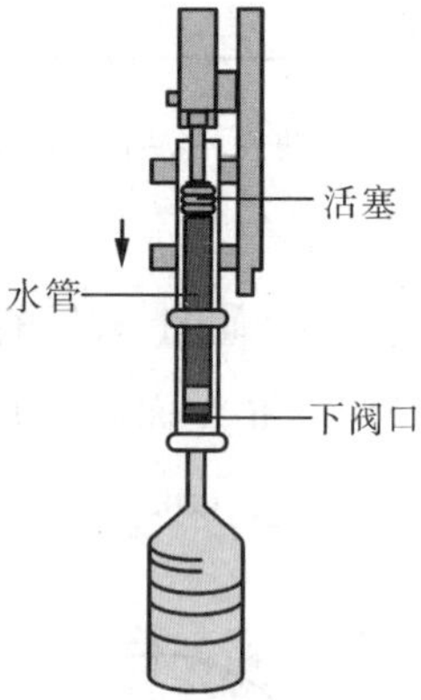

(第 7 题)

8. 综合与实践:

如何测量池塘的宽度	
素材 1	一次实践活动的内容是测量池塘两端 A,B 的宽度(如图),并准备了如下工具: ①皮尺,②测角仪,③绳子,④雨伞,⑤椅子,⑥标记小旗子 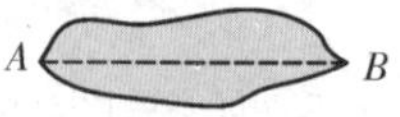 (第 8 题)
素材 2	甲、乙、丙三位同学对测量方案进行了讨论: 甲:在平地上取一个可直接到达 A,B 的点 C,连结 AC,BC,并分别延长 AC 到 D,BC 到 E,使得 $DC=AC,EC=BC$,连结 DE,此时可测池塘宽度. 乙:过点 B 作 $BD\perp AB$,再从点 D 处观测,在 AB 的延长线上取一点 C,使得 $\angle BDC=\angle BDA$,连结 CD,此时可测池塘宽度. 丙:你们说的都对,但是还有好几种其他方法

续表

问题解决		
任务 1	选择适当工具	________(填“甲”或“乙”)同学的方案需要工具________(填序号)
任务 2	绘出测量图纸	在图中绘出你选择方案的图纸,并标上字母
任务 3	测量池塘宽度	利用你绘出的图纸,说明如何测量池塘宽度
任务 4	方案继续探究	请你给出不同于甲、乙同学的其他测量方案

9. 几百年前,伽利略通过推理与实验验证得到:当小车从斜坡上向下自由滑行时,滑行距离 s 与时间 t 之间的函数关系为:$s=v_0t+\frac{1}{2}at^2$,其中 v_0 是初始速度,a 是滑行时的加速度. 小明重返伽利略斜坡实验继续探索.

【实验准备】光滑的斜坡、打点计时器、计算器、直尺等.

【验证关系】将小车从斜坡上向下滑行,得到 s 与 t 的函数关系如下表:

t(秒)	0.1	0.2	0.3	0.4
s(米)	0.06	0.16	0.3	0.48

求出 v_0 与 a 的值.

【深入探索】在不改变斜坡长度的前提下,小明发现初速度一定时,斜坡角度 β 越大,小车下滑的时间 t 越小. 经过反复试验与推理计算,小明得到斜坡角 β 的正弦值 x 与加速度 a 的函数关系,如图所示. 请选择适合的函数模型表示 a 关于 x 的关系.

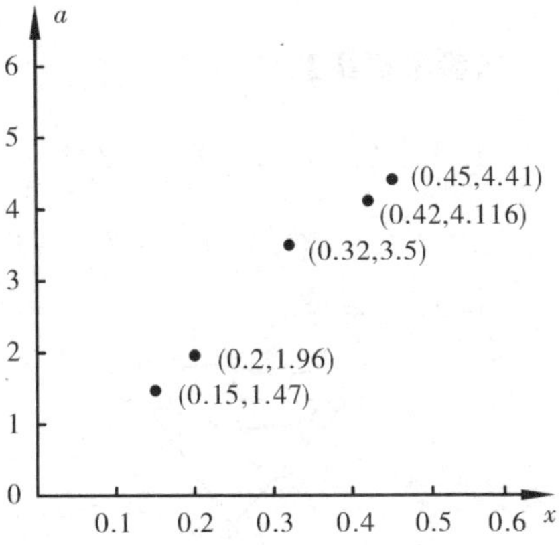

(第 10 题)

【综合运用】小车从坡角为 30°,坡长为 1.5 米的光滑斜坡上下滑,初速度为 0.35 米/秒,求小车下滑所需时间.

10. 综合与实践：

<table>
<tr><th colspan="3">如何制订脐橙销售策略</th></tr>
<tr><td>素材 1</td><td colspan="2">某村庄成立脐橙种植基地，去年按市场价出售脐橙获得 32 万元的收入，今年脐橙相比去年每千克上涨 1 元，且今年扩建果园后脐橙总产量将增加 25%，按此预计收入将达 50 万元</td></tr>
<tr><td>素材 2</td><td>为进一步增收，今年基地计划采取以下措施：
(1) 差异化定价. 按标准挑选品相好的“优果”打包成精品礼盒售卖，剩余脐橙全部打包为普通装售卖，按照右表定价可以使得平均每千克收入达到 6 元.
(2) 在科学管理下，脐橙可分两批上市，两批次中“优果”占比相同. 第一批 a 万千克脐橙按右表原价出售，第二批脐橙数量不低于第一批的 3 倍，且受供求关系影响，第二批普通装和精品礼盒每箱售价将分别下降 6 元和 3 元</td><td>不同规格脐橙价格一览表
<table><tr><th></th><th>规格</th><th>售价</th></tr><tr><td>普通装</td><td>10 千克/箱</td><td>36 元/箱</td></tr><tr><td>精品礼盒</td><td>5 千克/箱</td><td>48 元/箱</td></tr></table></td></tr>
<tr><th colspan="3">问题解决</th></tr>
<tr><td>任务 1</td><td>计算今年产量</td><td>根据素材求今年的脐橙总产量</td></tr>
<tr><td>任务 2</td><td>评估“优果”产能</td><td>计算今年脐橙中“优果”的产量，并进一步计算在总产量中的占比</td></tr>
<tr><td>任务 3</td><td>设计销售策略</td><td>设计 a 的值，使总收入最大，并求出总收入的最大值</td></tr>
</table>

【参考答案】

1. C　2. B　3. D　4. $2\sqrt{3}$　5. $\frac{3}{2}\sqrt{3}$　6. 4 813　7. $\frac{50}{\pi}$ cm

8. 任务 1：甲，工具为①③⑥；乙，工具为①②③⑥

任务 2：甲方案图纸：

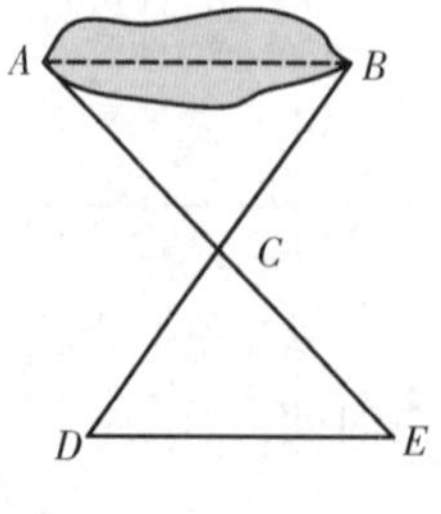

乙方案图纸：

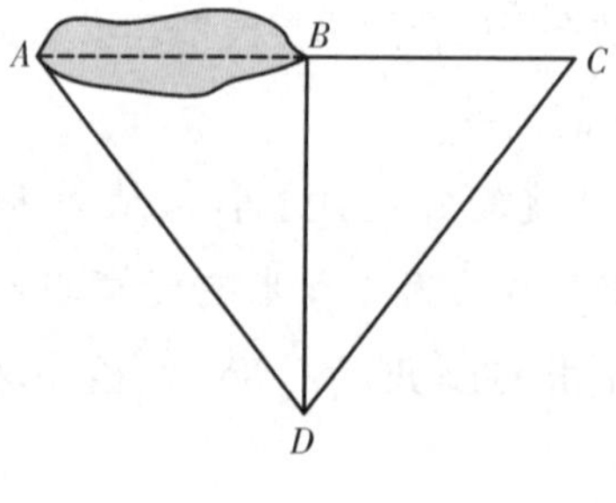

任务 3：甲，DE 的长就是池塘的宽度；乙，BC 的长就是池塘的宽度

任务 4：略

9. $\begin{cases} v_0=0.4, \\ a=4; \end{cases}$ $a=9.8x$；$\frac{5}{7}$

10. 任务 1：10 万千克

任务 2：共 4 万千克，占总产量 40%

任务 3：$a=2.5$，最大值为 55.5 万元

第六章　新颖试题的编制

随着课程改革的不断深入，各地涌现了许多新颖的优秀试题。这些试题立意新颖，背景鲜活，内涵丰富，设计巧妙，对考查学生的阅读理解、知识迁移、类比猜想、数学探究等能力以及应用意识、创新意识有良好的作用。

此类试题有利于学生体会数学与生活之间、数学与其他学科之间的联系，引发学生积极的思考，在探索真实情境所蕴含的关系中，发现问题和提出问题，运用数学和其他学科的知识与方法分析问题和解决问题，很好地体现了素养导向的命题要求。

这些试题是怎么想到的？有怎样的价值？对命题策略与命题技术的创新有哪些启发？本章将从实践的角度对部分试题做一些分析。

第一节　新情境试题

新情境试题是指试题呈现方式情境化，且情境新颖别致，令人耳目一新。此类试题常与当前社会经济发展、科技成果创新、社会热点话题等结合在一起，体现时代性、能力性、创新性等命题要求。关注学生的生活现实与数学现实，旨在促进学科素养与育人功能的达成，情境与问题的有效融合是情境设计质量优化的重要保障。

常见的命题思路有：①关注数学知识与现实生活的联系，考查学生在实际生活情境中发现、提出、分析和解决问题的能力；②立足于传承中华优秀传统文化，巧妙地将数学史知识融入其中，体现以数学文化情境育人的导向；③提供新颖的信息材料，考查阅读理解、实践操作、迁移应用与拓展创新的能力；④反映当下经济技术等各方面的新进展，关注社会发展，体现时代特征，培养学生的家国情怀；⑤将“五育”融入试题，引导学生关注艺术鉴赏、体育运动，培养其崇尚劳动的观念，体现命题评价对德智体美劳全面发展的引导作用；等等。

一、 生活化情境的试题编制

数学源于生活，又用于生活。我们要让学生在生活中学习数学，运用数学，密切知识与实践、课堂与社会的联系，领悟数学的应用价值，从而进一步激发学生了解现实世界、解决实际问题的欲望，增强学生学好数学的信心和决心。

生活化情境的一个最大特点就是真实，试题越贴近学生的实际生活，学生就越能真切地体会到数学的应用价值。

重视生活化，让学生经历数学化过程。知识的学习和应用都离不开情境，数学知识的建构总是在知识赖以产生的情境中发生的，情境亦是知识的一部分。PISA 丰富的问题情境，都取材于日常生活，具有跨学科的特点，巧妙地把测试内容融入真实的问题情境，注重学生当前或者未来社会生活的需要。

所以，联系生活实际，寻找生活中的数学素材，有意识地设置生活情境来进行编题，创设多样化的情境，让学生体会到数学和生活之间的联系，体现数学的应用价值，有利于学校教学的导向。

例1 某辆汽车每次加油都会把油箱加满，下表记录了该车相邻两次加油时的情况.（注:“累计里程”指汽车从出厂开始累计行驶的路程）

加油时间	加油量/升	加油时的累计里程/千米
2020 年 3 月 10 日	15	56 000
2020 年 3 月 25 日	50	56 500

在这段时间内，该车每 100 千米平均耗油量为（　　）

A. 7 升　　B. $\frac{100}{13}$升　　C. 10 升　　D. $\frac{100}{7}$升

【试题分析】

知识主题	核心素养									问题情境			水平层次
	数学眼光				数学思维		数学语言			现实情境	科学情境	数学情境	
	抽象能力	几何直观	空间观念	创新意识	运算能力	推理能力	模型观念	数据观念	应用意识				
数与式	√				√	√			√	√			二

本题以 PISA 理念立意，针对现实中“汽车加油”的生活场景，通过非连续文本(表格形式)呈现相关数据，需要学生通过对表格数据的理解，结合生活经验，明晰两次加油时显示的累计里程之差 500 千米是这段时间内汽车行驶的路程，那么行驶这么多路程到底用了多少升汽油呢？因为每次都会把油箱加满，所以实际上这段时间内所消耗的汽油不是(50－15)升也不是(50＋15)升，而是 50 升，在这里，学生除了要对表格数据进行理解，更要结合文字信息进行综合分析，很好地考查了学生对表格数据与文字信息的综合分析处理能力。同时，还让学生体会到数学与实际生活的联系，感受数学的应用价值。在选项设计上，考虑到学生易错的几种情况，比如$\frac{500}{35}=\frac{100}{x}$得到 $x=7$ 为选项 A，$\frac{500}{65}$为选项 B，$\frac{500}{35}$为选项 D，以提高试题的可信度。

例 2 小华拿一个矩形木框在阳光下玩，矩形木框在地面上形成的投影不可能是 (　　)

A.　　B.　　C.　　D.

【试题分析】

知识主题	核心素养									问题情境			水平层次
	数学眼光				数学思维		数学语言			现实情境	科学情境	数学情境	
	抽象能力	几何直观	空间观念	创新意识	运算能力	推理能力	模型观念	数据观念	应用意识				
图形与变换	√		√				√		√	√			二

命题者通过观察阳光透过窗户落在地面上的影子，感悟到其中蕴含的深刻数学内涵：仿射变换中的平行不变性。如何将这样的内容编制到初中数学命题中，就成为命题者需要思考的问题，考虑到初中生的知识经验有限，命题者在命题技术上变换思路，以“拿一个矩形木框在阳光下玩，矩形木框在地面上形成的投影不可能是哪一个平面图形”进行命题设计，简单而新颖。此题的命制非常贴近我们日常的生活，此类问题的有效解决能使学生在碰到生活中的其他问题时，想到用数学的眼光看待这类问题并主动应用数学方法解决实际问题。

例3 如图 6－1－1 所示为小杰使用手机内的通信软件跟小智对话的记录.

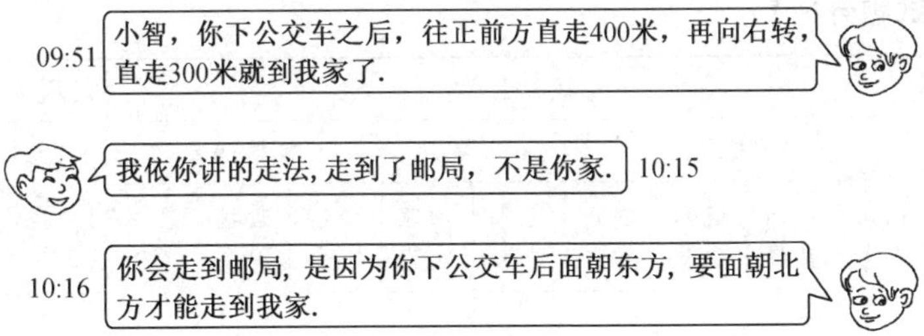

图 6－1－1

根据图中两人通信软件的对话记录，若下列有一种走法能从邮局出发走到小杰家，则此走法为 （　　）

A. 向北直走 700 米，再向西直走 100 米

B. 向北直走 100 米，再向东直走 700 米

C. 向北直走 300 米，再向西直走 400 米

D. 向北直走 400 米，再向东直走 300 米

【试题分析】

知识主题	核心素养									问题情境			水平层次
	数学眼光				数学思维		数学语言			现实情境	科学情境	数学情境	
	抽象能力	几何直观	空间观念	创新意识	运算能力	推理能力	模型观念	数据观念	应用意识				
图形与坐标			√			√			√	√			二

此题以"一个人到朋友家玩，如何找到朋友家位置"的事情为背景，融入坐标系的相关知识，体现坐标对地理位置刻画的作用。试题以两人手机通信软件对话的形式给出有关信息，突出生活化与数学化的交融。根据题意画出路线是解题的关键。在解答本题的过程中自然渗透了坐标系的相关知识，以及用方向、距离来描述位置的内容。

例4 图 6-1-2 是一辆小汽车与墙平行停放的平面示意图，汽车靠墙的一侧 OB 与墙 MN 平行且距离为 0.8 m. 已知小汽车车门宽 AO 为 1.2 m，当车门打开角度 $\angle AOB$ 为 40° 时，车门是否会碰到墙？请说明理由(参考数据：$\sin 40° \approx 0.64, \cos 40° \approx 0.77, \tan 40° \approx 0.84$).

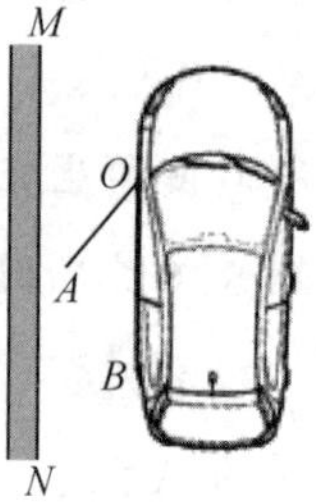

图 6-1-2

【试题分析】

知识主题	核心素养：数学眼光：抽象能力	核心素养：数学眼光：几何直观	核心素养：数学眼光：空间观念	核心素养：数学眼光：创新意识	核心素养：数学思维：运算能力	核心素养：数学思维：推理能力	核心素养：数学语言：模型观念	核心素养：数学语言：数据观念	核心素养：数学语言：应用意识	问题情境：现实情境	问题情境：科学情境	问题情境：数学情境	水平层次
图形的性质	√		√		√	√	√		√	√			二

本题的情境是大部分人都经历过的，随着汽车的普及，人们在打开车门下车时，常常要考虑是否会碰到墙或旁边停放的汽车。因此，本题贴近生活实际，能引发学生从数学的角度进行思考。解答本题时，学生需要将此问题抽象为数学问题，用三角函数的知识来解决。试题设计上，试题是学生非常熟悉的生活场景，此类问题的有效解决，能使学生在碰到生活中的其他问题时，能想到对现实生活问题进行数学抽象并运用数学来解决问题。该类问题是培养学生抽象能力、应用意识的重要途径。

例5 据了解，火车票价按"$\dfrac{\text{全程参考价}\times\text{实际乘车里程数}}{\text{总里程数}}$"的方法来确定. 已知 A 站至 H 站的总里程数为 1 500 千米，全程参考价为 180 元. 下表是沿途各站至 H 站的里程数：

车站名	A	B	C	D	E	F	G	H
各站至 H 站的里程数(km)	1 500	1 130	910	622	402	219	72	0

例如，从 B 站至 E 站的火车票价为 $\frac{180\times(1\ 130-402)}{1\ 500}=87.36\approx$ 87(元).

(1) 求 A 站至 F 站的火车票价(结果精确到 1 元).

(2) 旅客王阿姨乘火车去女儿家，上车过两站后，拿着火车票问乘务员："我快到站了吗?"乘务员看到王阿姨手中车票的票价是 66 元，说："下一站就到了."问：王阿姨是在哪一站下车的？(要求写出解答过程)

【试题分析】

知识主题	核心素养									问题情境			水平层次
	数学眼光				数学思维		数学语言						
	抽象能力	几何直观	空间观念	创新意识	运算能力	推理能力	模型观念	数据观念	应用意识	现实情境	科学情境	数学情境	
方程	√				√	√	√		√	√			三

买车票乘坐火车是生活中特别常见的场景。本题以"乘火车"这一事件为背景，通过模拟真实的生活场景呈现试题。解决该问题时，学生需要在弄清题意的基础上，自己灵活选择、确定以及综合运用数学知识、方法与策略(数学模型)来解决，并在此基础上反思与交流自己的解题结果和策略。试题设计上，本题基于真实背景，特别是设问以开放探究的形式呈现，开放探究性问题，能激发学生的发散性思维，促使学生同时想到多个可能的解决方向，这是考查模型思想和培养创新意识的重要途径。

二、 渗透数学文化的试题编制

数学的发展源远流长，数学文化是人类文化的一种，它的内容、思想、方法和语言是现代文明的重要组成部分。作为"文化"的数学，要充分展示数学知识发生、发展及应用的过程，体现数学的人文价值，而"数学的观念、意识和思维方式”是“数学文化”的核心，在数学学习中具有极其重要的作用。因此，以数学文化重要组成部分的数学史为背景，渗透数学文化，实现价值引领，是近几年各地中考数学命题的一个热点。

命题可以从数学思想发展的历史中取材，探究经典数学问题，让学生欣赏中国传统文化，激发其文化自信。

例6 如图 6-1-3 所示是一种古代计时器——漏壶的示意图.壶内盛有一定量的水，水从壶下的小孔漏出，壶壁上面有刻度，人们可以根据壶中水面的位置计算时间.用 x 表示漏水时间，y 表示壶底到水面的高度.下列图象适合表示 y 与 x 的函数关系的是(不考虑水量变化对压力的影响)　　(　　)

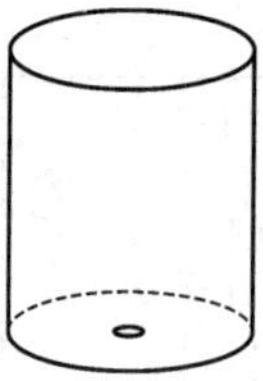

图 6-1-3

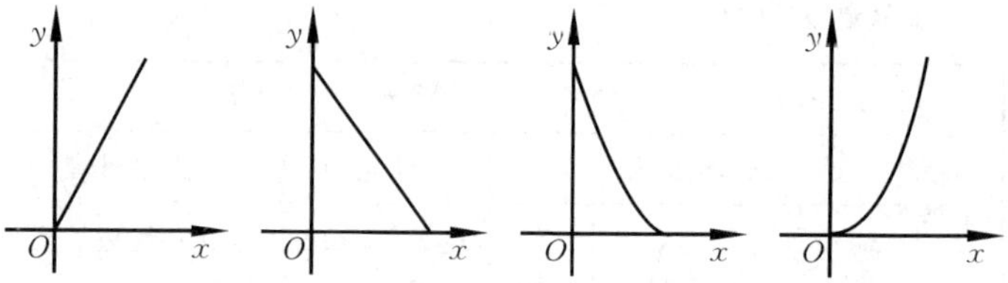

A.　　B.　　C.　　D.

【试题分析】

知识主题	核心素养									问题情境			水平层次
	数学眼光				数学思维		数学语言						
	抽象能力	几何直观	空间观念	创新意识	运算能力	推理能力	模型观念	数据观念	应用意识	现实情境	科学情境	数学情境	
函数	√					√	√				√		

本题以漏壶为背景，既渗透历史文化教育，又兼顾学生的生活经验。学生虽然没有见过漏壶，但与这类似的生活现象随处可见，对学生而言是很直观的，较好地考查了学生能否直观感受数学模型(函数图象)与生活现实之间数量关系的联系。四个选项设置上隐含初中阶段一次增减与二次增减的典型模型，图形构造对称，整体视觉上具有美感。建立模型思想的最初阶段，是直接感受数学模型与生活现实的紧密联系，体会模型的方

便与简洁明了，并在实际情景中能用数学符号语言准确描述数学对象，能用数学语言对实际情景中的现象进行解释，能理解和读懂他人表达的数学语言，实现数学模型与生活现实互译。试题只需直接感知大概的变化情况，即可选取对应的图象。

例7 我国古代《易经》一书中记载，远古时期，人们通过在绳子上打结来记录数量，即“结绳计数”. 如图 6-1-4，一位母亲在从右往左依次排列的绳子上打结，满七进一，用来记录孩子自出生后的天数，由图可知，孩子自出生后的天数是 (　　)

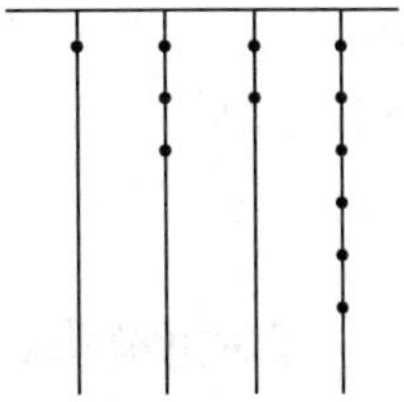

图 6-1-4

A. 84　　　　B. 336

C. 510　　　　D. 1 326

【试题分析】

知识主题	核心素养									问题情境			水平层次
	数学眼光				数学思维		数学语言						
	抽象能力	几何直观	空间观念	创新意识	运算能力	推理能力	模型观念	数据观念	应用意识	现实情境	科学情境	数学情境	
数与式	√			√	√	√			√			√	二

本题以《易经》中的“结绳计数”为命题素材，渗透数学文化，按照“满七进一”计算自孩子出生后的天数。解决此问题，学生需要类比“十进制”的学习经验，根据图中的数学列式计算解决问题。在试题设计上，本题的题干文字表述清晰，结合图形呈现，更为直观地体现了题干文字的意义，便于大部分学生理解。此题一方面考查学生对新知识的学习理解与应用能力，另一方面让学生了解了古代的数学知识，彰显古代中国数学文化的育人功能。

例8 我国三国时期数学家赵爽为了证明勾股定理，创制了一幅“弦图”，后人称之为“赵爽弦图”（如图①）. 图②由弦图变化得到，它由八个全等的直角三角形拼接而成. 记图②中正方形 $ABCD$，正方形 $EFGH$，正方形 $MNKT$ 的面积分别为 S_1，S_2，S_3，若 $S_1+S_2+S_3=10$，则 S_2 的值是________.

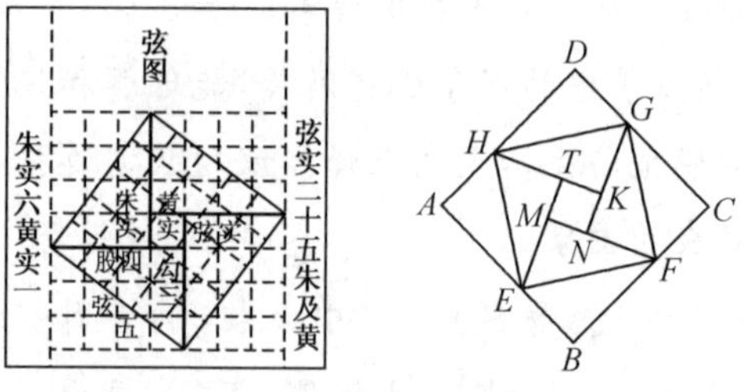

① ②

图 6-1-5

【试题分析】

知识主题	核心素养									问题情境			水平层次
	数学眼光				数学思维		数学语言						
	抽象能力	几何直观	空间观念	创新意识	运算能力	推理能力	模型观念	数据观念	应用意识	现实情境	科学情境	数学情境	
图形的性质		√			√	√			√			√	三

本题借用富有传统数学文化特色的几何图形“弦图”，合理设置条件，构造三个正方形面积存在的等差关系。本题的解题方法灵活，可用代数方法设元，再利用等式变形解题，也可通过观察图形面积之间的关系得出结果，还可以用特殊值法等。试题背景清晰，构思独特，图形美观，渗透数学文化，陶冶学生心灵，让学生感受数学魅力，使考试成为数学文化传播的过程。

例 9 阅读与思考：下面是一位同学的数学学习笔记，请仔细阅读并完成相应任务.

瓦里尼翁平行四边形

我们知道，如图①，在四边形 $ABCD$ 中，点 E,F,G,H 分别是边 AB,BC,CD,DA 的中点，顺次连结 E,F,G,H，得到的四边形 $EFGH$ 是平行四边形.

我查阅了很多资料，得知这个平行四边形 $EFGH$ 被称为瓦里尼翁平行四边形. 瓦里尼翁(Varingnon，Pierte 1654—1722)是法国数学家、力学家，瓦里尼翁平行四边形与原四边形关系密切.

①当原四边形的对角线满足一定关系时，瓦里尼翁平行四边形可能是菱形、矩形或正方形.

②瓦里尼翁平行四边形的周长与原四边形对角线的长度也有一定关系.

③瓦里尼翁平行四边形的面积等于原四边形面积的一半. 此结论可借助图①证明如下：

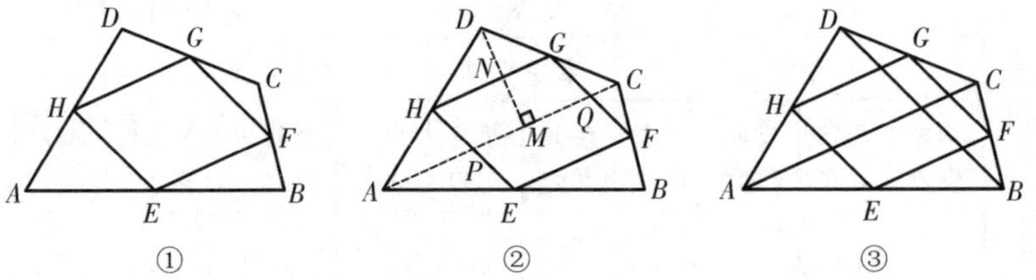

图 6-1-6

证明：如图②，连结 AC，分别交 EH，FG 于点 P，Q，过点 D 作 $DM \perp AC$ 于点 M，交 HG 于点 N.

因为 H，G 分别为 AD，CD 的中点，所以 $HG /\!/ AC$，$HG=\frac{1}{2}AC$.（依据 1）

所以 $\frac{DN}{NM}=\frac{DG}{GC}$. 因为 $DG=GC$，所以 $DN=NM=\frac{1}{2}DM$.

因为四边形 $EFGH$ 是瓦里尼翁平行四边形，所以 $HE /\!/ GF$，即 $HP /\!/ GQ$.

因为 $HG /\!/ AC$，即 $HG /\!/ PQ$，

所以四边形 $HPQG$ 是平行四边形，（依据 2）所以 $S_{\square HPQG}=HG \cdot MN=\frac{1}{2}HG \cdot DM$.

因为 $S_{\triangle ADC}=\frac{1}{2}AC \cdot DM=HG \cdot DM$，所以 $S_{\square HPQG}=\frac{1}{2}S_{\triangle ADC}$. 同理，……

任务：

(1) 材料中的依据 1 是指：______________.

依据 2 是指：____________________.

(2) 请用刻度尺、三角尺等工具，画一个四边形 $ABCD$ 及它的瓦里尼翁平行四边形 $EFGH$，使得四边形 $EFGH$ 为矩形.（要求同时画出四边形 $ABCD$ 的对角线）

(3) 在图①中，分别连结 AC，BD 得到图③，请猜想瓦里尼翁平行四边形 $EFGH$ 的周长与对角线 AC，BD 长度的关系，并证明你的结论.

【试题分析】

知识主题	核心素养									问题情境			水平层次
	数学眼光				数学思维		数学语言			现实情境	科学情境	数学情境	
	抽象能力	几何直观	空间观念	创新意识	运算能力	推理能力	模型观念	数据观念	应用意识				
图形的性质		√		√		√	√					√	三

本题以一位同学的数学笔记“瓦里尼翁平行四边形”为命题素材，以“阅读和思考”的形式呈现试题，把瓦里尼翁平行四边形的概念、性质以及证明过程作为阅读内容，试题编制形式新颖。学生需要通过充分阅读文字材料，从中获取相应信息包括平行四边形的判定和性质、三角形中位线定理、矩形的判定等，灵活运用这些性质来解决问题。试题设计上，既考查了学生获取信息能力、推理能力和表达交流能力，也引导学生学会阅读、思考和表达，养成良好的数学阅读习惯。

三、提供新信息背景的试题编制

近几年，中考数学的命题从原来的“以知识立意”转化为“以能力立意”，强调由“知识测量型”向“能力测量型”转变，更加注重考查学生继续学习的潜能、数学核心素养和创新能力。信息给予题是近年来中考数学命题创新的一个显著特点，它因较高的新颖性、开放性、探索性、创造性和综合性而深受欢迎。

信息题的优点主要体现在：它创设的情境比较新颖，对学生比较公平；它能考查学生将知识迁移到不同情境中去的能力，是一种学会学习的能力，这正是现在新课程改革所关注的问题；信息题可以起到良好的导向作用，有利于师生在教与学的实践中打破常规，有利于教师创造性地劳动，有利于学生创造性地学习。所以数学信息题受命题者青睐，也为教师们津津乐道。[①]

例10 设 a,b 是实数，定义关于※的一种运算如下：$a※b=(a+b)^2-(a-b)^2$. 例如：$2※3=(2+3)^2-(2-3)^2=24$.

(1) 求 $(-1)※2$ 的值.

(2) 小慧通过计算发现 $a※b=4ab$，你能利用整式的知识，说明它成立的理由吗？

(3) 请判断等式 $(a+b)※c=a※c+b※c$ 是否成立，并说明理由.

【试题分析】

知识主题	核心素养									问题情境			水平层次
	数学眼光				数学思维		数学语言						
	抽象能力	几何直观	空间观念	创新意识	运算能力	推理能力	模型观念	数据观念	应用意识	现实情境	科学情境	数学情境	
数与式	√			√	√	√	√					√	三

本题属于新定义题。在试题设计上，它先引入一个新的运算符号，对这个新运算符号确定运算法则，并举例说明，然后设置三个问题。第(1)题考查学生对新定义的理解能力；第(2)题考查学生对乘法公式的掌握情况；第(3)题要求学生运用新定义进行探究。三个问题的考查目标不同，但主题统一且互相关联，由易到难，对不同水平的八年级学生实现了有效区分。

此类试题可以考查学生的阅读理解能力、符号意识、运算能力、推理能力、探究能力等多种能力，既可以出现在图形与几何中，也可以出现在数与代数中。命制此类试题，需要把握两点：一是掌握问题原型的特点及其解决的思想方法；二是根据问题情境的变化，通过认真的观察、分析、思考，合理地进行思想方法的迁移。

---

① 季冬梅. 高中学生对数学信息题的理解障碍分析[D]. 长春：东北师范大学，2008.

例11　如图6-1-7，这些等腰三角形与正三角形的形状有差异，我们把这些等腰三角形与正三角形的接近程度称为“正度”. 在研究“正度”时，应保证相似三角形的“正度”相等.

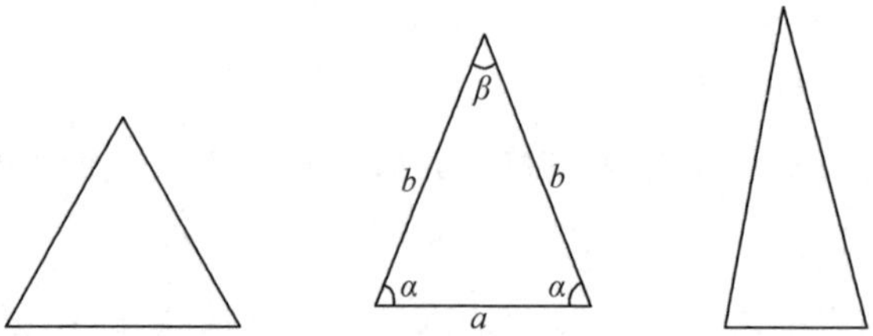

①　　　②　　　③

图6-1-7

设等腰三角形的底和腰分别为 a，b，底角和顶角分别为 α，β，要求“正度”的值是非负数.

同学甲认为：可用式子 $|a-b|$ 来表示“正度”，$|a-b|$ 的值越小，表示等腰三角形越接近正三角形.

同学乙认为：可用式子 $|\alpha-\beta|$ 来表示“正度”，$|\alpha-\beta|$ 的值越小，表示等腰三角形越接近正三角形.

探究：(1) 谁的方案较合理？为什么？

(2) 对你认为不够合理的方案，请加以改进(给出式子即可).

(3) 请再给出一种衡量“正度”的表达式.

【试题分析】

知识主题	核心素养									问题情境			水平层次
	数学眼光				数学思维		数学语言						
	抽象能力	几何直观	空间观念	创新意识	运算能力	推理能力	模型观念	数据观念	应用意识	现实情境	科学情境	数学情境	
图形的性质	√	√		√		√	√					√	三

此题从一个全新的角度引入“正度”的概念，创意很好，也有效地考查了学生的创新能力。但试题容易造成学生答了很多但答不到点子上，从评分标准看，题目只要求学生在保证相似三角形的“正度”相等的前提下，用式子对“正度”作大致的刻画，第(2)，(3)题都是开放性问题，凡符合要

求的均可。数学开放题对考生思维的发散性、灵活性、深刻性和创造性都有较高的要求，是考查考生创新意识的良好素材。

通过对已有数学关系的反思，提出开放性、探究性的问题，激发学生的发散性思维与创新意识，此类问题需要通过创造出新的思想和新的方法来解决，涉及多向探求和全新创造。

例12 将一个三角形的三个顶点分别关于各自对边所在直线作对称点，由这三个对称点确定的三角形叫做原三角形的“再生三角形”.

(1) 一个周长为 l，面积为 S 的等边三角形的“再生三角形”的周长是________，面积是________.

(2) 如图①，已知在 Rt$\triangle ABC$ 中，$\angle CAB=90°$，$\triangle A'B'C'$ 是 Rt$\triangle ABC$的“再生三角形”，其中点 A'，B'，C'分别是点 A，B，C 的对称点，试猜想$\triangle A'B'C'$的面积与$\triangle ABC$ 的面积之间的关系，并证明.

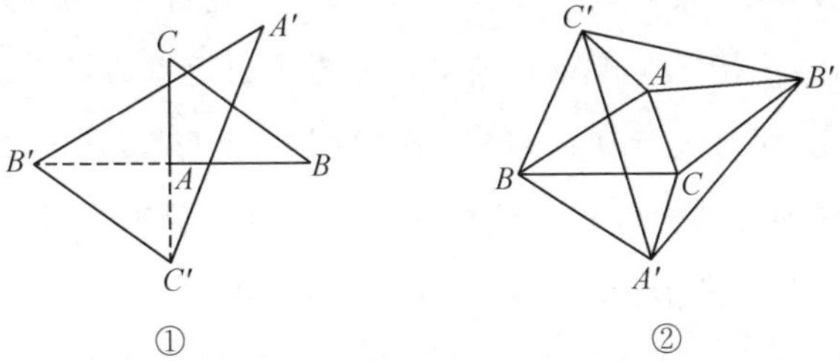

图 6-1-8

(3) 如图②，已知在$\triangle ABC$ 中，$\angle ABC=30°$，$BA=BC$，$\triangle A'B'C'$是$\triangle ABC$ 的“再生三角形”，其中点 A'，B'，C'分别是点 A，B，C 的对称点. 求证：$\triangle A'B'C'$是等边三角形.

(4) 小舒认为所有的三角形都存在“再生三角形”，小雪认为不是所有的三角形都存在“再生三角形”. 你认为谁的判断正确？请说明理由.

【试题分析】

知识主题	核心素养									问题情境			水平层次
	数学眼光				数学思维		数学语言						
	抽象能力	几何直观	空间观念	创新意识	运算能力	推理能力	模型观念	数据观念	应用意识	现实情境	科学情境	数学情境	
图形的性质		√		√		√	√					√	三

对三角形、全等三角形和轴对称的内容进行整合,可以提出一个全新的概念:将一个三角形的三个顶点分别关于各自对边所在直线作对称点,由这三个对称点确定的三角形叫做原三角形的“再生三角形”。从试题结构上来看,第(1)题直接运用新概念对特殊三角形(等边三角形)的再生三角形的周长、面积与原三角形的周长、面积之间的数量关系进行研究,问题不难。第(2)题延续对数量关系的探究,只不过将原三角形改为直角三角形,可根据学生情况与考试目的考虑是否给出适当的提示。第(3)题是对形状的研究,同时进行逆向研究:若“再生三角形”是等边三角形,则原三角形有怎样的要求?考虑到这样的问题可能过于开放,学生解答困难,所以采取确定原三角形,证明其“再生三角形”是等边三角形的思路,但从中可以感受到整个命题的思路是从研究数量到研究形状的过渡。第(4)题是对存在性的理性思辨,以判断的形式出现,并要求学生说出理由或举出反例。

例13 我们知道,两个相等的小正方形可以剪拼成一个大正方形,方法如下:

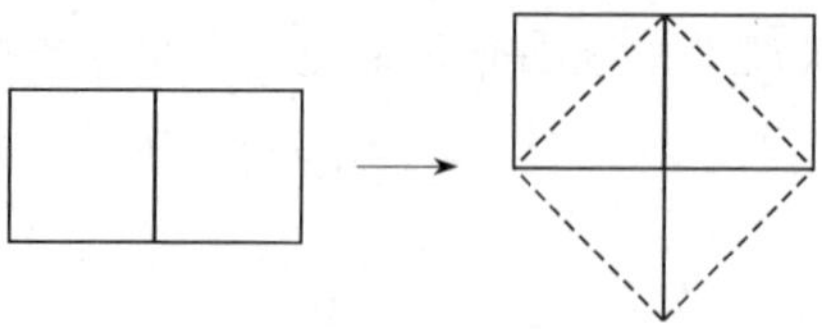

图 6-1-9

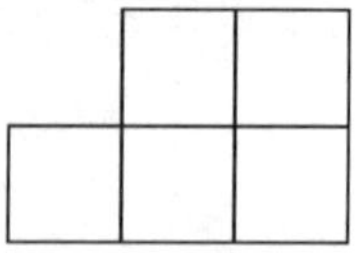

图 6-1-10

模仿图 6-1-9 所示的标注方法,解答下面的问题:如图 6-1-10 所示是五张大小一样的小正方形纸片,现将它剪拼成一个大正方形.请你在图上画出切割时所沿的虚线，以及拼接后得到的大正方形，并作相应标注.

【试题分析】

知识主题	核心素养									问题情境			水平层次
	数学眼光				数学思维		数学语言						
	抽象能力	几何直观	空间观念	创新意识	运算能力	推理能力	模型观念	数据观念	应用意识	现实情境	科学情境	数学情境	
图形的性质		√		√		√	√					√	三

试题改编自教材，将两个小正方形剪拼成一个大正方形，得到的大正方形的边长是$\sqrt{2}$。通过阅读，领悟其方法、本质以及解答形式并将其迁移到类似的情景之中，五个小正方形不是线性排列的，而是上面 2 个、下面 3 个的两排形式，突出形式上的变化并不对本质产生影响，它们的关键都是找到长为$\sqrt{5}$的线段，并考虑适合的划分策略。其中涉及勾股定理以及弦图，在突出类比推理能力考查的同时也渗透数学文化。

例14 交通工程学理论把在单向道路上行驶的汽车看成连续的流体，并用流量、速度、密度三个概念描述车流的基本特征. 其中，流量 q(单位:辆/时)指单位时间内通过道路指定断面的车辆数，速度 v(单位:千米/时)指通过道路指定断面的车辆速度，密度 k(单位:辆/千米)指通过道路指定断面单位长度内的车辆数.

为配合大数据治堵行动，有关部门测得某路段流量 q 与速度 v 之间关系的部分数据如下表:

速度 v	…	5	10	20	32	40	48	…
流量 q	…	550	1 000	1 600	1 792	1 600	1 152	…

(1) 根据上表信息，下列三个函数关系式中，刻画 q,v 之间的关系最准确的是________(填序号).

①$q=90v+100$;②$q=\dfrac{32\,000}{v}$;③$q=-2v^2+120v$.

(2) 请利用(1)中选取的函数关系式分析，当该路段的车流速度为多少时，流量达到最大？最大流量是多少？

(3) 已知 q,v,k 满足 $q=vk$. 请结合(1)中选取的函数关系式，继续解决下列问题：

①市交通运行监控平台显示，当 $12\leqslant v<18$ 时，道路出现轻度拥堵. 试分析当车流密度 k 在什么范围时，该路段将出现轻度拥堵.

②在理想状态下，假设前后两车车头之间的距离 d(米)均相等，求流量 q 最大时 d 的值.

【试题分析】

知识主题	核心素养									问题情境			水平层次
	数学眼光				数学思维		数学语言						
	抽象能力	几何直观	空间观念	创新意识	运算能力	推理能力	模型观念	数据观念	应用意识	现实情境	科学情境	数学情境	
函数	√			√	√	√	√		√	√			三

本题以交通问题为背景，富有时代感，大数据治堵行动是当前的社会关注点。题目以车流的流量、速度、密度之间的关系为突破口，在第(1)题的设计上一改以往“利用表格信息猜想模型结构并代入求解”的思路，而是采取模型拟合的策略，避免学生计算上产生不必要的错误。实际上，在今后的数学建模活动中，由于计算机的广泛使用，模型拟合思想的渗透也是很有必要的。第(2)题结合选取的函数模型进行最值分析，突出其应用价值。第(3)题自然延伸，其中车流流量最大时对车流密度的分析，体现了三个变量之间的制约与关联，对车头距离的分析隐含了刹车距离的现实含义，解题中对学生综合运用代数推理分析解决实际问题的能力提出了较高要求。题目层次清楚，突出了模型的猜想与拟合，以及求解结论并解释或运用结果的整个建模过程。

第二节　探究性试题

“数学探究”是围绕某个具体的数学问题，开展自主探究、合作研究并最终解决问题的过程，是运用数学知识解决数学问题的一类综合实践活动，是对波利亚“数学发现”、弗赖登塔尔“再创造”教育思想的继承与发展。

探究性试题以问题解决活动为主要形式，以数学直觉和逻辑推理为核心，需要学生运用所学的知识，通过恰当的实验、模拟、观察、猜测、联想、推理、表达、反思等数学活动，进行探索和研究的一类试题. 此类试题有利于对学科知识进行多方位、深层次的考查，鼓励有独特见解、有思想水平、有创新精神的答案，是考查基本活动经验与创新能力的绝佳载体。

编制探究性试题要关注开放性、过程性，有利于学生感受和体验数学的美、统一和力量，形成勇于质疑和善于反思的习惯，提高发现、提出、分析和解决问题的能力，进一步发展学生的创新意识与实践能力。

一、体现个性化的开放性试题编制

勇于探索一些开放性的、非常规的实际问题与数学问题是创新意识的重要表现。为了考查学生的创造力，可以设计开放性问题。开放性试题指试题条件或结论开放，包括“是否存在型”“结论猜想型”“寻找充分或必要条件型”等。

开放与探究紧密关联，开放性试题的解法具有个性化，过程具有探究性，问题的解决对学生思维的发散性、灵活性、深刻性和创造性都有较高的要求，所以数学开放题是考查学生创新意识的良好素材。

例1　如图 6-2-1，$\triangle ABC$ 中，$AB=AC$，要使 $AD=AE$，需要添加的一个条件是________.

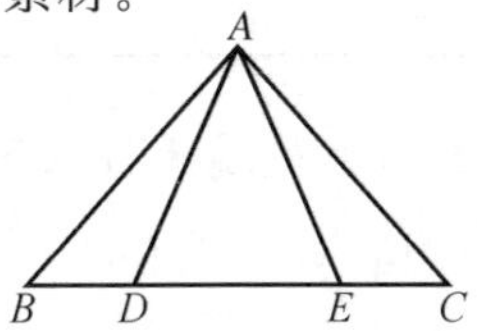

图 6-2-1

【试题分析】

知识主题	核心素养									问题情境			水平层次
	数学眼光				数学思维		数学语言						
	抽象能力	几何直观	空间观念	创新意识	运算能力	推理能力	模型观念	数据观念	应用意识	现实情境	科学情境	数学情境	
图形的性质		√		√		√	√					√	二

这道题是对教材习题的改编，在命制技术上是通过给定结论来反探满足结论的条件，而满足结论的条件并不唯一。此类题常以基本知识为背景加以设计而成，主要考查学生对基础知识的掌握程度和归纳能力。

例2 周末，某班组织登山活动，同学们分甲、乙两组从山脚沿着一条道路同时向山顶前进. 设甲、乙两组行进同一段路程所用的时间之比为2∶3.

(1) 直接写出甲、乙两组的行进速度之比.

(2) 当甲组到达山顶时，乙组行进到山腰 A 处，且 A 处离山顶的路程尚有 1.2 km. 试求山脚到山顶的路程.

(3) 在(2)的基础上，设乙组从 A 处继续登山，甲组到达山顶后休息片刻，再从原路下山，并且在山腰 B 处与乙组相遇. 请你根据以上情境提出一个相应的问题，给予解答.

【试题分析】

知识主题	核心素养									问题情境			水平层次
	数学眼光				数学思维		数学语言						
	抽象能力	几何直观	空间观念	创新意识	运算能力	推理能力	模型观念	数据观念	应用意识	现实情境	科学情境	数学情境	
方程	√			√	√	√	√		√	√			三

本题属于行程问题，结合实际背景，给予学生独立思考与开放设问的空间，让学生自己在原题的基础上继续提出问题进行解答，虽然是有限开放，但也能调动学生思维的灵活性与独创性。

例3 有一名同学打算作一个角的平分线，当他画好一个角后，不小心碰到了墨水瓶而把角染黑了(如图 6－2－2).请问，他该如何利用这个图形继续完成作业？

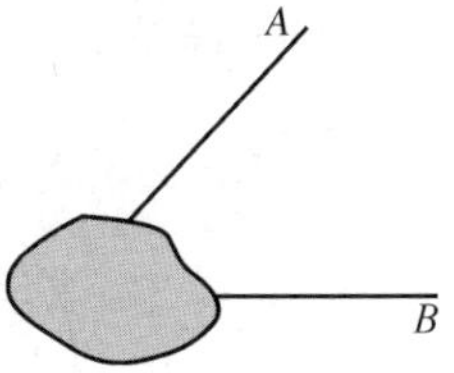

图 6－2－2

【试题分析】

知识主题	核心素养									问题情境			水平层次
	数学眼光				数学思维		数学语言						
	抽象能力	几何直观	空间观念	创新意识	运算能力	推理能力	模型观念	数据观念	应用意识	现实情境	科学情境	数学情境	
图形的性质		√		√		√	√					√	

本题信息简单明了，不仅仅考查学生是否会作一个角的平分线，还考虑到其与相应内容之间的协调性。学生不能单纯地模仿和记忆，关键要思考并解决“墨水盖住了角的顶点无法直接画该角的平分线”，这就激发了学生的好奇心。学生需要主动去梳理有关角平分线的知识，寻找合适的方法，综合灵活运用相关知识解决此题，多种解题的策略有利于形成知识的联系，从而促使学生形成个性化、结构化的知识体系。

例4 某学习小组在探索“各内角都相等的圆内接多边形是否为正多边形”时，进行如下讨论：

甲同学：这种多边形不一定是正多边形，如圆内接矩形；

乙同学：我发现边数是 6 时，它也不一定是正多边形，如图①，$\triangle ABC$ 是正三角形，$\overset{\frown}{AD}=\overset{\frown}{BE}=\overset{\frown}{CF}$，可以证明六边形 $ADBECF$ 的各内角相等，但它未必是正六边形；

丙同学：我能证明，边数是 5 时，它是正多边形，我想，边数是 7 时，它可能也是正多边形.

……

(1) 请你说明乙同学构造的六边形各内角相等.

(2) 请你证明，各内角都相等的圆内接七边形 $ABCDEFG$(如图②)是正七边形(不必写已知、求证).

(3) 根据以上探索过程，提出你的猜想(不必证明).

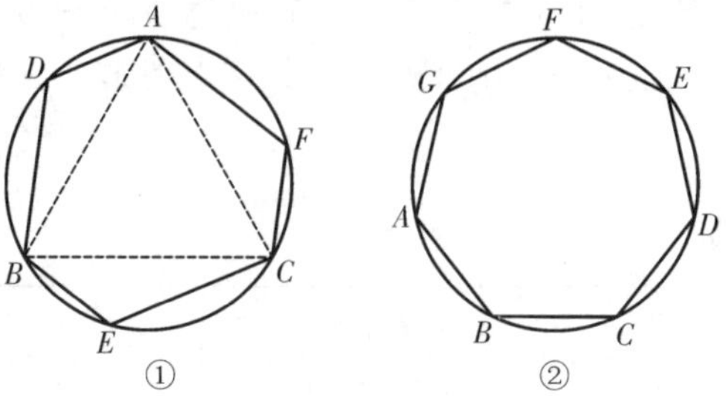

图 6-2-3

【试题分析】

知识主题	核心素养									问题情境			水平层次
	数学眼光				数学思维		数学语言						
	抽象能力	几何直观	空间观念	创新意识	运算能力	推理能力	模型观念	数据观念	应用意识	现实情境	科学情境	数学情境	
图形的性质		√		√		√	√					√	三

本题以“各内角都相等的圆内接多边形是否为正多边形”的话题探究为主线，以三个同学对话交流的方式展示学习研讨的过程，展示思维发生发展的过程。内容呈现符合学生思维的现实，在不断深入的同时，也有条理地组织了试题信息，为后续自然提出三个问题的考查做好铺垫。三个问题的解决具有层次性，既考查了基本的图形性质知识和推理论证能力，也具有不同的思维层次要求，具有较好的区分效果。特别是最后提出猜想的考查，很好地体现了对创新意识考查的要求，而针对学生的不同回答情况采用分层给分的策略，提高了试题测评的合理性与有效性。

二、以“四能”为线索的过程性试题编制

关注学生的数学学习过程，发挥试题的教学导向作用，在初中数学学业水平考试中，以“四能”为线索编制评价学生学习“过程和方法”的创新试题，可以较好地展示学生在探索真实情境蕴含的关系中，运用数学眼光发现和提出问题、运用数学思维分析和解决问题、运用数学语言表达现实

世界的能力。

在数学知识形成和发展的节点上设置问题，引导学生重视思考、探索的过程，促进课堂教学更加关注学生知识形成和发展的过程。将学生解决问题的过程和方法外显化，暴露学习的思维路径，从而更全面地考查学生在数学活动过程中表现出来的思维方式、思维水平，对活动对象、相关知识与方法的理解深度，从事探究与交流的意识、能力和信心等。

例5 如图6-2-4，利用一面墙(墙的长度不限)，用20 m长的篱笆围成一个长方形场地.问：

图6-2-4

(1) 怎样围，可以围成一个面积为50 m^2的长方形场地?

(2) 能否围成面积为60 m^2的长方形?请说明理由.

(3) 能围成的长方形的最大面积是多少?

【试题分析】

知识主题	核心素养									问题情境			水平层次
	数学眼光				数学思维		数学语言						
	抽象能力	几何直观	空间观念	创新意识	运算能力	推理能力	模型观念	数据观念	应用意识	现实情境	科学情境	数学情境	
方程与函数	√			√	√	√	√		√	√			三

本题以一个简单的实际背景引入，以一元二次方程的应用立意，旨在考查学生对方程思想与相关知识内容的理解，以及运用这些知识与思维方式解决问题的能力。三个小题环环紧扣，递进设问，内涵丰富，蕴含函数思想，试题既可以从函数角度分析建立模型，也可以从方程角度来分析解答，揭示两者的区别与联系。

引入字母后，使字母参与运算，并用等号将相互等价的式子连接起来，从而将实际问题转化为求解方程的问题，是方程思想的本质所在。从函数的角度看，就是先根据题意列出解析式，根据已知函数值求自变量的值(在自变量的取值范围内)，从动态变化的角度进行思考，利用图象性质如增减性、对称性、最值等知识进行分析。

比如在本题中，设垂直于墙的边长为 x m。第(1)题的“怎样围”，从数学的角度看，其实就被归结为“求 $x(20-2x)=50$ 的解是多少”的方程问题。第(2)题的“能否围成”，其实就被归结为“方程 $x(20-2x)=60$ 是否有解”的问题，从数学的角度看，就是根的判别式是否非负的问题。第(3)题如果从方程的角度看，就是“设围成长方形的面积为 a m^2，垂直于墙的边长为 x m”后，实际问题就被归结为“如果方程 $x(20-2x)=a$ 有解，求 a 的最大值”。利用根的判别式大于等于零，求出 a 的最大值。而如果从函数的角度看，就需要引入两个变量，从变量间的变化规律入手，列出函数解析式，利用函数性质求出最大值。

例 6 对几何命题进行逆向思考是几何研究中的重要策略，我们知道，等腰三角形两腰上的高线相等，那么等腰三角形两腰上的中线、两底角的角平分线也分别相等吗？它们的逆命题正确吗？

(1) 请判断下列命题的真假，并在相应命题后面的括号内填上“真”或“假”.

①等腰三角形两腰上的中线相等.(　　)

② 等腰三角形两底角的角平分线相等.(　　)

③ 有两条角平分线相等的三角形是等腰三角形.(　　)

(2) 请写出“等腰三角形两腰上的中线相等”的逆命题. 如果逆命题为真，请画出图形，写出已知、求证并进行证明；如果不是，请举出反例.

【试题分析】

知识主题	核心素养									问题情境			水平层次
	数学眼光				数学思维		数学语言						
	抽象能力	几何直观	空间观念	创新意识	运算能力	推理能力	模型观念	数据观念	应用意识	现实情境	科学情境	数学情境	
图形的性质		√		√		√	√					√	三

本题考查了互逆命题、全等三角形的判定与性质及等腰三角形的性质与判定，要求学生通过画图、分析、推理进而证明，能力要求比较高。本题结合课本知识的学习经历进行改编，意在考查学生反思质疑、严谨求实的科学态度，勤于思考的习惯，对数学的好奇心和求知欲。第(1)题三个

小问由易到难，逐步推进，梯度合适，前两个小问体现了基础知识的考查，第三小问证明难度较大，但是以判断题的形式编制，学生可以运用多种策略进行判断。第(2)题证明例1的逆命题为真命题，需要添加辅助线，因条件为“两腰上的中线相等”，故连结两个中点可得到“三角形中位线”，并过其中一个中点作另一条中线的平行线构成平行四边形，从而证得两个三角形全等，推出该逆命题为真命题。

例7 小明在做数学练习时，遇到下面的题目：

如图6-2-5，在$\triangle ABC$中，D为边AC上一点，$AB=AC$，$\angle DBA=\angle A$，$BD=BC$. 若$CD=2$，$\triangle BDC$的周长为14，求AB的长.

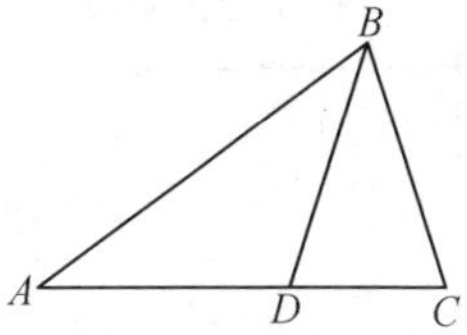

图6-2-5

参考答案：$AB=8$.

小明的计算结果与参考答案不同，因此他对参考答案产生了怀疑. 下面是他的分析、探究过程，请你补充完整.

第一步：读题，并标记题目条件.

在$\triangle ABC$中，D为边AC上的一点，①$\underline{AB=AC}$；②$\angle DBA=\angle A$；③$\underline{BD=BC}$；④$\underline{CD=2}$；⑤$\underline{\triangle BDC\text{的周长为}14}$.

第二步：依据条件③④⑤，可以求得$BD=BC=$__________.

第三步：作出$\triangle BCD$，如图6-2-6所示.

第四步：依据条件①，在图6-2-6中作出$\triangle ABC$（尺规作图，保留作图痕迹）.

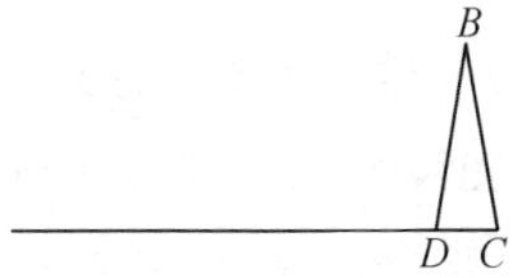

图6-2-6

第五步：对所作图形进行观察、测量，发现与标记的条件__________（填序号）不符，去掉这个条件，题目中其他部分保持不变，求得AB的长为________.

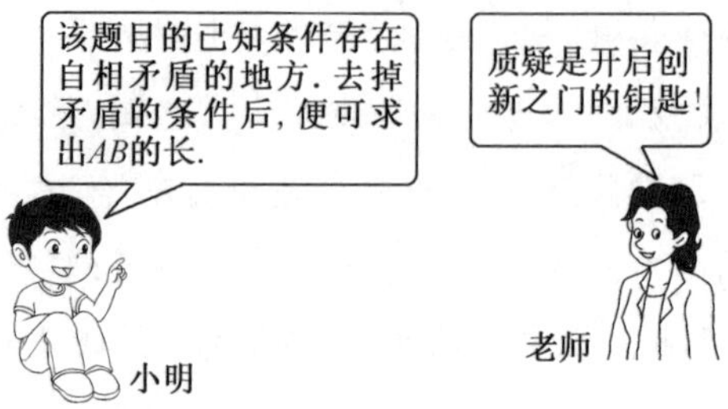

图 6-2-7

【试题分析】

知识主题	核心素养									问题情境			水平层次
	数学眼光				数学思维		数学语言						
	抽象能力	几何直观	空间观念	创新意识	运算能力	推理能力	模型观念	数据观念	应用意识	现实情境	科学情境	数学情境	
图形的性质		√		√		√	√					√	三

本题以学生熟悉且难度不大的几何内容为载体，蕴含研究图形的基本方法，再现发现问题、提出问题，进而分析、解决问题的全过程，突出对质疑精神与创新意识的关注。《课程标准(2022 年版)》从强调“分析与解决问题”到不仅强调“分析与解决问题”，还强调“发现与提出问题”，其实质就是重视学生创新意识的培养。本题从小明的计算结果与参考答案不同，因此对参考答案产生怀疑开始，以“质疑是开启创新之门的钥匙”结束，鼓励学生不盲从、不迷信、不人云亦云，勇于提出自己的见解，敢于质疑，在试题的呈现方面为培养学生的创新意识作出了努力。

本题的探究活动多是围绕对几何图形的研究展开的，探究的过程既包括对图形形成过程的理解，又包括对图形结构的剖析。从“确定的部分”开始思考，不但是作图的方法，同时也是解题的方法(从可解的图形开始解题)，渗透了基本的思考方法。试题的构思源于一个真实的教学案例，保留了“发现问题—提出问题—分析问题—解决问题”的全过程。

质疑是创新的前奏，没有批判性思维就不可能有创新，创新的一个重要方面是学会质疑，学会发现和提出问题。学会自己发现和提出问题是创新的基础。

例8　下面是小颖对一道题目的解答.

题目:如图,Rt△ABC的内切圆与斜边AB相切于点D,$AD=3$,$BD=4$,求△ABC的面积.

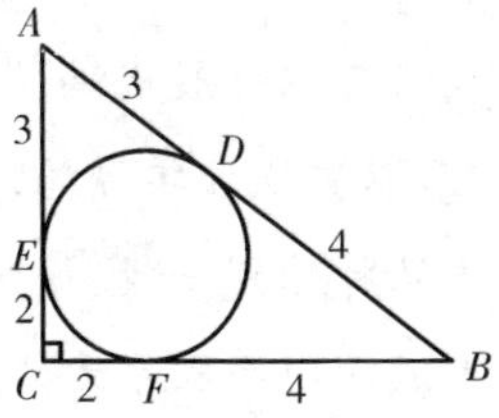

图 6-2-8

解:设△ABC的内切圆分别与AC,BC相切于点E,F,CE的长为x.

根据切线长定理,得$AE=AD=3$,$BF=BD=4$,$CF=CE=x$.

根据勾股定理,得$(x+3)^2+(x+4)^2=(3+4)^2$.

整理,得$x^2+7x=12$.

所以$S_{\triangle ABC}=\frac{1}{2}AC\cdot BC=\frac{1}{2}(x+3)(x+4)=\frac{1}{2}(x^2+7x+12)=\frac{1}{2}\times(12+12)=12$.

小颖发现12恰好就是3×4,即△ABC的面积等于AD与BD的积.这仅仅是巧合吗?

请你帮她完成下面的探索.

已知:△ABC的内切圆与AB相切于点D,$AD=m$,$BD=n$.

可以一般化吗?

(1) 若$\angle C=90°$,求证:△ABC的面积等于mn.

倒过来思考呢?

(2) 若$AC\cdot BC=2mn$,求证$\angle C=90°$.

改变一下条件,结果会如何?

(3) 若$\angle C=60°$,用m,n表示△ABC的面积.

【试题分析】

知识主题	核心素养									问题情境			水平层次
	数学眼光				数学思维		数学语言			现实情境	科学情境	数学情境	
	抽象能力	几何直观	空间观念	创新意识	运算能力	推理能力	模型观念	数据观念	应用意识				
图形的性质		√		√	√	√						√	三

本题以直角三角形内切圆这个基本的图形结构为背景，进行了变式和延伸。以平时学生作业中出现的一个困惑为素材，运用“这仅仅是巧合吗”“可以一般化吗”“倒过来思考呢”“改变一下条件，结果会如何”等语言，以过程性学习的方式呈现出来。试题中三个问题的设置，启发学生运用从特殊到一般、逆向思维等数学思想方法，以知识的发生、发展和认知形成的内在联系为线索，充分展现和经历其中的思维活动，使学生真正参与到发现的过程中，很好地体现了过程性学习的理念，揭示了数学学习的本质。

试题要求学生经历操作、观察、实验、猜想、计算、推理、验证等数学学习过程来解决问题，很好地培养了学生的探究能力和数学素养，启示教师在平时的课堂教学过程中，应培养学生注重过程性学习的理念，具有很好的引领作用。

三、 指向数学审美的研究性试题编制

数学美与数学创造的过程和方法有着密切的联系，冯·诺依曼甚至认为数学家无论是选择题材还是判断成功的标准主要都是美学的，对数学美的追求是数学研究与数学发展最深层的动力。数学美的本质就是数学关系结构系统与作为审美主体的人的意向的融合，正如庞加莱所说：数学的优美感，不过是问题的解答适合我们心灵的需要而产生的一种满足感。对数学美的分类可以从不同的角度进行，但各种分法的基本特征均为：简洁性、统一(和谐)性、对称性、整齐性、奇异性和思辨性。发掘数学美，变数学教学过程为数学审美过程的观点对数学命题同样具有指导意义。

例9　如果一元二次方程 $ax^2+bx+c=0$ 的两根为 x_1, x_2，那么 $ax^2+bx+c=a(x-x_1)(x-x_2)$，将等式右边展开可得到一元二次方程根与系数的关系. 类似地，若一元三次方程 $x^3-3x^2-5x+2=0$ 有三个根 x_1, x_2, x_3，则 $x_1+x_2+x_3=$________，$x_1x_2x_3=$________.

【试题分析】

知识主题	核心素养									问题情境			水平层次
	数学眼光				数学思维		数学语言						
	抽象能力	几何直观	空间观念	创新意识	运算能力	推理能力	模型观念	数据观念	应用意识	现实情境	科学情境	数学情境	
方程	√			√	√	√	√					√	三

本题源自对教材中韦达定理内容的深入思考，韦达定理本身就是数学美的典范，其简单、和谐、对称与统一的美学内涵给人以极大的震撼。一元二次方程根与系数的关系在初中数学教材中是利用求根公式推导得出的，而实际上，这并非一般性的方法，从因式分解的角度切入，可以进行一般性推广，其实韦达定理对于 n 次方程也是适用的，这就跳出了求根公式的限制。本题在编制上，结合对一元二次方程的推导进行介绍，自然提出对三次方程根与系数关系的类比猜想与探究，渗透数学审美指引下的数学思考与研究。

例10 如图 6－2－9，正方形 $ABCD$ 的边长为 1，中心为点 O，有一边长大小不定的正六边形 $EFGHIJ$ 绕点 O 可任意旋转，在旋转过程中，这个正六边形始终在正方形 $ABCD$ 内(包括正方形的边). 当这个正六边形的边长最大时，AE 的最小值为________.

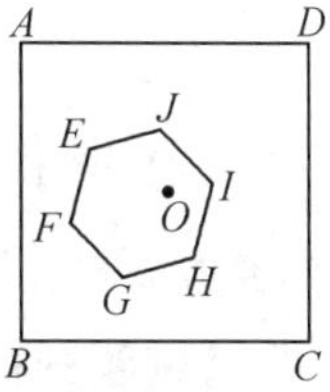

图 6－2－9

【试题分析】

知识主题	核心素养									问题情境			水平层次
	数学眼光				数学思维		数学语言						
	抽象能力	几何直观	空间观念	创新意识	运算能力	推理能力	模型观念	数据观念	应用意识	现实情境	科学情境	数学情境	
图形的性质		√	√		√	√	√					√	三

本题的原型是教材中正方形对角线与内切圆交点到顶点距离的计算问题。将静止的几何计算改编为动态变化中的最值问题，边长大小不定

的正六边形 $EFGHIJ$ 绕点 O 可任意旋转且始终在正方形内部，旋转的正六边形就给人以“旋转的圆”的直觉，于是边长最大的问题就等价于半径最大的情形。旋转中的点 E 实际上就是正六边形外接圆上的一个动点，于是问题就相当于内切圆上动点 E 到正方形顶点 A 最小距离的问题，这种对图形的敏感与直觉来源于经验基础对数学对象迅速而直接的洞察、识别，也就是数学灵感。

直觉的思维也受逻辑规则指导，但不受其局限。思维的豁口可以通过潜意识的自动化知识检索、组合而“愈合”，自发地实现顿悟；也可以通过有意识的指导，即在认知策略的指导和调控下更快、更好地实现顿悟。

突然而至的直觉是一种本能判断的下意识推理，常常需要科学的鉴赏力与审美的敏感性，进而直接把经验因素同问题实质联系起来。

例11 先阅读下面一段文字，然后解答问题.

由 $3^2=9=4+5$，发现 $3^2+4^2=5^2$ 成立；

又由 $5^2=25=12+13$，仍然有 $5^2+12^2=13^2$；

而 $7^2=49=24+25$，还是有 $7^2+24^2=25^2$；……

(1) 已知 x,y 均为正整数，且 $x<y$，若 $9^2=81=x+y$，且 $9^2+x^2=y^2$，则 $x=$______，$y=$______.

(2) 大于1的奇数是否都有上面这样的规律？若有，请用含 n(n 为正整数)的等式表示上面的规律并证明；若没有，请说明理由.

【试题分析】

知识主题	核心素养									问题情境			水平层次
	数学眼光				数学思维		数学语言						
	抽象能力	几何直观	空间观念	创新意识	运算能力	推理能力	模型观念	数据观念	应用意识	现实情境	科学情境	数学情境	
数与式	√			√	√	√	√					√	三

猜想是一种重要的学习活动与能力，合理的猜想有利于获得灵感与启发，能引导出正确的思路，同时猜想的结果也能获得某种验证，从而促进学习者完成剩下的解答。在本题的编制中，先是给出三个具体的等式，根据波利亚的观点，这三个等式被称为启发式联想，因为通过对这三个

等式的观察与分析，能够让观察者获得对某种规律的初步认识，但这样的认识是模糊的。对第(1)题的问答，可以称之为支持性联想，也就是对前面得到的较为模糊认识的进一步清晰的认可，这个过程实际上就是猜测并进行验证的过程。而对于第(2)题的问答，则是将发现的规律进行一般化的表述，形成猜想。整个过程是合情推理的过程。最后环节则是要求对猜想给出形式化的数学证明，即通过演绎推理完成对结论的证明，整个题目比较自然、全面地实现了考查学生两种推理能力的意图。

例12　在平面直角坐标系中，借助直角三角尺可以找到一元二次方程的实数根. 对于方程 $x^2-5x+2=0$，操作步骤是：

第一步，根据方程的系数特征，确定一对固定点 $A(0,1)$，$B(5,2)$；

第二步，在平面直角坐标系中移动一个直角三角尺，使一条直角边恒过点 A，另一条直角边恒过点 B；

第三步，如图①，在移动过程中，当三角尺的直角顶点落在 x 轴上点 C 处时，点 C 的横坐标 m 即为该方程的一个实数根；

第四步，调整三角尺直角顶点的位置，当它落在 x 轴上另一点 D 处时，点 D 的横坐标 n 即为该方程的另一个实数根.

(1) 在图②中，按照第四步的操作方法作出点 D(请保留作出点 D 时直角三角尺两条直角边的痕迹).

(2) 结合图①，请证明第三步操作得到的 m 就是方程 $x^2-5x+2=0$ 的一个实数根.

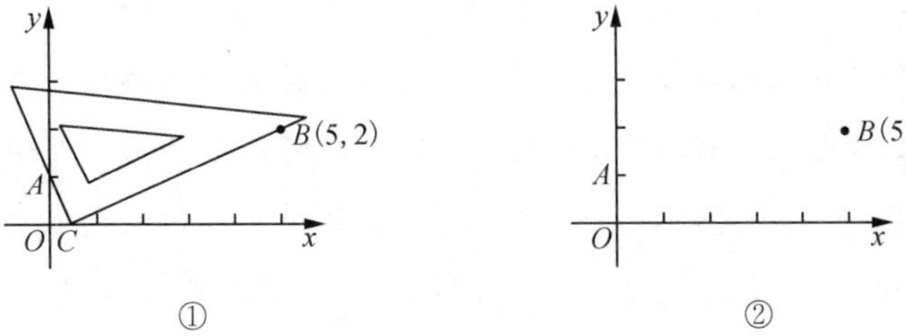

图 6－2－10

(3) 上述操作的关键是确定两个固定点的位置. 若要以此方法找到一元二次方程 $ax^2+bx+c=0(a\neq0,b^2-4ac\geqslant0)$ 的实数根，请你直接写出一对固定点的坐标.

(4) 实际上,(3)中的固定点有无数对. 一般地,当 m_1,n_1,m_2,n_2 与 a,b,c 之间满足怎样的关系时,点 $P(m_1,n_1)$,$Q(m_2,n_2)$就是符合要求的一对固定点?

【试题分析】

知识主题	核心素养									问题情境			水平层次
	数学眼光				数学思维		数学语言						
	抽象能力	几何直观	空间观念	创新意识	运算能力	推理能力	模型观念	数据观念	应用意识	现实情境	科学情境	数学情境	
代数、几何	√	√		√	√	√	√		√			√	三

采取综合实践活动的形式,以研究性学习的策略进行中考压轴题的创新设计是中考命题的新思路,能有效考查学生的数学素养与创新意识,对一线教学起到积极的导向作用。同时,命题又应兼顾学生立场,不宜将高中或大学的内容简单下放,最好能从教材内容或生活实际出发进行设计。

本题借助一块直角三角尺就可以找到一元二次方程的实数根,这对初中生而言是非常有吸引力的,而且运用初中知识就能解释与证明。第(1)题是在阅读基础上的模仿操作,面向全体学生。第(2)题是对具体方程解法的推理论证,面向中等程度学生。第(3)题是基于理性思考后对方法关键的剖析,也是从具体方程到一般方程的思辨,这是一个优秀学生必然会提出的问题,解决问题时将系数不为 1 的方程转化为系数为 1 的方程即可,这是对已有学习经验的迁移。问题具有开放性,为不同思维方式与思维层次的学生提供发挥的空间,同时提供思维监控与反思的空间。比如学生从方程 $x^2-5x+2=0$ 的一对固定点 $A(0,1)$,$B(5,2)$得到的启发是:第一个是$(0,1)$还是$(0,a)$? 若认为是$(0,1)$,则联想到将二次项系数化为 1 的解题方向,进而得出一对固定点可以是 $A(0,1)$,$B\left(-\frac{b}{a},\frac{c}{a}\right)$;若认为固定点是$(0,a)$,$(-b,c)$并能监控发现错误,就能自动修正与调整思维,发现应该是 $A\left(0,\frac{1}{a}\right)$,$B\left(-\frac{b}{a},c\right)$。

第(4)题是进一步的一般性思考以及对问题本质的深入剖析,是理性思辨的高层次表现，字母推理的代数思维方式的渗透适度体现初中、高中衔接的需要，结果的对称性也体现了数学的审美思想。本题的创新力度大，富有新意，提供了数形结合的新思路，代数几何知识交融，起点低，层次分明，区分度良好。

在综合实践活动的设计中，借助具体实物如三角尺、折纸、画图等操作，在动手操作中发现思路，增加体验，激发思考，打通外部的实践操作与内部的理性思辨之间的关联，在此基础上由浅入深、由外及里地设计系列问题，有利于引导学生的思维逐步深入并在深入探究过程中考查与理性思辨相关的能力因素。

第三节　跨学科试题

跨学科试题是指以数学学科内容为核心，融合其他学科知识、思想、方法等内容的试题，是核心素养导向的考试评价的一个重要探索方向。强调跨学科，一方面是因为现实的真实问题都是综合的；另一方面，只有跨出去，才能进一步清晰数学学科独特、不可替代的功能与育人价值，强化学科自信。

试题的跨学科性可以体现在情境创设、任务设计(设问)、作答要求等试题要素中。跨学科内容的不同使用目的决定了跨学科内容与思维深度的差异，可以按使用目的不同进行试题分类与设计。

一、提供情境性背景的跨学科试题编制

跨学科内容的使用目的是引入数学问题，跨学科内容为理解题目条件提供背景素材。从试题结构看，情境是跨学科的，设问是纯数学的，解答也是纯数学的。跨学科内容与问题解决本身的关联并不密切，有时甚至不需要掌握其他学科知识，也能解决问题，但学生在解决此类试题时，能感受到数学的文化意义、应用价值，同时也了解到一些跨学科的知识内容。

例1　数学的美无处不在. 数学家们研究发现，弹拨琴弦发出声音

的音调高低,取决于弦的长度,绷得一样紧的几根弦,如果长度的比能够表示成整数的比,发出的声音就比较和谐.例如,三根琴弦长度之比是 15∶12∶10,把它们绷得一样紧,用同样的力弹拨,它们将分别发出很调和的乐声 do,mi,so.研究 15,12,10 这三个数的倒数,发现恰好有$\frac{1}{12}-\frac{1}{15}=\frac{1}{10}-\frac{1}{12}$,我们把像 15,12,10 这样倒数是等差的三个数称为一组调和数.现有一组调和数:x,5,3($x>5$),则 x 的值是________.

【试题分析】

知识主题	核心素养									问题情境			水平层次
	数学眼光				数学思维		数学语言						
	抽象能力	几何直观	空间观念	创新意识	运算能力	推理能力	模型观念	数据观念	应用意识	现实情境	科学情境	数学情境	
数与代数	√				√	√	√		√			√	二

本题以音律知识为背景,用通俗易懂的语言介绍了调和数列。从数学史上看,"调和"这个名字起源于希腊人,毕达哥拉斯是第一个研究由各种长度的弦所发出的音符的人,所以本题背后还隐藏着丰富的数学史料可以挖掘与拓展。

本题的跨学科背景旨在引出数学问题,增加人文气息,解题关键在于了解调和数的数量关系,列出方程并求出 x 的值。实际上,数学与音乐、美术等艺术学科有着丰富的结合素材,如 2019 年全国数学高考Ⅰ卷理科试题第 4 题,以断臂维纳斯的介绍为背景,介绍黄金分割,通过揭示艺术作品本身的完美数学比例,在提高学生艺术欣赏水平的同时,考查抽象能力与运算能力。

编制此类试题在素材处理与设问上既要考虑学生是否易于理解,也要考虑对不同学生是否公平。比如同样是以音律为背景,下面这道题背景新颖,涉及跨学科知识的考查,没有学过五线谱的学生与学过五线谱的学生在理解题意与获得解题方法上可能会有较大差异。

请阅读北京冬奥会推广曲《一起向未来》的一小段乐谱,乐谱中的数字表示每小节音符的时间值，根据乐谱中的信息确定最后一个音符的时间值应为________(四分之四拍).

图 6-3-1

例2 生物学研究表明，植物的光合作用速率越高，单位时间内合成的有机物越多. 为了解甲、乙两个品种大豆的光合作用速率，科研人员从甲、乙两个品种的大豆中各选五株，在同等实验条件下，测量它们的光合作用速率(单位：μmol · m^{-2} · s^{-1})，结果统计如下：

品种	第一株	第二株	第三株	第四株	第五株	平均数
甲	32	30	25	18	20	25
乙	28	25	26	24	22	25

则两个大豆品种中光合作用速率更稳定的是________(填“甲”或“乙”).

【试题分析】

知识主题	核心素养									问题情境			水平层次
	数学眼光				数学思维		数学语言			现实情境	科学情境	数学情境	
	抽象能力	几何直观	空间观念	创新意识	运算能力	推理能力	模型观念	数据观念	应用意识				
统计	√				√	√		√	√		√		二

本题以生物学知识为背景素材，介绍“植物光合作用速率越高，单位时间内合成的有机物越多”这样的生物学知识，聚焦两个品种大豆光合作用速率数据的整理与分析，使学生真切感受数学的应用价值。试题考查学生是否知道方差是刻画数据离散程度的统计量，是否知道方差越小这组数据越稳定。解答此题时，需要知道方差的计算公式并分别求出甲、乙的方差，再根据方差计算结果判断数据的稳定性。

例3 由化学知识可知，用 pH 表示溶液酸碱性的强弱程度，当 pH>7 时溶液呈碱性，当 pH<7 时溶液呈酸性。若将给定的 NaOH 溶液加水稀释，则在下列图象中，能大致反映 NaOH 溶液的 pH 与所加水的体积 V 之间对应关系的是 （　　）

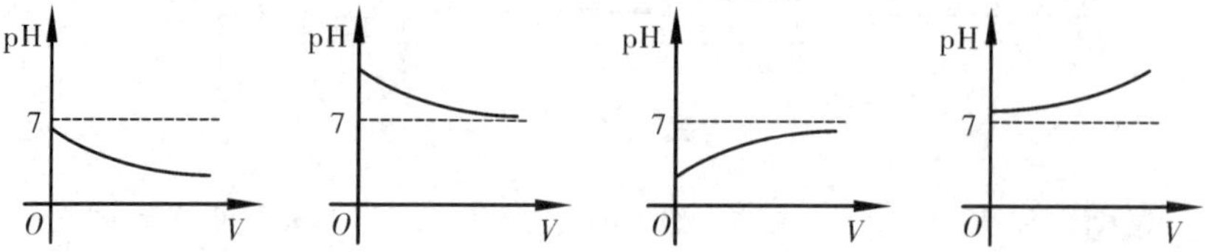

A.　　　B.　　　C.　　　D.

【试题分析】

知识主题	核心素养									问题情境			水平层次
	数学眼光				数学思维		数学语言						
	抽象能力	几何直观	空间观念	创新意识	运算能力	推理能力	模型观念	数据观念	应用意识	现实情境	科学情境	数学情境	
数与代数	√					√	√				√		二

试题以化学中 pH 知识的介绍为背景，以将 NaOH 溶液加水稀释为情景，以函数图象对变化关系的刻画设置问题，通过选择题的形式考查学生对题意的理解和利用函数图象分析变化规律（增减性与渐进性）的读图、识图的能力。本题在题干中已经告知“当 pH>7 时溶液呈碱性，当 pH<7 时溶液呈酸性”的学科知识，问题与问题的解答都是在数学学科层面的，若不告知这个信息，则题目在考查数学函数知识的同时也会涉及对化学知识的考查，这样便走向学科融合。同时在命题技术上，还可以让图象穿过 pH 等于 7 这条虚线，这样就会涉及对生活常识的理解，也能考查学生是否真正理解知识，是否真正学以致用。

类似地，在下面这道物理知识为背景的题目中，学生在理解题意过程中需要具备一定的物理浮力知识或者生活常识。

如图，用弹簧测力计将一铁块悬于盛有水的水槽中，然后匀速向上提起，使铁块完全露出水面，并上升一定高度，则下列能反映弹簧测力计的读数 y（单位：N）与铁块被提起的时间 x（单位：s）之间的函数关系的图象

大致是　　　　　　　　　　　　　　　　　　　　　　　　　　　　（　　）

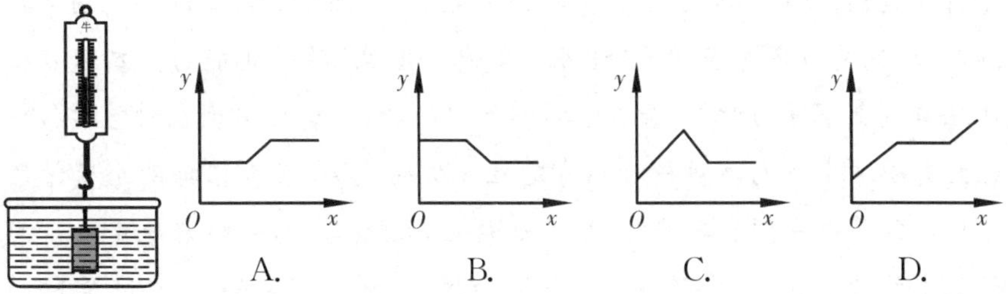

图 6-3-2

例 4　如图①，小球从左侧的斜坡滚下，到达底端后又沿着右侧的斜坡向上滚，在这个过程中，小球的运动速度 v(单位：m/s) 与运动时间 t(单位：s) 的函数图象如图②，则该小球的运动路程 y(单位：m) 与运动时间 t(单位：s) 之间的函数图象大致是　　　　　　　　　　　　（　　）

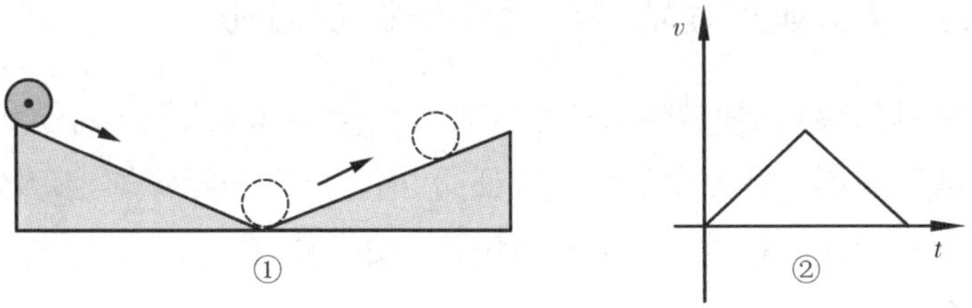

图 6-3-3

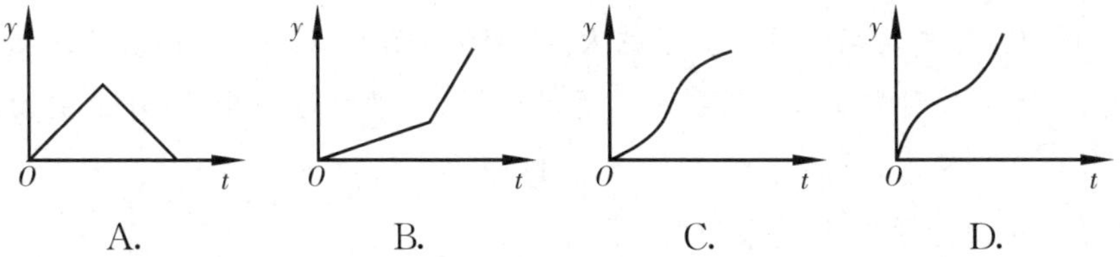

【试题分析】

知识主题	核心素养									问题情境			水平层次
	数学眼光				数学思维		数学语言						
	抽象能力	几何直观	空间观念	创新意识	运算能力	推理能力	模型观念	数据观念	应用意识	现实情境	科学情境	数学情境	
函数	√	√				√	√		√	√			二

这道题以跨学科情境为素材，体现了与模型应用有关的编制思路，图①、图②较科学地体现了小球在斜面上运动变化的规律，从图①到图②再到选项，完美地考查了学生"图象—信息—图象"的转化能力。本题以小球在斜坡上下滑为背景，综合了科学学科的相关原理，学生在科学学科中已经对小球下滑的路程与时间有定性分析的能力，可以根据两个变量的变化规律获得一些直观经验，进而获得最后解答。本题很好地借助空间认识事物的位置关系、形态变化与运动规律；利用图象描述、分析实际问题，建立形与数的联系；从而构建数学问题的直观模型，探索解决问题的思路。

对于提供情境性背景的跨学科试题，我们可以在原有基础上进一步，比如增加情境的灵动性与改变设问方式，使得问题指向更具开放性与探究性，指向问题解决，这样就可以编制成应用性情境的跨学科试题。

二、 提供应用性情境的跨学科试题编制

跨学科内容是不可剥离的情境，提出的数学问题依赖于跨学科情境，待解决的问题不是纯数学的计算或证明，而是指向实际背景，涉及跨学科内容。此类问题的解决本质上是应用数学知识解决或解释其他学科的问题或现象。

例5 如图①，将一个圆球由点 B 静止释放，使其往下滚动. 受重力的影响，球的滚动速度会越来越大. 当球滚动到点 C 时，球的滚动速度为 v_C，所花时间为 T_C；当球到达平面点 C 后，受草坪阻力影响，球的滚动速度会逐渐变小，最后停在点 D，所花时间为 T_D. 在这个过程中，滚动速度 v 与滚动时间 T 的关系如图②所示.

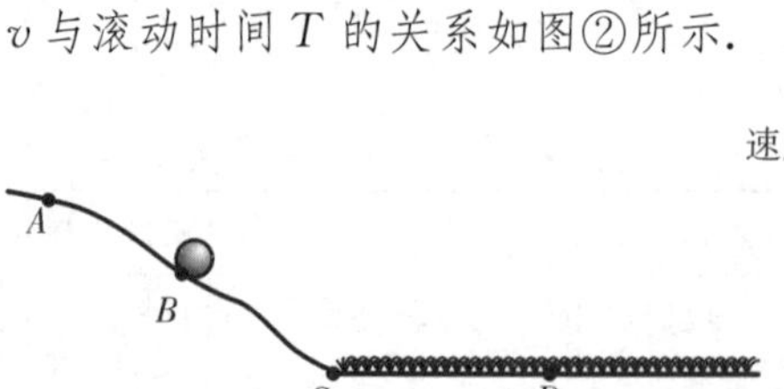

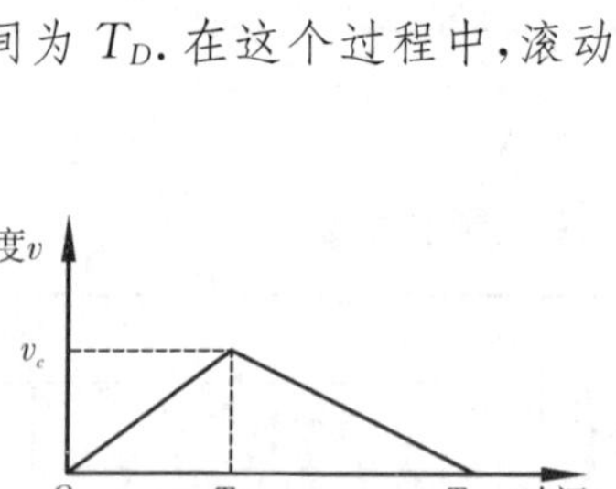

图 6-3-4

(1) 如果把 C 到 D 之间的草拔掉，使地面变平整，阻力会减小一些，

那么下列各图中能大致正确反映新的滚动速度 v 与时间 T 之间关系的是　　　　　　　　　　　　　　　　　　　　　　　　　　　　　　（　　）

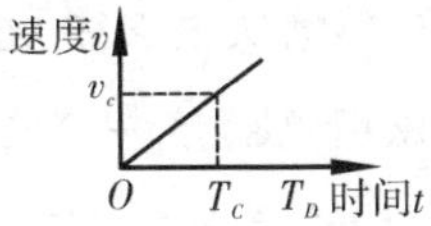

A.

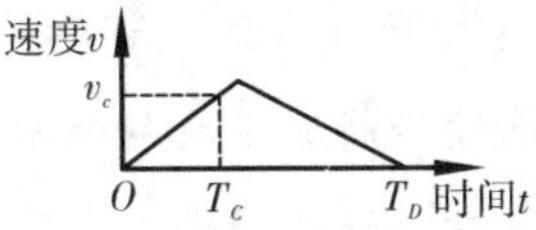

B.

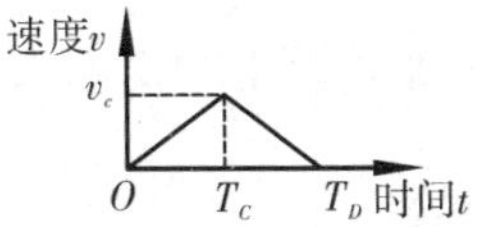

C.

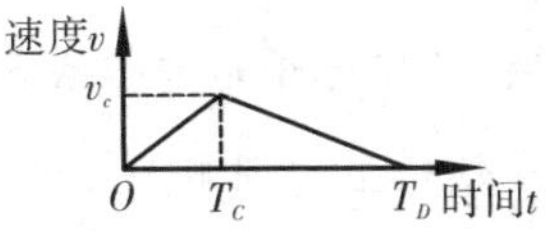

D.

(2) 如果将球由更高的点 A 静止释放(A,B,C 近似在一直线上)，使其往下滚，试利用图③画出改变后的滚动速度与时间的大致关系图. 与图②对比，说说你这样画的理由.

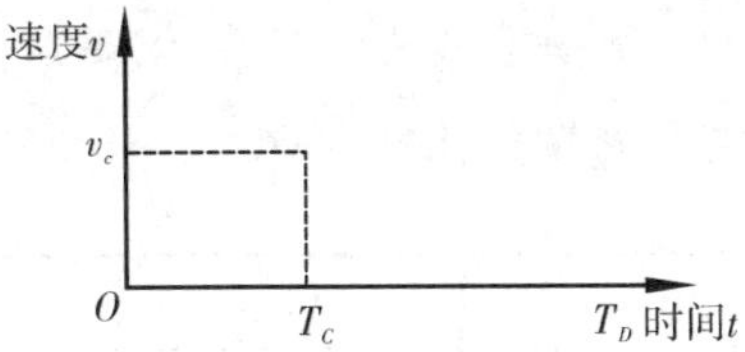

③

图 6-3-4

【试题分析】

知识主题	核心素养									问题情境			水平层次
	数学眼光				数学思维		数学语言						
	抽象能力	几何直观	空间观念	创新意识	运算能力	推理能力	模型观念	数据观念	应用意识	现实情境	科学情境	数学情境	
函数	√	√		√		√	√			√			三

函数是刻画变化与对应关系的重要数学模型，函数的图象是表示函数关系的重要方式。本题以圆球从斜坡上滚下并继续在草地上减速滚动直至停止的生活现象为背景，滚动速度与滚动时间之间的关系以图象形式进行刻画，设置两个情境性问题进行探究。

在(1)中,如果把 C 到 D 之间的草拔掉,那么速度降至零所需时间将大于 T_D。在(2)中球从静止开始加速下滑阶段,其速度是直线上升的。从点 A 静止释放后一直到底部时速度的变化情况和球从点 B 开始到底部后假设能继续沿斜坡下滑的情况是一致的,所以图象的第一段应在图②第一段的基础上继续延伸。在草坪上的减速阶段,速度是直线下降的,即相同时间内速度下降一样多,故此时的图象和图②的第二段平行。本题的构思新颖,将实际情境与函数图象紧密结合,考查学生对实际意义的理解以及对函数模型的理解与运用。

例 6 一杯咖啡的品质可由咖啡浓度 T,研磨萃取率 r,使用的咖啡豆质量 C(单位:克),以及冲泡出的咖啡总质量 B(单位:克)来决定. 这四个量满足:$T=\dfrac{C\times r}{B}$. 有研究发现:"好喝"的咖啡必须符合研磨萃取率在 18%~22%的范围内,而且咖啡浓度在 1.2%~1.45%的范围内这两个条件. 研磨萃取率太低则咖啡风味不完整,太高则会出现苦涩的不好口味. 咖啡浓度太清淡或太浓都会影响口感.

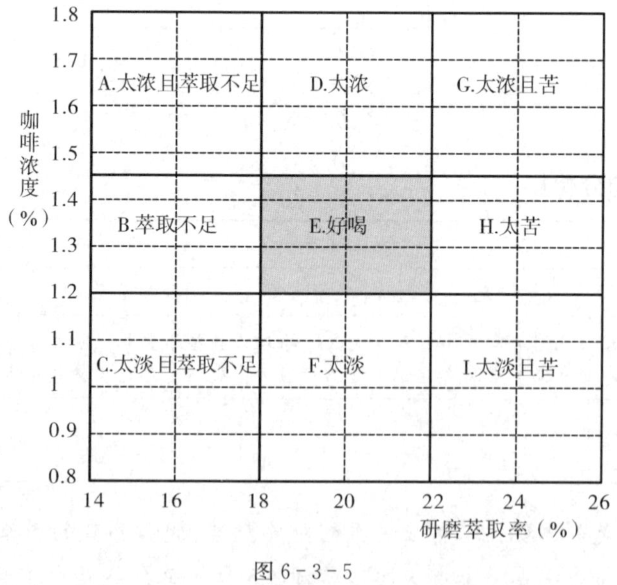

图 6-3-5

(1) 某咖啡馆用 30 克的咖啡豆,20%的研磨萃取率,冲泡了一杯 400 克的咖啡,请问这杯咖啡的品质会落在以下图表的哪个区域?

(2) 该咖啡馆想要出售每杯 600 克的“好喝”咖啡，店里磨豆机设定的研磨萃取率是 20%，则每杯应放入的咖啡豆质量应满足什么条件才能冲泡出“好喝”咖啡？

【试题分析】

知识主题	核心素养									问题情境			水平层次
	数学眼光				数学思维		数学语言			现实情境	科学情境	数学情境	
	抽象能力	几何直观	空间观念	创新意识	运算能力	推理能力	模型观念	数据观念	应用意识				
方程与不等式	√			√	√	√			√	√			三

试题以“好喝”的咖啡为背景，引用了一个经验公式，说明“好喝”的咖啡在数学上的要求，同时结合图形以类似坐标的形式进行数形结合的解读，两个问题的设计层次清楚，第(1)题旨在理解题意并直接运用，第(2)题旨在解决现实问题。其实类似问题情境在生活中广泛存在，大多能在各类科普杂志或互联网上看到相关的数学公式，而对这些信息的理解与处理也是一个人必备的基本素养。

生活中的一些细节往往包含着值得研究的数学问题。类似地，如下题。

市面上贩售的防晒产品标有防晒指数 SPF，而其对抗紫外线的防护率算法为：防护率 $=\dfrac{\text{SPF}-1}{\text{SPF}}\times 100\%$，其中 SPF $\geqslant 1$. 请回答下列问题：

(1) 厂商宣称开发出防护率 90% 的产品，请问该产品的 SPF 应标示为多少？

(2) 某防晒产品宣传内容如图所示.

图 6-3-6

请根据SPF与防护率的转换公式，判断此宣传内容是否合理，并详细解释或完整写出你的理由.

本题将防晒产品中的防晒指数SPF作为研究背景，考查了分式方程的应用，根据公式列出方程是解决第一题的关键，第二题的关键是根据公式正确算出各自的防护率。通过对防晒指数的研究，能够去判断防晒产品宣传是否虚假，这种研究体现了数学在生活中的应用价值，加深对数学来源于生活，并应用于生活的理解。

例7 数学活动课上，老师带领同学们开展"利用树叶的特征对树木进行分类"的实践活动，同学们随机收集芒果树、荔枝树的树叶各10片，通过测量得到这些树叶的长 y(单位:cm)，宽 x(单位:cm)的数据后，分别计算长宽比，整理数据如下：

	1	2	3	4	5	6	7	8	9	10
芒果树叶的长宽比	3.8	3.7	3.5	3.4	3.8	4.0	3.6	4.0	3.6	4.0
荔枝树叶的长宽比	2.0	2.0	2.0	2.4	1.8	1.9	1.8	2.0	1.3	1.9

计算统计量结果如下：

	平均数	中位数	众数	方差
芒果树叶的长宽比	3.74	3.75	4.0	0.042 4
荔枝树叶的长宽比	1.91	1.95	2.0	0.066 9

(1) A 同学说："从树叶的长宽比的方差来看，我认为芒果树叶的形状差别大."B 同学说："从树叶的长宽比的平均数、中位数和众数来看，我发现荔枝树叶的长约为宽的两倍."你认为上面两位同学的说法中，合理的是________.(填字母)

(2) 从树叶的长宽比来看，现有一片长11 cm，宽5.6 cm的树叶，请判断这片树叶更可能来自芒果、荔枝中的哪种树？给出你的理由.

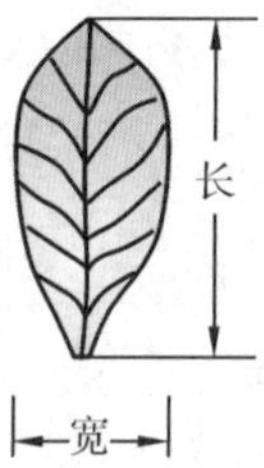

图6-3-7

【试题分析】

知识主题	核心素养									问题情境			水平层次
	数学眼光				数学思维		数学语言						
	抽象能力	几何直观	空间观念	创新意识	运算能力	推理能力	模型观念	数据观念	应用意识	现实情境	科学情境	数学情境	
统计	√			√	√	√		√	√		√		三

本题以实际情境为背景，融合了生物和数学两门学科知识，第(1)题考查对平均数、中位数、众数、方差等统计量意义的理解，第(2)题让学生通过分析收集到的数据做决策，解决实际问题，判断树叶的类型，是比较典型的基于真实情境的跨学科问题。

试题设计让学生经历收集数据—整理数据—分析数据—做出决策的“做统计”的全过程，没有让学生计算而是直接给出统计量，旨在突出关注对学生统计观念与思维水平发展情况的考查。

如果去掉第(1)题，直接结合背景提出从数学视角发现区分这两种树叶的方法，让学生自己用数学眼光去思考真实情境中问题解决方法，问题就具有探究性、综合性、实践性，以及解决问题方法的多样性。若改成这样的开放设计，宜采用等级评分的方式进行。

例8 电子体重秤读数直观又便于携带，为人们带来了方便. 某综合实践活动小组设计了简易电子体重秤：制作一个装有踏板(踏板质量忽略不计)的可变电阻 R_1，R_1 与踏板上人的质量 m 之间的函数关系式为 $R_1=km+b$(其中 k,b 为常数，$0\leqslant m\leqslant 120$)，其图象如图①所示；图②的电路中，电源电压恒为 8 伏，定值电阻 R_0 的阻值为 30 欧，接通开关，人站上踏板，电压表显示的读数为 U_0，该读数可以换算为人的质量 m，

温馨提示：①导体两端的电压 U，导体的电阻 R，通过导体的电流 I，满足关系式 $I=\dfrac{U}{R}$；

②串联电路中电流处处相等，各电阻两端的电压之和等于总电压.

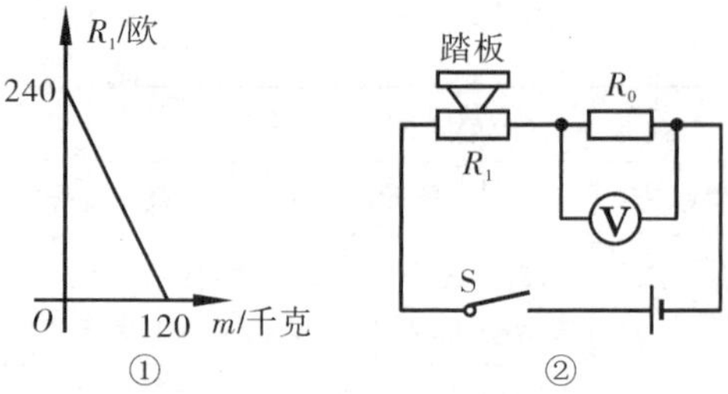

图 6-3-8

(1) 求 k,b 的值.

(2) 求 R_1 关于 U_0 的函数解析式.

(3) 用含 U_0 的代数式表示 m.

(4) 若电压表量程为 0～6 伏,为保护电压表,请确定该电子体重秤可称的最大质量.

【试题分析】

知识主题	核心素养									问题情境			水平层次
	数学眼光				数学思维		数学语言						
	抽象能力	几何直观	空间观念	创新意识	运算能力	推理能力	模型观念	数据观念	应用意识	现实情境	科学情境	数学情境	
函数	√			√	√	√	√		√		√		三

本题以设计简易的电子体重秤这一问题为载体,通过展示简易电子体重秤的工作原理,将物理中的电路问题融入其中,考查了学生对于求解一次函数和反比例函数关系式的掌握情况,同时解决本题的关键是要找出两个要求的量之间的等量关系,体现了函数建模在数学问题解决中的应用能力。此外,本题的研究背景是物理中的电路问题,物理为数学提供了丰富的背景和来源,体现了数学和物理的跨学科渗透,拓宽了学生的视野。命题者的意图在于引导学生用好数学的思维和方法解决其他学科中的问题,进一步体会数学作为解决问题的工具作用。

三、体现综合与拓展的跨学科试题编制

真实问题的解决往往指向学科整合,在生活化或跨学科的情境中,以

“发现问题—提出问题—分析问题—解决问题”为线索进行试题编制，让学生在真实情境中经历“三会”，可以有效考查学生综合素养的发展状况，此类试题的编制逐步有淡化学科边界以体现综合素养的趋势，突出对模型观念与应用意识的考查。

例9 甲、乙两种物质的溶解度 y(单位：g)与温度 t(单位：℃)之间的对应关系如图所示．则下列说法错误的是 ( )

A. 甲、乙两种物质的溶解度均随着温度的升高而增大

B. 当温度升高至 t_2℃时，甲的溶解度比乙的溶解度大

C. 当温度为 0℃时，甲、乙的溶解度都小于 20 g

D. 当温度为 30℃时，甲、乙的溶解度相等

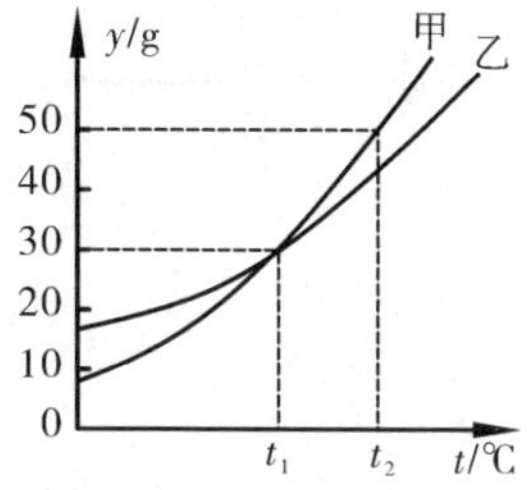

图 6－3－9

【试题分析】

知识主题	核心素养									问题情境			水平层次
	数学眼光				数学思维		数学语言						
	抽象能力	几何直观	空间观念	创新意识	运算能力	推理能力	模型观念	数据观念	应用意识	现实情境	科学情境	数学情境	
函数	√					√	√		√		√		二

本题以函数图象的形式呈现两种物质溶解度与温度之间的变化关系信息，以选择题的形式对四个命题的真假进行判断，其中涉及推理与分析，问题也都是溶解度有关的内容，设问与解答都是跨学科的，难以区分这是数学试题，还是科学试题，淡化学科边界，体现综合素养，考查综合应用能力。类似的，如下题。

呼气式酒精测试仪中装有酒精气体传感器，可用于检测驾驶员是否酒后驾车．酒精气体传感器是一种气敏电阻(图①中的 R_1)，R_1 的阻值随呼气酒精浓度 k 的变化而变化(如图②)，血液酒精浓度 M 与呼气酒精浓度 k 的关系见图③．下列说法不正确的是 ( )

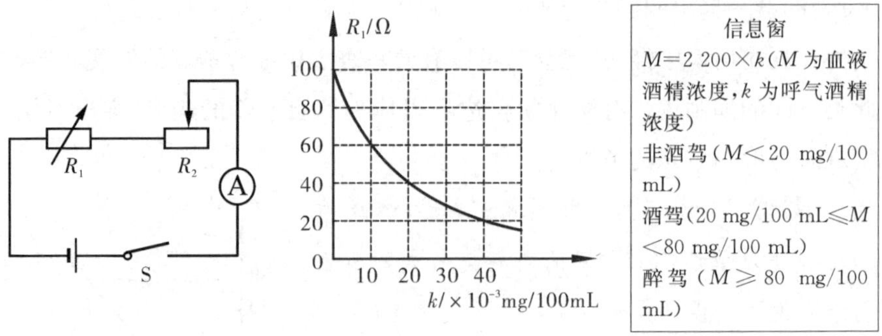

① ② ③

图 6-3-10

A. 呼气酒精浓度 k 越大,R_1 的阻值越小

B. 当 $k=0$ 时,R_1 的阻值为 100

C. 当 $k=10$ 时,该驾驶员为非酒驾状态

D. 当 $R_1=20\ \Omega$ 时,该驾驶员为醉驾状态

例10 请阅读下列材料,分析解决问题.

表 1,表 2 呈现 PA、PB 两种日光灯管的相关数据,其中光通量用来衡量日光灯管的明亮程度.

表 1

PA 灯管类别	直径/毫米	长度/毫米	功率/瓦	光通量/流明
PA—20	25.4	580	20	1 440
PA—30	25.4	895	30	2 340
PA—40	25.4	1 198	40	3 360

表 2

PB 灯管类别	直径/毫米	长度/毫米	功率/瓦	光通量/流明
PB—14	15.8	549	14	1 200
PB—28	15.8	1 149	28	2 600

(1) 已知日光灯管的发光效率为光通量与功率的比值,甲、乙两人根

据表 1,表 2 的资讯提出一下看法:

甲认为:PA—20 日光灯管的发光效率比 PB—14 日光灯管高.

乙认为:PA 日光灯管中,功率较大的灯管的发光效率较高.

你认为甲、乙两人的看法是否正确?请说明理由.

(2) 有一家公司请水电工程厂商安装日光灯管,厂商提供两种方案如表 3 所示.

表 3

方案	施工内容	施工费用(含材料费)
基本方案	安装 90 支 PA—40 日光灯管	45 000 元
省电方案	安装 120 支 PB—28 日光灯管	60 000 元

已知 n 支功率皆为 w 瓦的日光灯管都适用 t 小时后消耗的电能(千瓦时)$=\frac{n}{1\,000}\times w\times t$,若每支灯管使用时间皆相同,且只考虑灯管消耗的电能并以每千瓦时 5 元计算电费,则两种方案相比,灯管使用时间至少要超过多少小时,采用省电方案所节省的电费才会高于两者相差的施工费用?

【试题分析】

<table>
<tr><th rowspan="3">知识主题</th><th colspan="9">核心素养</th><th colspan="3">问题情境</th><th rowspan="3">水平层次</th></tr>
<tr><th colspan="4">数学眼光</th><th colspan="2">数学思维</th><th colspan="3">数学语言</th><th rowspan="2">现实情境</th><th rowspan="2">科学情境</th><th rowspan="2">数学情境</th></tr>
<tr><th>抽象能力</th><th>几何直观</th><th>空间观念</th><th>创新意识</th><th>运算能力</th><th>推理能力</th><th>模型观念</th><th>数据观念</th><th>应用意识</th></tr>
<tr><td>数与代数</td><td>√</td><td></td><td></td><td>√</td><td>√</td><td>√</td><td>√</td><td></td><td>√</td><td>√</td><td></td><td></td><td>三</td></tr>
</table>

本题在生活化情境中发现问题、提出问题、综合运用相关知识解决问题,体现对综合素养的考查。在试题编制上,利用表格呈现信息,需要学生在非连续文本中针对具体问题寻找有用信息进行分析,运用数学方法解决问题。试题中还涉及光通量、发光效率的概念与算法以及消耗电能的计算公式,这些都是科学学科的相关知识。在问题的设计上,比如"甲、

乙两人的看法是否正确？请说明理由”这样的设问，体现适度的开放，同时也考查通过计算进行推理判断。比如“两种方案相比，灯管使用时间至少要超过多少小时，采用省电方案所节省的电费才会高于两者相差的施工费用”等问题都指向有现实意义的问题解决。

例11 视力表中蕴含着很多数学知识，如：每个“**E**”形图都是正方形结构，同一行的“**E**”是全等图形且对应着同一个视力值，不同的检测距离需要不同的视力表.

素材1 国际通用的视力表以5米为检测距离，任选视力表中7个视力值 n，测得对应行的“**E**”形图边长 b(mm)，在平面直角坐标系中描点如图①.

探究1 检测距离为5米时，归纳 n 与 b 之间的关系式，并求视力值1.2所对应行的“**E**”形图边长.

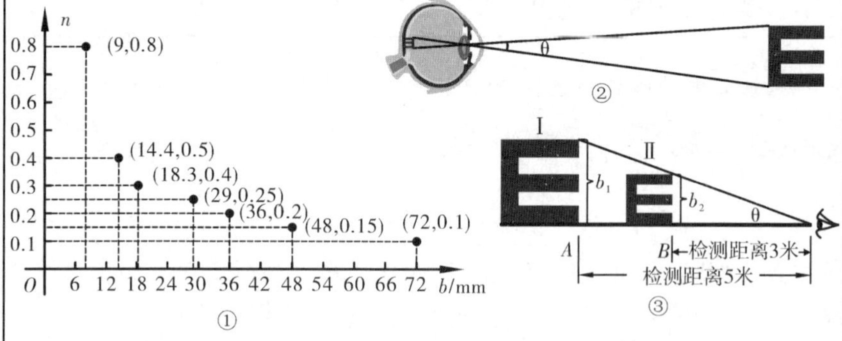

图 6-3-11

素材2 图②为视网膜成像示意图，在检测视力时，眼睛能看清最小“**E**”形图所成的角叫做分辨视角 θ. 视力值 n 与分辨视角 θ(分)的对应关系近似满足：$n=\frac{1}{\theta}(0.5\leqslant\theta\leqslant 10)$.

探究2 当 $n\geqslant 1.0$ 时，属于正常视力，根据函数增减性写出对应的分辨视角 θ 的范围.

素材3 如图③，当 θ 确定时，在 A 处用边长为 b_1 的Ⅰ号“**E**”测得的视力与在 B 处用边长为 b_2 的Ⅱ号“**E**”测得的视力相同.

探究3 若检测距离为3米，求视力值为1.2时对应行的“**E**”形图边长.

【试题分析】

知识主题	核心素养									问题情境			水平层次
	数学眼光				数学思维		数学语言			现实情境	科学情境	数学情境	
	抽象能力	几何直观	空间观念	创新意识	运算能力	推理能力	模型观念	数据观念	应用意识				
数与代数	√			√	√	√	√		√		√		三

本题考查重点为反比例函数、相似三角形。《课程标准(2022年版)》的学业要求中指出:知道当 $k>0$ 和 $k<0$ 时反比例函数 $y=\frac{k}{x}(k\neq0)$ 图象的整体特征,能用反比例函数解决简单实际问题,了解相似三角形对应线段的比等于相似比,会利用图形的相似解决一些简单的实际问题。

本题融光学原理、图形变化、函数探究、视力表设计等为一体,通过2个边长求值,1个求分辨视角 θ 的范围问题解决,让学生经历在真实情境中发现提出问题、分析解决问题的过程,引导学生关注生活,学会利用已有的数学知识解释生活现象,并发展抽象能力与模型观念等核心素养。

例12 【问题情境】

小颖在学习了摩擦力的相关知识后,准备在水平面上探究滑动摩擦力与压力之间的关系,探究步骤如下:

第一步:如图①,在一水平放置的木板上放置一个质量为1 kg的木块(压力大小等于重力大小),用弹簧测力计沿水平方向拉动木块,使木块做匀速直线运动(滑动摩擦力的大小可以由弹簧测力计读出);

第二步:在木块上增加质量不同的砝码,使木块做匀速直线运动.

【数学活动】

当在木块上增加质量不同的砝码后,设弹簧测力计所拉物体的质量为 m(单位:kg),弹簧测力计的示数为 F(单位:N),通过多次测量,得到如下数据:

m/kg	1	1.5	2	4
F/N	3	4.5	6	12

(1) 把表中的(m,F)的各组对应值作为点的坐标,在图③的坐标系中,描点,连线,画出弹簧测力计拉力 F 关于物体质量 m 的图象.

(2) 观察所画的图象,猜测 F 和 m 之间的函数关系,求出函数表达式.

【数学应用】

(3) 小颖将水平拉动木块实验变成在斜面拉动木块实验,如图②,用弹簧测力计拉着重为 10 N 的木块分别沿倾斜程度不同的斜面向上做匀速直线运动. 经测算,在弹性范围内,沿斜面的拉力 F(单位:N)是高度 h(单位:m)的一次函数. 当斜面水平放置在地面上时,弹簧测力计的读数为 2 N,高度 h 每增加 0.1 m,弹簧测力计的读数增加 0.8 N. 若弹簧测力计的最大量程是 8 N,求装置高度 h 的取值范围.

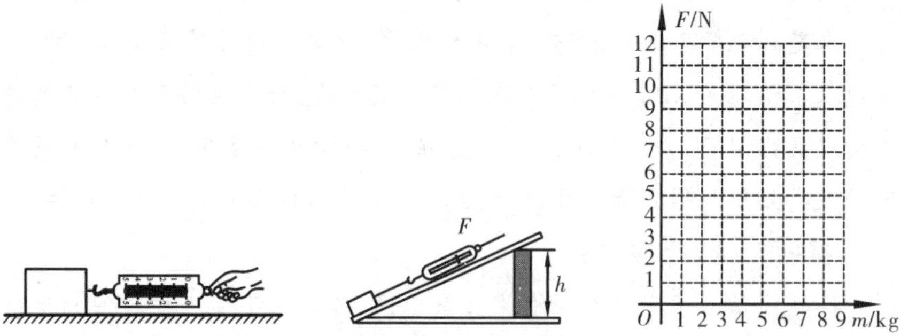

① ② ③

图 6-3-12

【试题分析】

知识主题	核心素养									问题情境			水平层次
	数学眼光				数学思维		数学语言			现实情境	科学情境	数学情境	
	抽象能力	几何直观	空间观念	创新意识	运算能力	推理能力	模型观念	数据观念	应用意识				
相似	√			√	√	√	√		√		√		三

在现实情境与科学情境中,许多问题的表面是物理现象,但问题的最终解决需要运用数学知识予以解决,数学的思想方法在物理学的研究中广泛存在。本题以科学实验为背景,探究滑动摩擦力与压力之间的关系,

这里跨学科内容不只是情境，而是试题本身的研究内容，本题与传统意义上的数学应用题不同，也区别于传统意义上的物理试题，本质上是实现了数学与科学的融合。本题在设问特点与思维方式上更多的是采用了具有数学特点的表达方式，体现了能够借助直观想象建立数学与其他学科的联系，能够合理地运用数学语言和思维进行跨学科的表达与交流的要求，所以可以认为是一道数学的跨学科试题。

本题的命制策略也给我们提供了从多学科到跨学科再到学科融合的试题编制的新思路。实际上，许多物理中的思想方法和知识在数学中也有独到的用处，比如重心原理、力系平衡概念、势能最小原理以及光学、电学知识在数学中的应用。在实际问题的解决中，综合运用多学科的知识与方法进行解决，实现从跨学科情境到跨学科思维的转变，既给命题技术带来了挑战，也开辟了新的命题思路。

好题精选

1. 如图，将两枚同样大小的硬币放在桌子上，固定其中一枚，而另一枚则沿着其边缘滚动一周，这时滚动的硬币滚动了 (　　)

A. 1圈　　B. 1.5圈

C. 2圈　　D. 2.5圈

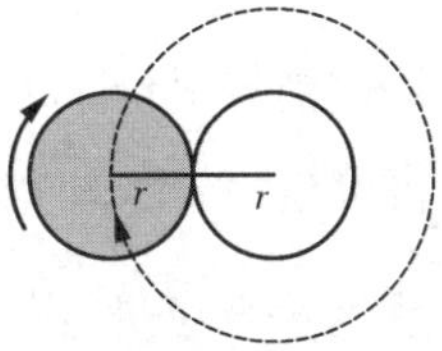

(第1题)

2. 对某条路线的长度进行3次测量，得到3个结果 x_1, x_2, x_3. 我们规定该路线的"最佳估计结果" x 是这样的一个数值：x 与各测量结果的差的平方和最小. 以此规定，最佳估计结果 x 的值是 (　　)

A. $\dfrac{x_1+x_2+x_3}{3}$　　B. $\sqrt[3]{x_1x_2x_3}$

C. $\dfrac{\sqrt{x_1^2+x_2^2+x_3^2}}{3}$　　D. $\sqrt{x_1^2+x_2^2+x_3^2}$

3. 在平面直角坐标系中，如果 x 与 y 都是整数，就称点 (x, y) 为整点. 下列命题错误的是 (　　)

A. 存在这样的直线,既不与坐标轴平行又不经过任何整点

B. 存在恰经过一个整点的直线

C. 如果直线 $y=kx+b$ 经过无穷多个整点,那么 k 与 b 都是有理数

D. 如果 k 与 b 都是无理数,那么直线 $y=kx+b$ 不经过任何整点

4. 某班选举班干部,全班有 50 名同学都有选举权和被选举权,他们的编号分别为 1,2,…,50. 老师规定:同意某同学当选的记"1",不同意(含弃权)的记"0".

如果令 $a_{i,j}=\begin{cases}1,\text{第 } i \text{ 号同学同意第 } j \text{ 号同学当选},\\ 0,\text{第 } i \text{ 号同学不同意第 } j \text{ 号同学当选},\end{cases}$

其中 $i=1,2,\cdots,50$;$j=1,2,\cdots,50$.

那么同时同意第 1 号和第 50 号同学当选的人数可表示为 ( )

A. $a_{1,1}+a_{1,2}+\cdots+a_{1,50}+a_{50,1}+a_{50,2}+\cdots+a_{50,50}$

B. $a_{1,1}+a_{2,1}+\cdots+a_{50,1}+a_{1,50}+a_{2,50}+\cdots+a_{50,50}$

C. $a_{1,1}a_{1,50}+a_{2,1}a_{2,50}+\cdots+a_{50,1}a_{50,50}$

D. $a_{1,1}a_{50,1}+a_{1,2}a_{50,2}+\cdots+a_{1,50}a_{50,50}$

5. 商家通常依据"乐观系数准则"确定商品销售价格,即根据商品的最低销售限价 a,最高销售限价 $b(b>a)$以及常数 $k(0\leqslant k\leqslant 1)$确定实际销售价格为 $c=a+k(b-a)$,这里的 k 被称为乐观系数. 经验表明,最佳乐观系数 k 恰好使得 $\frac{b-a}{c-a}=\frac{c-a}{b-c}$,据此可得,最佳乐观系数 k 的值等于________.

6. 设多边形 $A_1A_2A_3\cdots A_n$ 中,有 m 个点 B_1, B_2, B_3, …, B_m,连结它们成一张互相毗邻的三角形网($n=6$,$m=4$ 时的情形如图),称每个小三角形为一个"网眼",则网中共有________个"网眼"(用含 n,m 的代数式表示).

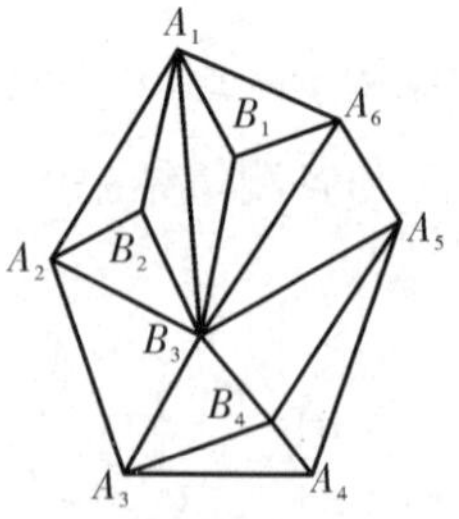

(第 6 题)

7. 如图,圆 O 的半径为 4,点 B 是直径 AC 上定点,$AB=1$,过点 B 的直线与圆 O 交于 D,E 两点,当四边形 $ADCE$ 面积最大时,$\sin\angle EBC=$________.

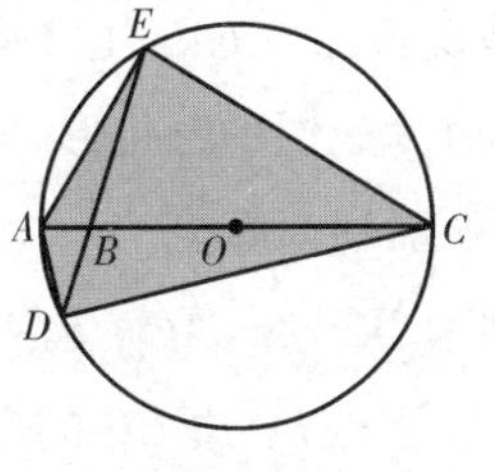

（第 7 题）

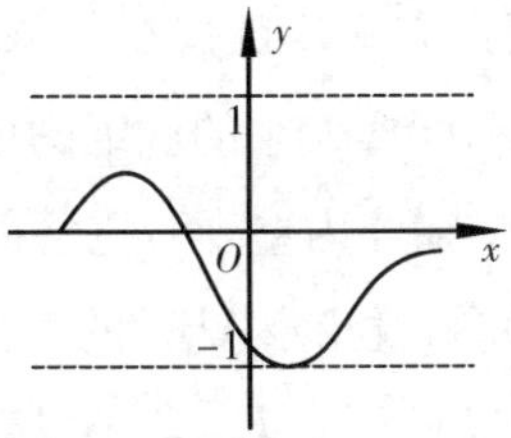

（第 8 题）

8. 对某一个函数给出如下定义：若存在实数 $M>0$，对于任意的函数值 y，都满足 $-M\leqslant y\leqslant M$，则称这个函数是有界函数，在所有满足条件的 M 中，其最小值称为这个函数的边界值. 例如，下图中的函数是有界函数，其边界值是 1.

(1) 分别判断函数 $y=\dfrac{1}{x}(x>0)$ 和 $y=x+1(-4<x\leqslant 2)$ 是不是有界函数？若是有界函数，求其边界值.

(2) 若函数 $y=-x+1(a\leqslant x\leqslant b,b>a)$ 的边界值是 2，且这个函数的最大值也是 2，求 b 的取值范围.

(3) 将函数 $y=x^2(-1\leqslant x\leqslant m,m\geqslant 0)$ 的图象向下平移 m 个单位长度，得到的函数的边界值是 t，当 m 在什么范围时，满足 $\dfrac{3}{4}\leqslant t\leqslant 1$？

9. 在一次科学探究实验中，小明将半径为 5 cm 的圆形滤纸片按图①所示的步骤进行折叠，并围成圆锥形.

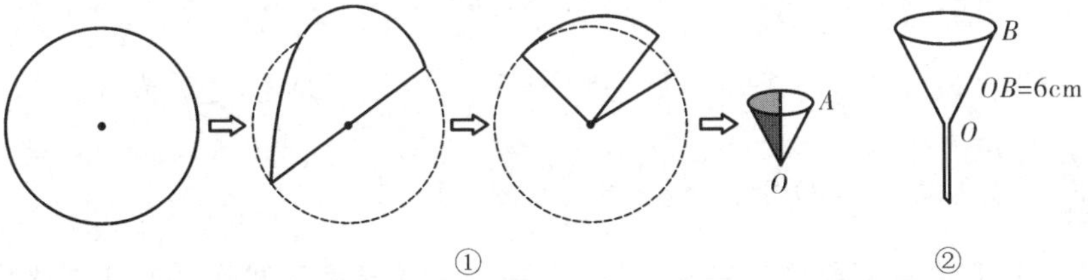

（第 9 题）

(1) 如图②，取一漏斗，上部的圆锥形内壁（忽略漏斗管口处）的母线 OB 长为 6 cm，开口圆的直径为 6 cm. 当滤纸片重叠部分为三层，且每层为 $\dfrac{1}{4}$ 圆时，将滤纸围成的圆锥形放入该漏斗中，能否紧贴此漏斗的内壁（忽略漏斗管口处），请你用所学的数学知识说明.

(2) 假设有一特殊规格的漏斗,其母线长为 6 cm,开口圆的直径为 7.2 cm,现将同样大小的滤纸围成重叠部分为三层的圆锥形,放入此漏斗中,且能紧贴漏斗内壁.问:重叠部分每层的面积为多少?

10. 如图,锐角$\triangle ABC$的三边长分别为$BC=a$,$AC=b$,$AB=c$,$\angle A$的平分线交BC于点E,交$\triangle ABC$的外接圆于点D,边BC的中点为M.

(1) 求证:MD垂直BC.

(2) 求$\dfrac{BD}{AD}$的值(用a,b,c表示).

(3) 作$\angle ACB$的平分线交AD于点P,若点P关于点M的对称点恰好落在$\triangle ABC$的外接圆上,试探究a,b,c应满足的数量关系.

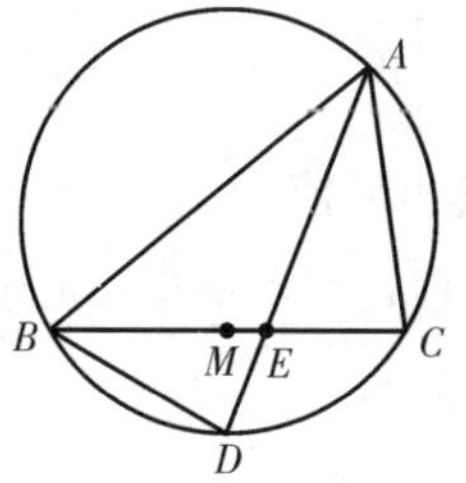

(第 10 题)

【参考答案】

1. C 2. A 3. D 4. C

5. $\dfrac{\sqrt{5}-1}{2}$ 6. $n+2m-2$ 7. $\dfrac{2\sqrt{2}}{3}$

8. (1) $y=\dfrac{1}{x}(x>0)$不是,$y=x+1(-4<x\leqslant 2)$是,边界为 3

(2) $-1<b\leqslant 3$ (3) $0\leqslant m\leqslant \dfrac{1}{4}$或$\dfrac{3}{4}\leqslant m\leqslant 1$

9. (1) 要判断能否紧贴内壁,可考虑滤纸围成的圆锥与漏斗两者的顶角度数是否相等;也可以从两个圆锥的侧面展开得到的扇形的圆心角是否相等入手 (2) $5\pi\ \text{cm}^2$

10. (1) 略 (2) $\dfrac{BD}{AD}=\dfrac{a}{b+c}$ (3) $a^2=b^2+c^2-bc$

第七章　试卷的质量评价与教学建议

对试卷进行科学评价和客观反馈，对优化教与学的内容，提高教与学的质量具有非常重要的现实意义。如何科学地对试卷质量进行分析？如何借助质量分析找出学生学习和教师教学中存在的问题？发挥评价的导向功能，这对提高教育质量，最大限度地实现“教—学—评”一致，有着非常重要的现实意义。

第一节　试卷的质量评价

一、试卷评价的质量指标

试卷质量评价是教学质量反馈和评估的重要手段。对一份试卷的质量评价，应先了解考试的性质，然后从定性和定量两个角度进行分析，一般按照以下流程操作：

表 7-1-1　流程操作表

流程		具体任务
步骤 1	做题	了解试卷的科学性、难易度、阅读量、用时量等
步骤 2	估计难度	估计各题难度，计算整卷难度
步骤 3	试卷结构分析	将试卷的题型、题量、知识领域、知识与能力要求等与《课程标准(2022 年版)》作比较，看是否一致
步骤 4	完成评价表	从导向性、科学性、适标性、有效性、难易度五个质量指标进行评价，得出评价结论

试卷质量指标包括适标性、科学性和有效性，其中信度与效度是有效性的评价指标。

（一）适标性分析

不论哪种命题，都必须以《课程标准（2022 年版）》为依据，试题内容和形式要符合测试的目的，考查的知识和能力不能超出《课程标准（2022 年版）》规定的范围和要求，不能脱离参加考试学生群体的实际水平。

试卷适标性的评价指标为：试卷要求与《课程标准（2022 年版）》要求一致，试卷要求与数学素养目标一致，试卷要求与学科特点一致，试卷要求与考生实际水平一致。

（二）科学性分析

试卷科学性评价指标为：试卷内容科学，无科学性差错；试题立意高，情境合理，设问明确，表述规范；试卷结构简约、合理；题量、试题编排合理，梯度明显。

科学性是命题应遵循的首要原则，也是命题的前提，因此命题者都非常关注命题的科学性，但由于命题时间紧张，难免会出现有待进一步完善的问题。纵观近几年中考试卷，在科学性上容易出现以下几个方面的问题。

1. 语言表述欠严谨。

例1 若自然数 n 使得三个数的加法运算“$n+(n+1)+(n+2)$”产生进位现象，则称 n 为“连加进位数”. 例如：2 不是“连加进位数”，因为 $2+3+4=9$ 不产生进位现象；4 是“连加进位数”，因为 $4+5+6=15$ 产生进位现象；51 是“连加进位数”，因为 $51+52+53=156$ 产生进位现象. 如果从 0,1,2,…,99 这 100 个自然数中任取一个数，那么取到“连加进位数”的概率是（　　）

A. 0.88　　B. 0.89　　C. 0.90　　D. 0.91

[**评析**]本题对“连加进位”的叙述不够严谨，题中的举例容易让学生产生“进位”就是原数的数位增加的歧义（即一位数变两位数，两位数变三位数）。

2. 试题立意欠科学。

例2 一个不透明的布袋里装有2个白球、1个黑球和若干个红球,它们除颜色不同外其他都相同,从中任意摸出1个球,是白球的概率为$\frac{1}{2}$.

(1) 布袋里红球有多少个?

(2) 先从布袋中摸出1个球后不放回,再摸出1个球,请用列表法或画树状图的方法求出两次摸到的球都是白球的概率.

[**评析**]本题以摸球游戏为背景,求等可能性事件的概率,符合实际意义,但试题设问"布袋里红球有多少个"是以不确定的事件来推断确定事件,立意不妥。

3. 试题不严密。

例3 如图7-1-1,等边三角形ABC的边长为6,在边AC,BC上各取一点E,F,连结AF,BE相交于点P.

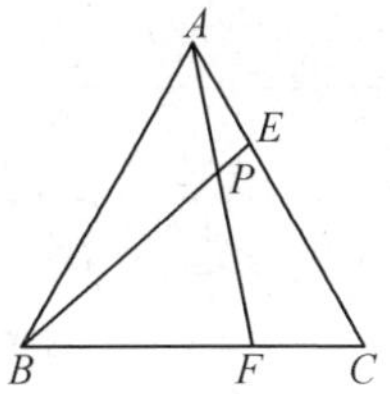

图7-1-1

(1) 若$AE=CF$,

①求证:$AF=BE$,并求$\angle APB$的度数.

②若$AE=2$,试求$AP \cdot AF$的值.

(2) 若$AF=BE$,当点E从点A运动到点C时,试求点P经过的路径长.

[**评析**]在第(2)题中,试题对点F的运动方式未作合理规定,在没有指定点F为单向运动(单向运动可分两类:从点B向点C或从点C向点B)的情况下,当点E从点A向点C运动时,"在边BC上取一点F",点F可以自由取靠近点B或点C的,可能造成点P的轨迹为一些散点或线的组合图形,此时点P无固定路径,也无法计算路径长。

4. 试题要求不明确。

例4 在平面直角坐标系中,设x轴为直线l,函数$y=-\sqrt{3}x$,$y=\sqrt{3}x$的图象分别是直线l_1,l_2,$\odot P$(以点P为圆心,1为半径)与直线l,l_1,l_2中的两条相切.例如,$(\sqrt{3},1)$是其中一个$\odot P$的圆心坐标.

(1) 写出其余满足条件的⊙P 的圆心坐标.

(2) 在图中标出所有圆心,并用线段依次连结各圆心,求所得几何图形的周长.

[**评析**]本题分类情况较多,难度偏大,第(2)题"用线段依次连结各圆心"中的"依次"表述较为开放,依次连结所得的几何图形丰富多样,试题中并没有说明是否要考虑所有的几何图形的周长,由于没有明确是完成一种即可,还是要对几何图形分类讨论,可能会给学生带来解题困扰。

5. 试题考查对象未定义,认识有歧义。

例5 为了估计鱼塘中成品鱼(个体质量在 0.5 kg 及以上,下同)的总质量,先从鱼塘中捕捞 50 条成品鱼,称得它们的质量如下表:

质量/kg	0.5	0.6	0.7	1.0	1.2	1.6	1.9
数量/条	1	8	15	18	5	1	2

然后做上记号放回鱼塘中,过几天又捕捞了 100 条成品鱼,发现其中 2 条带有记号.

(1) 请根据表中数据补全下面的直方图(各组中数据包括左端点,但不包括右端点).

(2) 根据图 7-1-2 中数据分组,估计从鱼塘中随机捕一条成品鱼,其质量落在哪一组的可能性最大.

(3) 根据图 7-1-2 中数据分组,估计鱼塘里质量中等的成品鱼的质量落在哪一组内.

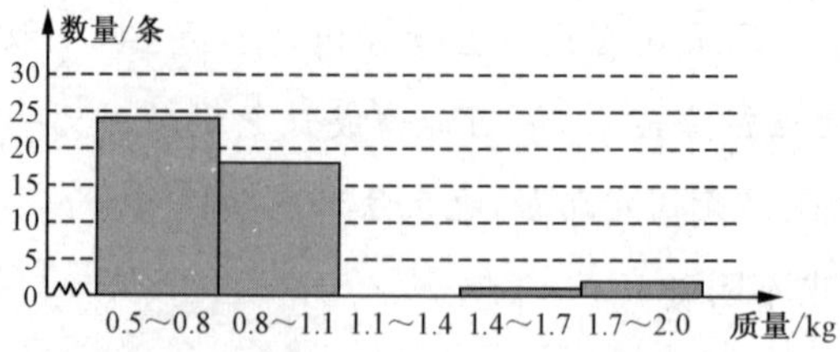

图 7-1-2

(4) 请你用适当的方法估计鱼塘中成品鱼的总质量(精确到 1 kg).

[**评析**]第(3)题中"质量中等的成品鱼"的"质量中等"未定义,且试题

考查的知识点“中位数”与日常生活中的“质量中等”的认识相去甚远。

（三）有效性分析

有效的试卷能真正对学生的学业达成客观、科学的评价，并对课堂教学起到指导、改进作用。试卷有效性的评价指标为：试卷难度分布适宜，信度、效度高；试卷具有创新性，鼓励学生发展个性、发挥创造性；体现减轻学生负担的意识。其中信度与效度是试卷有效性评价的定量指标。

1. 信度分析。

考试信度指考试结果的稳定性与可靠性的程度。它是衡量试卷是否能够稳定地、一致地考查考生知识水平与能力状态的指标，反映的是检测得到的结果（实测分数）与考生实际水平（真分数）间的一致性。[①] 实测分数与真分数之间的误差（即测量误差）越少时，信度越高。试卷的信度越高，考生的得分越不易受偶然因素的影响。

信度分析包括定量分析与定性分析。定量分析方法比较多，一般采用估计分半信度（分半法）和内部一致性信度，但信度的定性分析更方便、更具实效、更有助于试卷命制质量的改进，这里主要研究信度的定性分析方法。

---

① 许世红，胡中锋．数学试卷分析方法[M]．上海：华东师范大学出版社，2009．

表 7-1-2　试卷信度定性评价表①

检测性质____________________ 检测对象____________________

评价指标	评价要点	评定等级				正面典型	负面典型
		优	良	中	差		
试题考查目标的一致性程度	试卷中试题围绕着考查目标命制						
	试题的背景为学生所熟悉，不存在理解障碍						
	试题设计的知识技能针对性强						
	知识技能跨越度合适，考生不存在大面积遗忘现象						
	该指标的总体评价						
试题呈现的规范性	文字表述准确，不会导致理解歧义						
	数学符号呈现规范，使用合理						
	几何图形、统计图表等呈现规范，标注准确，线条美观大方						
	不存在试题跨页现象，不会导致考生无意错漏						
	该指标的总体评价						
试题作答的猜测度	选择题选项的迷惑性好						
	主观题的难易程度合理						
	该指标的总体评价						
评分标准的合理性	同一试题不同解法评分标准的等价性						
	同一试题分步解答赋分的合理性						
	试题难度与分值多少的匹配性						
	该指标的总体评价						

由上表可知，改进试卷信度可以从以下几方面进行：适当增加试题总

① 许世红，胡中锋. 数学试卷分析方法[M]. 上海：华东师范大学出版社，2009.

数，减小随机误差；控制试卷的难度，扩大考生分数分布范围；不出过难试题，减少试题的猜测度或无效试题；制订合理的评分标准；保证考查内容的针对性和考试目标的一致性，控制外在环境以减少无关干扰等。

信度分析要求试题的立意、情境、设问和陈述等方面，能够准确反映试题考查的目的、围绕目的的内容以及内容的呈现形式。一份高信度的试卷要求做到试卷所规定的系统误差合理，评分标准准确、可操作性强，试题的陈述准确，试题呈现规范。

2. 效度分析。

考试效度也称考试结果的有效性，是衡量考试结果与考试预设目标之间符合程度的指标。若考试结果与学生平时的学习情况基本一致，这样的试卷就具有较高的效度。效度分为内容效度、结构效度和效标关联效度三类。[①] 对一线教师来说，效度主要指内容效度，这里也仅谈内容效度。

内容效度是指测验的题目在多大程度上代表了待测试领域的整个内容。它是通过系统的检测，以确定考试内容是否覆盖了所要测量的学科代表性内容来估计的。[②]就中考来说，数学学科检测的内容范围是《课程标准》所列的全部内容，但命题时不可能包含所有内容，必须从中选出一个代表性样本，根据它来编制试题，命制试卷，再根据考生的分数推断考生对初中数学知识、技能和思想方法的掌握情况。若考试题目是初中内容的一个好样本，则推断就有效；若取样有遗漏或偏差，则会影响推断的有效性。

关于内容效度的评估，至今没有有效的计算公式。确定内容效度是否理想的关键是分析试题的取样是否具有较好的代表性。一般要求试卷中每一道题都必须有明确有效的考查目标，既要与试卷中其他试题相辅相成，又要让试卷中别的试题无法替代。

因此，试卷的效度分析，可通过“试卷内容效度分析表”进行综合分析，见表 7-1-3。

---

①② 许世红，胡中锋. 数学试卷分析方法[M]. 上海：华东师范大学出版社，2009.

表 7-1-3　试卷内容效度分析表

学科________　　　　　　　　　　年　　月　　日

考试要求分布	层次	了解	理解	掌握	……
	题号				
	分值				

知识单元分布	单元	数与代数	方程与不等式	函数	概率与统计	三角形	四边形	……
	题号							
	分值							

学科素养	名称	抽象能力	运算能力	推理能力	几何直观	空间观念	数据观念	模型观念	应用意识	创新意识	……
	题号										
	分值										

难度分布	难度	0.2以下	0.2～0.4	0.4～0.6	0.6～0.8	0.8～0.9	0.9以上
	题数 / 分值						

题型分布					
题型					
题号					
分值					

试题来源	来源	课本原题	课本改编	自编
	分值			

估计试卷参数	平均分	及格线	优秀等线

有差错题		有歧义题		表述不规范题		超纲题	
题号		题号		题号		题号	
分值		分值		分值		分值	

试卷特点说明	
特色亮点创新	
问题不足	

3. 难度分析。

难度是指测验试题的难易程度，是对考生完成试题作答任务时所表现出来的困难程度的度量，也可以说是衡量试题对学生知识与能力水平适合程度的指标。试题的难度分为绝对难度（预测难度）和相对难度（实测难度）。试题的绝对难度见第一节中“试卷的难度估计”，下面主要分析试题的实测难度，即试题的相对难度。

试题的难度具有相对性，这是针对特定的考生群体而言的，即同样一道试题对不同的学生群体来说，困难程度是不同的。试题的难度可采取难度系数作为衡量指标（通常指实测难度系数）。

试题难度系数即该试题的平均得分与该试题满分值的比值，计算公式如下：

$$p=\frac{\overline{x}}{x},$$

其中$\overline{x}$是考生在该试题的平均得分，x 为该试题的满分值。

一份试卷的难度是由各个试题的难度构成的，同样的试题难度由于其在试卷中的位置不同会导致整卷难度的不同，这就是试卷的难度结构。试卷的难度结构（也称难度分布）是指试卷的整体难度如何，各题的难度是怎样安排的，各个难度档次的试题分别占多大的比例，等等。

试卷的难度结构的安排与设置要科学合理，评价一份试卷的难度结构，既要与考生群体的实际相结合，又要考虑考试的时间与试卷的容量，还要考虑考试的性质和目标要求。若试卷是阶段性检测，其难度宜控制在 0.75 左右，试卷中低难度的试题与中等难度的试题所占的比例不少于 80%，使大部分学生获得较为满意的成绩，不但能有效地检测教学效果，而且能激发学生的兴趣与信心，把教学引向良性循环；若试卷是初中毕业升学考试试卷，其难度宜控制在 0.70 到 0.75 之间，既能检测初中毕业生的学业水平，又能为高一级学校选拔人才服务。

4. 区分度分析。

区分度是指试题或试卷对考生实际水平的鉴别能力，它是反映考生掌握知识水平能力差异的指标。[①] 如果实际水平高的学生在测验题目上能得到高分，而实际水平低的学生只能得低分，那么该试题区分学生的能力就强；反之，就可以断定试题的区分度不理想。因此，试题的区分度又被称为试题的鉴别力，它是评价试题质量、筛选试题的主要指标与依据。

区分度一般在 $-1\sim1$ 之间，值越大，区分度越好。但在教育测量中，区分度一般为正。试题的区分度和试题难度有着密切的联系，区分度的调控主要是通过对试题难度的控制来实现的。试题太难或太易，都会导致试卷没有区分度。通常，试题的区分度在 0.40 以上，表明此题优秀；0.30～0.39 表明试题良好，如能改进则更好；0.20～0.29 表明此题尚可，用时需作改进；0.19 以下表明此题的区分度不好，应淘汰，但选择修改还是淘汰也要结合学科，由试题特征和位置而定。[②]

计算试题区分度的方法比较多，有“积差相关法”“点列相关法”“二列相关法”和“极端分组法”。在教育统计中，最简便实用的方法是“极端分组法”（又称“试题的鉴别力指数”），下面仅介绍极端分组法。

极端分组法计算的具体步骤：[③]

①先按照测验成绩总分，由高到低，将考生试卷依次排列；

②从得分最高的一份试卷开始，依次向下选出全部试卷的 27%作为高分组，计算出高分组对应的各试题的难度 p_H；

③从得分最低的一份试卷开始，依次向上选出全部试卷的 27%作为低分组，计算出低分组对应的各试题的难度 p_L；

④相应试题的区分度是 p_H 与 p_L 的差，即 $D=p_H-p_L$。

值得注意的是，当试题的区分度小于 0.29 甚至小于 0.20 时，不一定说明试题不好。造成试题的区分度偏小的原因很多，需要具体问题具体分析，分析时，我们需要综合考虑以下几种情况：

(1) 参加测试人数的多少。如果参加测试的人数太少，可能会导致区分度不稳定。

(2) 学情。为保证题目有较高的区分度，有效地区分学生，尤其是升学考试试卷，命题前应准确了解考生水平，避免出现过易和过难的题目，

①②③ 任子朝．中学生数学学业测试研究[M]．北京：教育科学出版社，2001.

使题目难度保持在 0.20 到 0.90 之间。但要注意,有些试题在整卷中起特殊作用,如一份试卷的前三道送分题,要尽可能让所有参加考试的学生都能拿到分数,不鼓励有较好的区分度。

(3) 试题的难度。同一道题对于不同考生群体,可能难度差异很大,试题难度过大或过小,都可能导致区分度降低。因此,在实际命题时,题目的难度分布要有一定的梯度,采取“多点压轴”策略,扩大难度分布。

(4) 试题的熟悉程度。命题时不能单纯追求较高的区分度和较好的统计数据,只命制学生熟悉的题目,而放弃有良好导向作用的题目。对一些立意新颖、融进研究成果、体现当前数学课程改革方向、对指导教学改革和考生复习有积极意义的题目,即使考生不熟悉,也要命制。事实上,中考的导向作用正是通过这样的试题体现、发挥出来的,但题目不能过难。

(5) 试题的命制质量。试题的结构、表述等都可能对考生作答造成干扰,同一道试题放在不同的位置,都会对考生的心理产生不同的影响,从而影响试题的区分度。所以要研究命题技术,提高命题水平。

(四) 试题情况分析

对每道试题的答题情况的分析包括考生的整体答题状况(对平均分、难度、区分度、标准差等指标的具体分析)、试题考点分析、思路分析和不同解法、典型错误及归因分析、对教学的启示等方面的内容。

表 7-1-4 考试答题情况分析基本模式

题号	
基本量化指标	满分: 平均分: 标准差: 难度: 区分度:
试题考点分析	
不同解法及思路分析	
典型错误及归因分析	
对教学的启示	

试题情况分析还包含亮点试题和不足试题的研究，为后续的命题提供导向和借鉴作用。

亮点试题尽管特色各异，但也有共性。试题以初中数学基础知识、基本能力和基本思想为基准，注重过程与方法，关注学生基本活动经验和生活实际；试题背景公平，有利于学生展示学习成果；试题以能力为主线，突出数学学科素养的考查。

例6　已知点 $M(-4,a-2)$，$N(-2,a)$，$P(2,a)$在同一个函数图象上，则这个函数图象可能是　(　　)

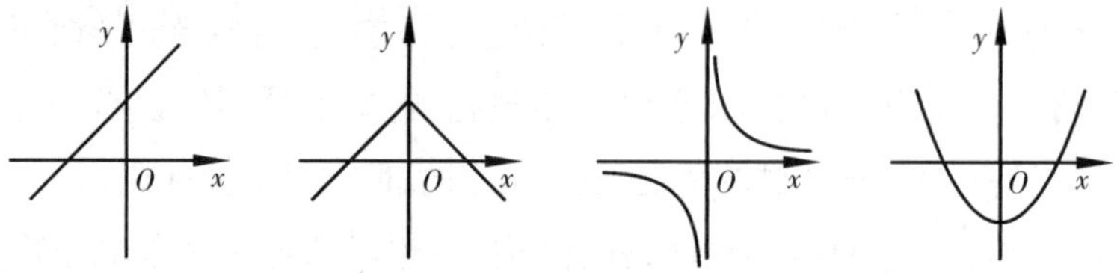

A.　　B.　　C.　　D.

[评析]本题的考查重点为函数。《课程标准(2022 年版)》的学业要求中指出：能根据函数图象分析出实际问题中变量的信息，发现变量间的变化规律；能结合函数图象对简单实际问题中的函数关系进行分析，结合对函数关系的分析，能对变量的变化趋势进行初步推测。本题以数形结合思想的应用为背景，通过对 N,P 两点的坐标特征发现它们关于 y 轴成轴对称，由 M,N 坐标之间的关系可知函数值 y 有局部随自变量 x 的增大而增大的趋势。进而在问题解决中，考查学生的逻辑推理能力，及有序思考的良好思维品质，考查了函数的图象及其性质的内在联系。

命题始终是一门“遗憾”的艺术。由于命题时间仓促等原因，在精益求精的高要求下，个别试题可能存在需进一步完善之处，主要体现在以下几个方面：

1. 试题存在科学性问题。

例7　已知 $2+\frac{2}{3}=2^2\times\frac{2}{3}$，$3+\frac{3}{8}=3^2\times\frac{3}{8}$，$4+\frac{4}{15}=4^2\times\frac{4}{15}$，…，若 $8+\frac{a}{b}=8^2\times\frac{a}{b}$($a,b$ 为正整数)，则 $a+b=$________。

[评析]本题已知 $2+\frac{2}{3}=2^2\times\frac{2}{3}$，$3+\frac{3}{8}=3^2\times\frac{3}{8}$，$4+\frac{4}{15}=4^2\times\frac{4}{15}$，同

时又给出条件 $8+\frac{a}{b}=8^2\times\frac{a}{b}$，但没有说明它们之间存在怎样的关系。如果一定要按照前面的规律，那么“a,b 是正整数”的条件就没有必要给出，并且仅由 $8+\frac{a}{b}=8^2\times\frac{a}{b}$ 并不能确定 a，b 的值，只要 $a=8k,b=(8^2-1)k$（k 为正整数）均能得出 $8+\frac{a}{b}=8^2\times\frac{a}{b}$。因此，本题的 $a+b$ 的值并不唯一确定，这会给学生尤其是学业水平高的学生的解题思路带来负面的影响。

2. 试题存在适标性问题。

例8 如图 7－1－3 所示为某机械装置的截面图，相切的两圆 $\odot O_1$，$\odot O_2$ 均与 $\odot O$ 的 $\overset{\frown}{AB}$ 相切，且 $O_1O_2 /\!/ l_1$（l_1 为水平线），$\odot O_1$，$\odot O_2$ 的半径均为 30 mm，$\overset{\frown}{AB}$ 的最低点到 l_1 的距离为 30 mm，公切线 l_2 与 l_1 间的距离为 100 mm. $\odot O$ 的半径为 （　　）

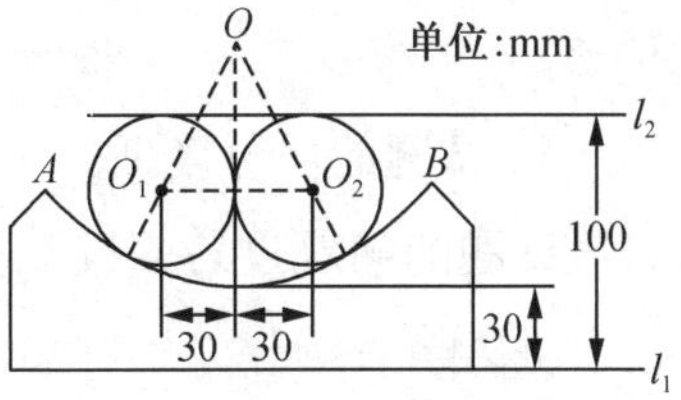

图 7－1－3

A. 70 mm

B. 80 mm

C. 85 mm

D. 100 mm

［**评析**］此题主要内容为新课程标准已经删除的概念“公切线”，超出了《课程标准（2022 年版）》的要求。

3. 试题的效度低。

例9 关于 x 的方程 $(a-5)x^2-4x-1=0$ 有实数根，则 a 满足 （　　）

A. $a\geqslant1$　　B. $a>1$ 且 $a\neq5$

C. $a\geqslant1$ 且 $a\neq5$　　D. $a\neq5$

［**评析**］本题是含有字母系数的方程，命题的意图是考查学生对“方程有实数根”的条件的理解，通过对字母系数“$(a-5)$”的讨论，确定方程的类型，考虑方程根的情况，体现分类讨论思想。但本题是选择题，若认识到 a 可以取 5，则直接就可以确定答案 A，很难体现考查意图。本题由于题型设计不当，导致效度不高，若改为填空题或解答题，会提高试题的效度。

4. 试题的信度低。

例10 如图 7－1－4，下列选项中，不属于正三棱柱三视图的是 （　　）

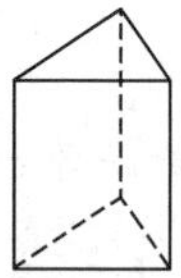

图 7－1－4

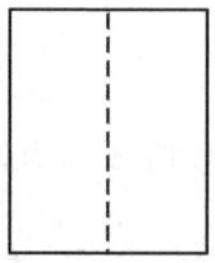

A.

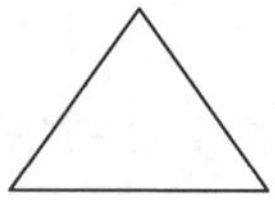

B.

C.

D.

[**评析**]三视图是指三个视图所形成的全体图形的集合，而本题的四个选项均为三视图的其中一个视图，所以本题“下列选项中，不属于正三棱柱三视图的是（　　）”的表述在理解上存在歧义，从而影响考试的信度。

5. 试题的区分度低。

试题的问题过易或过于复杂，都会影响区分度。

例11 如图 7－1－5，在平面直角坐标系 xOy 中，抛物线 $y=\frac{1}{18}x^2-\frac{4}{9}x-10$ 与 x 轴交于点 A，与 y 轴交于点 B，过点 B 作 x 轴的平行线 BC，交抛物线于点 C，连结 AC. 现有两动点 P,Q 分别从 O,C 两点同时出发，点 P 以每秒 4 个单位长度的速度沿 OA 向终点 A 移动，点 Q 以每秒 1 个单位长度的速度沿 CB 向点 B 移动，点 P 停止运动时，点 Q 也同时停止运动. 线段 OC,PQ 相交于点 D，过点 D 作 $DE/\!/OA$，交 CA 于点 E，射线 QE 交 x 轴于点 F. 设动点 P,Q 移动的时间为 t(s).

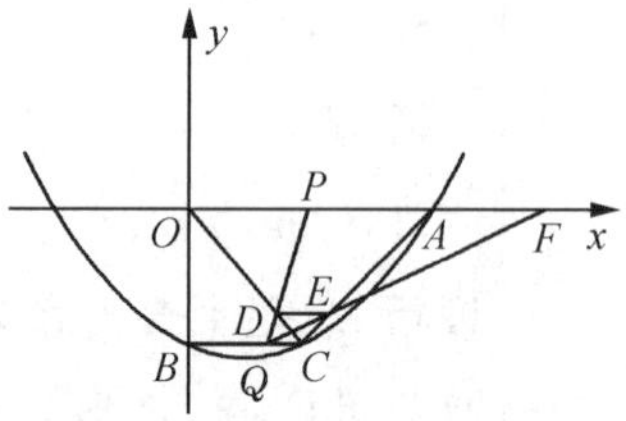

图 7－1－5

(1) 求 A,B,C 三点的坐标和抛物线的顶点坐标.

(2) 当 t 为何值时，四边形 $PQCA$ 为平行四边形？请写出计算过程.

(3) 当 $0<t<\frac{9}{2}$ 时，$\triangle PQF$ 的面积是否总为定值？若是，求出此定值；若不是，请说明理由.

(4) 当 t 为何值时，$\triangle PQF$ 为等腰三角形？请写出解答过程.

[**评析**]本题是一个动态型问题，意在考查学生独立探索与解决问题的能力。但本题综合的内容较多，综合性过强，两个动点的运动变化导致试题所蕴含的问题复杂程度高、探索难度大，学生难以形成有效的解答思路，反而影响了对学生综合能力的有效考查，也不利于学业水平高的学生获得与自己水平相当的分数。

6. 试题的改编力度不够大。

例12　某商场为缓解"停车难"问题，拟建造地下停车库，图 7-1-6 是该地下停车库坡道入口的设计示意图，其中 $AB \perp BD$，$\angle BAD = 18°$，C 在 BD 上，$BC = 0.5$ m. 根据规定，地下停车库坡道入口上方要张贴限高标志，以便告知驾驶员所驾车辆能否安全驶入. 小明认为 CD 的长就是所限制的高度，而小亮认为应该以 CE 的长作为限制的高度. 小明和小亮谁说得对？请你判断并计算出正确的结果（精确到 0.1 m，参考数据：$\sin 18° \approx 0.309$，$\cos 18° \approx 0.951$，$\tan 18° \approx 0.325$，$\sin 72° \approx 0.951$，$\cos 72° \approx 0.309$，$\tan 72° \approx 3.708$）.

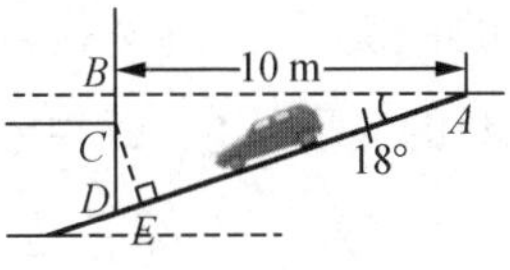

图 7-1-6

原题：为缓解"停车难"问题，某单位拟建造地下停车库，建筑设计师提供了该地下停车库的设计示意图（图 7-1-7）. 按规定，地下停车库坡道入口上方要张贴限高标志，以便告知停车人车辆能否安全驶入. 图中 $AB = 9$ m，$BC = 0.5$ m. 为标明限高，请你根据该图计算 CE 的长（精确到0.1 m，参考数据：$\sin 18° \approx 0.309$，$\cos 18° \approx 0.951$，$\tan 18° \approx 0.324$）.

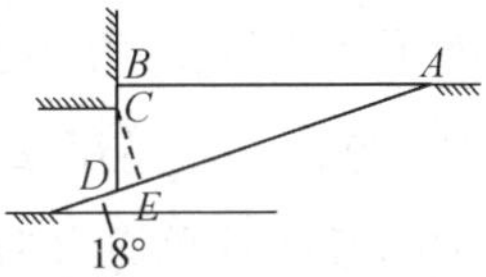

图 7-1-7

[**评析**]命题者没有对原题作实质性改编，属于陈题范畴，这样的题目既影响试卷的效度，更危及考试的公平性。

一道好的题目不一定就是一道好试题。通常评价数学题目的好与不好，主要看它能否给人以启迪，内容是否丰富，形式是否优美，位置是否恰当，是否有思想性；对试题的评价则必须结合试卷的评价一起进行，在评价其科学性、适标性、有效性和针对性外，还应力求结构严谨自然，形式优美清爽，离开试卷和考试目标，孤立地讨论试题的好与不好，往往有失基准。

二、试卷质量分析报告的撰写

试卷质量报告内容、格式没有统一的规定，报告的撰写主要有两种类型。第一种类型是由权威部门或评价机构在对各地试卷进行认真分析、评价的基础上，所撰写的评价报告，这类报告主要包括三部分内容，即试卷的概况、试卷的特色、命题的建议。第二种类型是由命题单位自己撰写的评价报告，这类报告的内容主要包括：考试的性质、试卷的基本结构、试卷的主要特色、试卷数据分析、对教学的建议。

例 2023 年浙江省初中学业水平考试试卷质量评价报告（数学试卷质量评价组）

一、试卷概况

（一）基本情况

2023 年全省共有 11 份数学试卷，分别是杭州卷、宁波卷、温州卷、嘉兴卷、湖州卷、绍兴卷、金华卷、衢州卷、舟山卷、台州卷、丽水卷，其中嘉兴与舟山合作命题，有部分题目相同。金华采用开卷形式，其余地区采用闭卷形式。杭州、嘉兴、湖州、金华、丽水、舟山、衢州七个地市试卷满分为 120 分，宁波、温州、绍兴和台州试卷满分为 150 分。除杭州以外，其他各地的考试时间均为 120 分钟、题量 24 题。11 份试卷的阅读量适宜，都在 2 000～2 700字。各地市难度系数在 0.67～0.76 之间，区分度均在 0.46 以上。

（二）总体评价

2023 年是浙江省明确取消《浙江省初中毕业升学考试说明（数学）》之后的第四次学业水平考试命题。根据 2022 年 4 月国家颁布的《义务教育课程方案》和《义务教育数学课程标准（2022 年版）》的相关要求，各地区命题在原有《义务教育数学课程标准（2011 年版）》的基础上，深入融合新课程方案、新课标的相关理念和导向。今年 11 份试卷均能遵循相关要求，较好地体现了新课程理念，比较准确地把握考试的范围和目标要求，在强化毕业考试的同时，也体现出升学选拔的功能，较好地发挥了试卷的“检测和导向”功能。大部分地市按《义务教育数学课程标准》中的四大学习领域“数与代数”“空间与图形”“统计与概率”和“实践与综合应用”进行分块命题，不少地区将“实践与综合应用”融入其他学习领域的考查中。

浙江省教育厅教研室中考试卷质量评价评审组根据各地提供的初中数学学科中考试卷评价框架，进行整体分析，逐题研究，从多维细目表（要素齐全、内容适切、比例合理、难度恰当）、试卷整体（内容结构、能力类型、题型创新、难度比例）、测评导向（内容导向、题型导向、思维导向、方法导向）、试题设计（指向清晰、呈现规范、学生立场、合理创新）、参考答案和评分标准（规范科学、分层赋分、评分细则）以及测试效果参数（信度、效度、区分度）等六个维度进行综合评价。

二、试卷特色

（一）关注学科育人，突出“四基”“四能”

初中学业水平考试是终结性评价测试，它既承担了学生学业水平的评价任务，又具有高中阶段招生的选拔考试功能。2023年浙江省各地市初中毕业生学业水平考试试卷依据《义务教育数学课程标准（2011年版）》和现行教材的内容范围与要求进行命制，并以《课程标准（2022年版）》理念为指引，坚持价值引领、素养导向、能力为重、知识为基，确保试题立意鲜明、难度适中、导向明确、目标适切、甄别有力。

两考合一，兼顾毕业升学。针对基础知识和基本技能的考查，各地试卷以课程标准三级条目为纲，全面考查四级条目的落实情况，目的在于引导广大教师在新课与复习教学过程中，熟读课程标准内容，深化概念的理解，落实每一课时的基本要求，发展运算能力和推理能力两大基本能力，为学生打下扎实全面的学科基础。试题布局稳定，较好地体现了学业水平考试的基础性与普适性、层次性与梯度性，在考查“四基”的基础上，实现“四能”目标的考查，切实发挥初中学业水平考试“两考合一”的考试性质。各地区试卷在选择题的前8题，填空题的前4题，解答题的前半部分为基础题，考查起点低，体现了初中学业水平考试命题的毕业考试功能；其他试题则是将初中数学核心知识融于一体的稍难题或较难题，具有一定的综合性。层次递进，体现了初中学业水平考试命题为高一级学校选拔优秀学生的功能。

素养立意，落实新课标理念。在试题的命制中，努力呈现“会用数学的眼光观察现实世界，会用数学的思维思考现实世界，会用数学的语言表达现实世界”的方向，突出考查考生的“抽象能力、运算能力、几何直观、空间观念、推理能力、数据观念、模型观念、应用意识、创新意识”等核心素养。

首先，特别强调代数推理的考查。《课程标准(2022年版)》中有明确阐述：“初中数学中，在图形与几何领域有推理或证明的内容，在数与代数领域也有推理或证明的内容。”事实上，数与代数是数学知识体系的基础之一，“数与式”是代数的基本语言，初中阶段关注用字母表述代数式，以及代数式的运算，字母可以像数一样进行运算和推理，通过字母运算和推理得到的结论具有一般性；数与代数领域的学习，有助于学生形成抽象能力、推理能力和模型观念，发展几何直观和运算能力，让学生在代数逻辑论证的过程中，逐渐形成推理能力，培养科学精神。例如，嘉兴(舟山)卷第20题，以探究型试题为依托，通过观察、思考、猜想和推理验证，考查数学思考、问题解决和代数推理等素养目标。引导教师在教学中强化对基本概念、基本性质和定理的理解，发展学生的基本运算、逻辑推理等关键能力，丰富学生的学习经验，促进素养形成。又例如丽水卷第23题，该题考查二次函数，考查的重点不是传统的抛物线相关的图形角度，而是围绕函数表达式，以“顶点、对称轴、最值、增减性”等内容的代数表达为抓手，完成求值、求范围、证明推理，使考生真切感受代数式变形、解方程组、解不等式等代数推理的魅力。

其次，通过尺规作图考查学生空间观念。《课程标准(2022年版)》对尺规作图的学业要求：经历尺规作图的过程，增强动手能力，能想象出通过尺规作图的操作所形成的图形，理解尺规作图的基本原理与方法，发展空间观念和空间想象力。在现行的网上阅卷模式下，如何考查学生几何作图能力，成为一个值得研究和探索的“话题”，多地市积极探索尺规作图的考查。例如宁波卷和温州卷的第18题，采用网格作图。湖州卷第9题考查角平分线作法，通过让学生动手作图，从而感悟作图过程中隐含的数学信息。学生经历作图的过程，判断所画图形中相关的等量关系，实现“构图—析图—解图”的学习过程，重点考查菱形、角平分线性质、直角三角形的性质以及三角形的全等、菱形的面积等。学生通过理解几何图形，感受图形形成过程中的数学思维生成，突出数学本质。又例如台州卷第

21 题，该题巧妙地对教材上的进行改编，融入尺规作图，从而将平行四边形与菱形的判定结合起来，做到出于教材又高于教材。此题在简单的几何推理中考核学生推理的逻辑性与表达的条理性。剩下的金华卷第 21 题、嘉兴卷第 19 题、绍兴卷第 14 题、衢州卷第 7 题均涉及尺规作图考查。另一方面，杭州卷第 21 题的第(3)小题将代数式的最值问题和尺规作图做了巧妙的融合，考查了学生的几何直观和代数推理能力。

（二）关注思维考查，突出数学本质

数学本质是数学课程教与学的“灵魂”，只有通过对数学本质的把握，才能将数学的基本知识、基本方法、基本思想、基本活动经验在常态化的教学中得到落实，才能让抽象、推理、建模等关键能力得到培育。数学是思维的体操，数学教学主要功能就是培养学生的思维能力。不在繁难的运算上做文章，不靠知识的简单堆积拼凑，而是重理解、重方法、重过程，突出数学思考，关注思维品质已经成为各地市 2023 年中考命题追求的目标与共识。

数与代数考查。《课程标准(2022 年版)》关于“数与代数”的学业质量描述：能从生活情境、数学情境中抽象概括出数与式、方程与不等式函数的概念和规则，掌握相关的运算求解方法，合理解释运算结果，形成一定的运算能力、推理能力和抽象能力。例如绍兴卷第 9 题，该题以数形结合思想的应用为背景，考查了函数的图象及其性质的内在联系，在问题解决过程中，考查学生的逻辑推理能力，及有序思考的良好思维品质。杭州卷第 22 题，本题题目呈现信息不完整的一张表格，求函数表达式及借助表格描绘函数图象、分析函数性质，突出学生对函数三种语言(表格、表达式、图象)的转化，突出考查学生的代数运算、数形结合及综合分析能力，具有较好的区分度。

图形与几何考查。《课程标准(2022 年版)》关于“图形与几何”的学业质量描述：知道运动过程中的不变量、图形运动的变化特征，能运用几何图形的基本性质进行推理证明，初步掌握几何证明方法，进一步增强几何直观、空间观念和推理能力。例如衢州卷第 24 题，紧扣特殊四边形的边、角、对角线等元素的对称性，结合中线、高线、角平分线等三角形中的基本线段，综合运用图形的轴对称、平移、旋转、相似等变化方法，突出考查几何学习的核心内容和通法通性；又例如丽水卷第 10 题以四边形为背景，解答方法多样，入口宽，考查学生的符号意识、运算能力、几何直观和推理能力，凸显思维的深刻性与灵活性。

统计与概率考查。《课程标准（2022 年版）》关于“统计与概率”的学业质量描述：知道频数、频率和概率的意义，能够进行简单的数据分析，形成数据观念。例如杭州卷第 9 题打破常规求统计量的方式，突出学生对“平均数、中位数、众数、方差”的理解，充分考查学生的数据分析能力和逆向思维能力，是一道别具风格的统计选择题。嘉兴卷第 21 题则是一道基于“家庭购车”这一真实生活情境的统计应用题，试题借鉴了 PISA 试题的编制思路，凸显了数据观念在实际生活与生产中的应用价值，关注了学生的应用意识。试题设计思维层面的考查由确定到发散，很好地体现了素养与能力命题立意，考查统计本质。

（三）关注数学应用，突出真实情境

数学源于生活，又服务于生活。运用数学知识在真实的情境中解决简单实际问题，是国际教育的趋势，也是《课程标准（2022 年版）》的明确要求。2023 年各地的试卷比较注重创设学生身边熟悉的生活情境，注重结合本地的社会经济、社会热点的问题，考查学生问题的分析和解决、信息的获取与处理、数学建模等各种能力，寓思想教育于数学试题之中。希望学生养成用数学的眼光观察世界，用数学的思维分析世界，用数学的语言表达世界的习惯。

社会生活情境。各地试卷注重数学知识与社会生活的联系，通过巧妙的情境设置，考查学生在实际生活情境中分析求解的能力，引导学生用数学的眼光观察世界。例如衢州卷第 22 题以常见的视力表中的问题为脉络，在学生经历观察、类比、猜测、验证等模型建立与应用过程，全面考查并突出了几何直观与模型观念两大核心素养在实践与创新中的重要作用。杭州卷第 18 题则以了解家长和学生观看安全教育视频情况为背景考查统计知识。湖州卷以新能源汽车销售、学生阅读喜好、日常生活卖鱼问题等为背景设计数学问题，考查增长率、统计图和样本估计总体、销售成本及利润问题。丽水卷以红色研学、龙泉陶器、稻鱼共生、青少年“正脊行动”、共富工坊为情境设计考查试题。宁波卷和嘉兴卷中则涉及初中生视力情况、网络使用情况调查，杭州亚运会吉祥物，新能源汽车的选购，小区门禁的人脸识别系统，校园实心球投掷等。温州卷以牛奶成分、旅游路线、租用电动汽车为背景等。这些情境真实公平，与问题深度融合，引导学生以“数学人”的眼光和思维链接现实世界，蕴含模型观念。

科学(跨学科)情境。各地试题关注人文科技、探索跨学科融合，情境的创设涉及政治、经济、科学、人文、环保、健康等多个方面。例如宁波卷第 21 题，在生活和科技的真实情境中，结合直角三角形性质、锐角三角函数等知识并结合 PISA 理念编拟而成的试题，使学生感受到应用跨学科知识进行自制工具等实践活动的重要性和必要性，在解决问题的过程中，经历现实情境数学化，探索数学关系、性质并迁移应用，充分体现了数学与生活的紧密联系，为学生形成良好的数学价值观奠定基础。类似的有：湖州卷第 15 题，利用光的反射原理测量树高创设问题情境；台州卷第 21 题则用自制密度计测量液体密度的学生身边科学情境；衢州卷第 6 题和丽水卷第 20 题，同时取材了国家最近启动的青少年脊柱健康体检；丽水卷第 8 题和第 9 题分别以力学及物体的运动为素材；金华卷第 23 题“倍力桥”的结构设计；嘉兴(舟山)卷第 10 题中向放有实心球的长方体水槽注水问题；绍兴卷第 18 题是初中生最喜爱的球类运动调查；温州卷第 22 题以足球射出后的飞行路线为研究对象设计试题；等等。

数学文化情境。各地试卷注重对知识完整而丰富内涵的考查，发挥知识全面育人的价值，引导学生的思维超越对“四基”“四能”的考查并向情感态度价值观领域的发展。特别是依托数学史料等数学文化情境编制试题，实现“五育”并举，其中有：杭州卷第 1 题由杭州奥体中心体育场又称“大莲花”引入，第 10 题以第二十四届国际数学家大会会徽的设计基础——1700 多年前中国古代数学家赵爽的“弦图”为背景；金华卷第 10 题以学生熟悉的勾股树为背景；温州卷将数学家之乡元素，第七届国际数学教育大会(ICME)会徽，七巧板等素材融入试题中；台州卷第 24 题以古代“刻漏”计时为背景，设置制作简易计时装置问题；嘉兴(舟山)卷第 15 题取材于我国古代数学名著《张丘建算经》；绍兴卷第 6 题和丽水卷第 15 题均以《九章算术》为背景；衢州卷第 16 题取材于伯里加尔(H. Perigal)于 1873 年提出的勾股定理新证法；湖州卷第 16 题依托传统数学文化特色的几何图形“弦图”创新图形。这些试题丰富了学生对数学文化的认识，引导学生正确的价值观，提升学生数学审美能力，培育学生理性思维、科学精神与应用意识，增强学生文化自信和民族自豪感。

（四）关注过程体验，突出综合与实践

综合与实践是学生积累数学活动经验、培养应用意识和创新意识的有效载体。《课程标准(2022 年版)》“综合与实践”学习领域的学业要求：经历项目式学习的全过程。能综合运用数学和其他学科的知识与方法，在实际情境中发现问题，并将其转化为合理的数学问题；能够独立思考，与他人合作，提出解决问题的思路，设计解决问题的方案；能根据问题的背景，通过对问题条件和预期结论的分析，构建数学模型；能够合理使用数据，进行合理计算，借助模型得到结论；能根据问题背景分析结论的意义，反思模型的合理性，最终得到符合问题背景的模型解答。对于综合与实践的考查，主要有两种方式：一是融入其他学习领域，例如杭州卷第 10 题、湖州卷第 15 题、丽水卷第 16 题等；二是创建有意义的真实问题任务，引导学生思考探究，经历完整的项目解决过程，突出“教—学—评”的一致性，具体有：金华卷第 23 题，倍力桥结构是古时木拱桥的常见结构，其模型也是学生手中常见的玩具；温州卷第 23 题，源于教材中的素材——自制测倾仪和以“拃”测量长度，提供开放的测量结果，让学生理性思考测算发射塔高度的可行方案；嘉兴卷第 23 题如何把实心球扔得更远、衢州卷第 22 题以常见的视力表中的问题为脉络等；台州卷第 24 题以古代“刻漏”计时工具为背景，通过设置“制作简易计时装置”的项目化学习情境，考查了学生建立数学模型的能力。上述试题通过对收集到的数据进行分析，让学生识别实际问题中的数量关系及变化规律从而抽象出函数模型，能结合函数图象对简单实际问题中的函数关系进行分析，用数据分析观念不断优化函数，进而解决问题，体现数据分析观念、函数的应用性与函数研究的一般思路。

（五）关注“教—学—评”一致性，突出表现性评价

在“教什么”“怎么教”“为什么教”等问题上，《课程标准(2022 年版)》特别强调“教到什么程度”的问题，这实际上就是评价的问题。而评价的终极目的不能局限于分数，正如《课程标准(2022 年版)》中所指出的：“评

价不仅要关注学生的数学学习结果，还要关注学生数学学习过程，激励学生学习，改进教师教学。”基于这样的要求，各地命题组尝试着在试题中采用分层赋分的方式，来改进试题及参考答案的结构，努力使测试的品质更高，学生的考试体验更好。例如温州卷第19题，学生通过识别折线统计图分析获取的数据，计算数据的平均数、中位数及众数等基本统计量。能结合实际需求，从多角度评析，给出较优的用车建议。对于本小题，在评分标准上，体现SOLO分层评价的基本理念，让不同层次的学生都能展现自己的能力水平，进一步体现分类评价与分层赋分的公平性与有效性，为今后的课堂教学起到良好的导向作用。

三、典型试题分析

（一）紧扣课标理念，体现人人发展

例1 在“探索一次函数 $y=kx+b$ 的系数 k,b 与图象的关系”活动中，老师给出了直角坐标系中的三个点：$A(0,2)$，$B(2,3)$，$C(3,1)$. 同学们画出了经过这三个点中每两个点的一次函数的图象，并得到对应的函数表达式为 $y_1=k_1x+b_1$，$y_2=k_2x+b_2$，$y_3=k_3x+b_3$. 分别计算 k_1+b_1，k_2+b_2，k_3+b_3 的值，其中最大的值等于________.

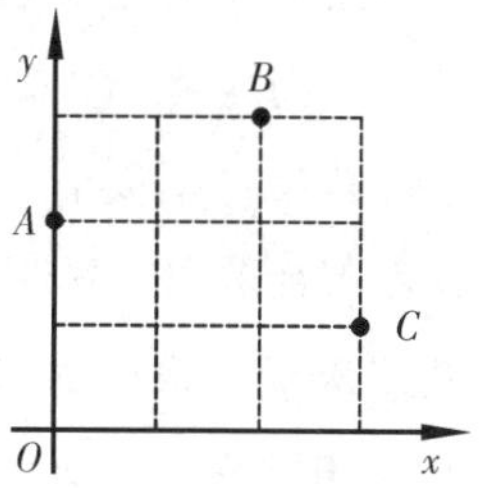

图7-1-8

[**评析**]本题的考查重点为一次函数。《课程标准（2022年版）》的学业要求中指出：会在不同问题情境下运用待定系数法确定一次函数的表达式；会画出一次函数的图象；会根据一次函数的表达式求其图象与坐标轴的交点坐标；会根据一次函数的图象和表达式 $y=kx+b(k\neq0)$，探索并理解 k 值的变化对函数图象的影响。

本题是客观题中的稍难题，试题设计了多种解决途径，为不同的学生开启不同的思考路径。本题可以直接用待定系数法求一次函数的系数，也可以根据一次函数 k,b 的几何意义去求解。当 $x=1$ 时，经过图中三点中每两个点的一次函数的函数值分别为 k_1+b_1，k_2+b_2，k_3+b_3，则结果由不确定变得确定，优化了思想和方法，以培养学生逐步形成适应终身发展需要的核心素养。

例2 某数学兴趣小组活动，准备将一张三角形纸片（如图7-1-9）

进行如下操作，并进行猜想和证明.

(1) 用三角尺分别取 AB, AC 的中点 D, E，连结 DE，画 $AF \perp DE$ 于点 F.

(2) 用(1)中所画的三块图形经过旋转或平移拼出一个四边形(无缝隙无重叠)，并用三角尺画出示意图.

(3) 请判断(2)中所拼四边形的形状，并说明理由.

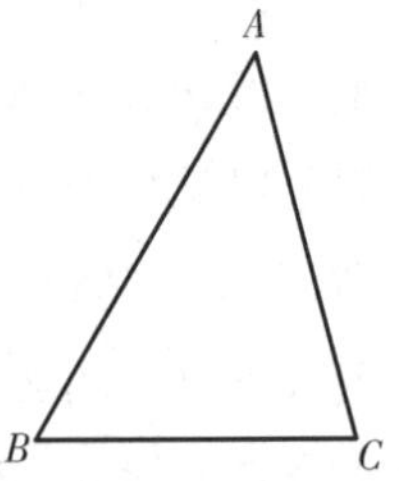

图 7-1-9

[**评析**]本题重点考查图形性质和图形的变换。《课程标准(2022 年版)》的学业要求中指出：知道图形和图形变换的基本特征，会用图形的运动认识、理解、表达现实世界中相应的现象，理解几何图形的对称性，知道可以用数学的语言表达对称。

本题是教材“三角形中位线定理”证明思路的改编，有着较好的教学导向作用。本题首先通过对一张三角形纸按照约定的要求作图，然后通过图形的旋转(平移)变换拼图，并进行猜想和证明，实现从“动手操作—观察猜想—推理证明”的数学学习过程，考查了学生的空间想象、几何直观和逻辑推理能力。题目难度不大，涉及数学的本质，自然考查了考生对“几何语言、图形语言、文字语言”等三种语言的相互转化，这是几何学习每天都要面对的核心要求。而本题考查的“画”与“证”，正是数学解题本质——“列、算、画、证”中几何要求的根本。

(二) 聚焦学科思维，彰显通性通法

例 1 一枚质地均匀的正方体骰子(六个面分别标有数字 1,2,3,4,5,6)，投掷 5 次，分别记录每次骰子向上的一面出现的数字. 根据下面的统计结果，能判断记录的这 5 个数字中一定没有出现数字 6 的是 (　　)

A. 中位数是 3，众数是 2　　B. 平均数是 3，中位数是 2

C. 平均数是 3，方差是 2　　D. 平均数是 3，众数是 2

[**评析**]本题考查重点为数据分析。《课程标准(2022 年版)》的学业要求中指出：能计算一组数据的中位数、众数、加权平均数，知道中位数、众数、平均数都能刻画这组数据的集中趋势以及它们各自的特点；会计算一组简单数据的方差，知道方差能刻画这组数据的波动(离散)程度。

本题一改求统计量的常规方式，通过给出统计量的值反推数据的不同可能情况，学生可以借助“举反例”对各选项进行分析与排除，更加突出学生对“平均数、中位数、众数、方差”的理解，也充分考查学生的数据分析能力和逆向思维能力，是一道别具风格的统计选择题。

例 2 如图，点 C，D 在线段 AB 上(点 C 在点 A，D 之间)，分别以 AD，BC 为边向同侧作等边三角形 ADE 与等边三角形 CBF，边长分别为 a，b. CF 与 DE 交于点 H，延长 AE，BF 交于点 G，AG 长为 c.

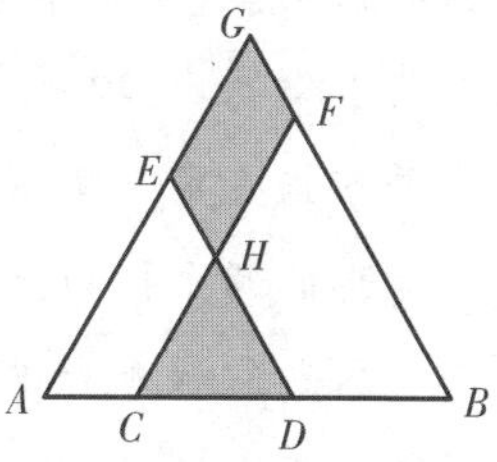

图 7－1－10

(1) 若四边形 $EHFG$ 的周长与$\triangle CDH$ 的周长相等，则 a，b，c 之间的等量关系为________.

(2) 若四边形 $EHFG$ 的面积与$\triangle CDH$ 的面积相等，则 a，b，c 之间的等量关系为________.

[**评析**]本题综合考查等边三角形、平行四边形及相似三角形知识，包括图形之间简单的变换特征。《课程标准(2022 年版)》的学业要求中指出：知道图形的基本特征，在直观理解和掌握图形与几何基本事实的基础上，经历得到和验证数学结论的过程，感悟具有传递性的数学逻辑，形成几何直观和推理能力。

该题没有具体数据可以计算，是寻找字母与字母之间的关系，体现了用字母表示数(量)的真正含义与研究价值，很好地考查了学生的推理能力和创新意识。同时，通过推理，利用代数方法设未知数解决问题，综合考查了初中数学中数形结合、化归与转化、整体与部分等重要数学思想，如第(2)题，若理解了四边形 $EHFG$ 的面积与$\triangle CDH$ 的面积相等，则四边形 $ACFG$ 的面积与$\triangle ADE$ 的面积相等，则 $S_{\triangle ADE}=S_{\triangle ABG}-S_{\triangle CBF}$，得 $\frac{\sqrt{3}}{4}a^2=\frac{\sqrt{3}}{4}c^2-\frac{\sqrt{3}}{4}b^2$，体现了思维的简单明了，也展示了具有普遍意义的数学思想方法。

(三) 依托真实情境，诠释学以致用

例 1 如图 7－1－11 是脊柱侧弯的检测示意图，在体检时为方便测出 Cobb 角$\angle O$ 的大小，需将$\angle O$ 转化为与它相等的角，则图中与$\angle O$ 相

等的角是 （　　）

A. $\angle BEA$　　B. $\angle DEB$

C. $\angle ECA$　　D. $\angle ADO$

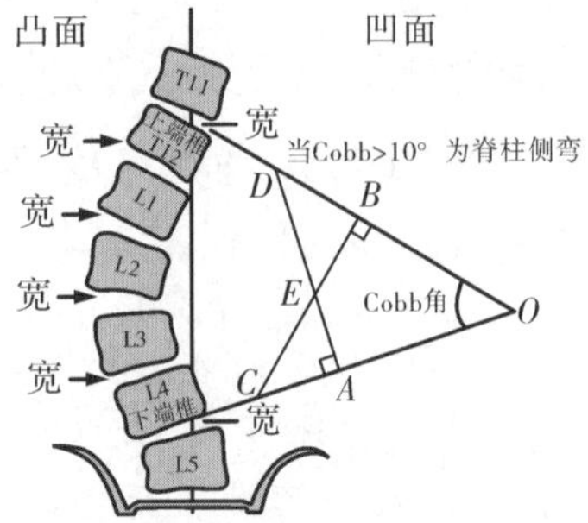

图 7-1-11

[**评析**]本题依托三角形的高线考查余角的性质。《课程标准(2022 年版)》的学业要求中指出：理解直角三角形的概念，探索并掌握直角三角形的性质定理——直角三角形的两个锐角互余。

本题取材于青少年脊柱健康体检的情境，在生理学背景下渗透了“数学来源于生活，又服务于生活”的理念，在应用直角三角形两锐角互余、对顶角相等等性质解决问题的过程中，促使学生体会用数学的眼光看现实问题，并用数学思维解决现实问题，发展学生的核心素养，又渗透生命健康教育。

例 2　【素材 1】某景区游览路线及方向如图①所示，A，D，F 各路段路程相等，E，G，H 各路段路程相等，B，C 两路段路程相等.

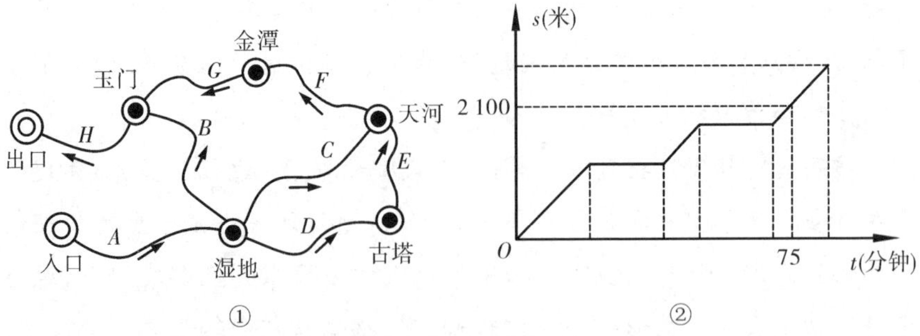

图 7-1-12

【素材 2】设游玩行走速度恒定，经过每个景点都停留 20 分钟. 小温游路线 $A—D—E—F—G—H$ 用时 3 小时 25 分钟；小州游路线 $A—B—H$，他离入口的路程 s 与时间 t 之间的关系(部分数据)如图②所示，在 2 100米处，他到出口还要走 10 分钟.

【问题】路线 $A—C—F—G—H$ 各路段路程之和为 （　　）

A. 4 200 米　　B. 4 800 米　　C. 5 200 米　　D. 5 400 米

[**评析**]本题重点考查函数的相关知识。《课程标准(2022 年版)》的

学业要求中指出：能根据函数图象分析出实际问题中变量的信息，发现变量间的变化规律，能结合函数图象对简单实际问题中的函数关系进行分析，列出函数表达式；能用适当的函数表示法刻画简单的实际问题中的变量间的关系，结合函数的图象和性质、方程或不等式等解决简单的实际问题。

本题以景区游览为线索，综合了一次函数、方程等知识及参数思想，较好地考查了学生的阅读素养、抽象能力及建模能力；在“时间×速度=路程”的基本关系下，通过参数的设定，利用时间比等于路程比进行推理，或借助图象确定行走速度，获得必备的数量关系，考查学生在较为复杂的现实情境中利用整体观念分析问题、解决问题的能力，理解数学来自生活又服务生活。

（四）立足学研结合，渗透学法指导

例1 小慧在学习了九年级上册“比例线段”的3节课后，发现学习内容是一个逐步特殊化的过程，请在横线上填写适当的数值，感受这种特殊化的学习过程.

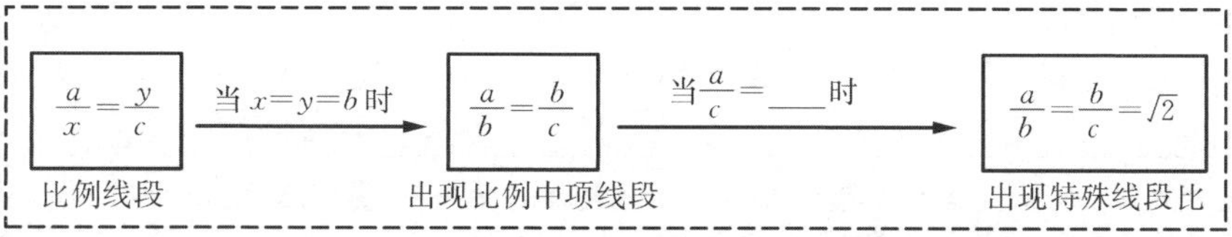

图 7-1-13

[**评析**]本题考查的是比例的性质，其意却在教、学、评一致。《课程标准(2022年版)》的学业要求中指出：了解比例的基本性质、线段的比、成比例线段。

本题以学生“学习了九年级上册‘比例线段’的3节课”为背景，让学生通过一定的推理得出特殊结论，经历从一般到特殊的数学知识探究过程。本题从“大观念、大概念、大单元”的角度，把控数学学习内容，不但能让学生自然、有效地学习数学，更能感受数学知识的整体性、逻辑的连贯性、思想的一致性、方法的普适性和思维的系统性，具有一定的创新度，教学导向性强。

例2 视力表中蕴含着很多数学知识，如：每个“**E**”形图都是正方形结构，同一行的“E”是全等图形且对应着同一个视力值，不同的检测距离需要不同的视力表.

素材 1　国际通用的视力表以 5 米为检测距离，任选视力表中 7 个视力值 n，测得对应行的“E”形图边长 b(mm)，在平面直角坐标系中描点如图①.

探究 1　检测距离为 5 米时，归纳 n 与 b 之间的关系式，并求视力值 1.2 所对应行的“E”形图边长.

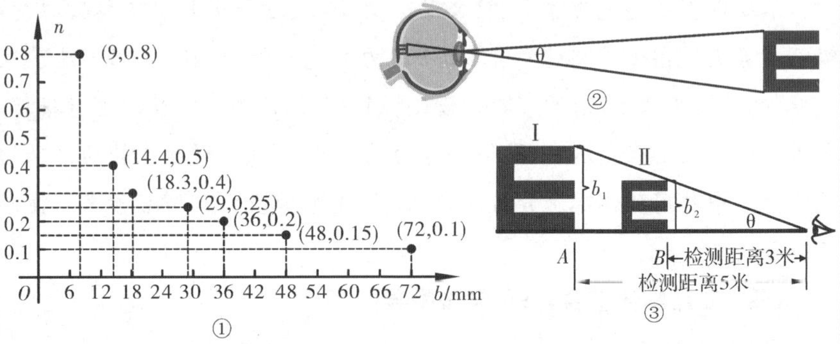

图 7-1-14

素材 2　图②为视网膜成像示意图，在检测视力时，眼睛能看清最小“E”形图所成的角叫做分辨视角 θ. 视力值 n 与分辨视角 θ(分)的对应关系近似满足：$n=\frac{1}{\theta}(0.5\leqslant\theta\leqslant10)$.

探究 2　当 $n\geqslant1.0$ 时，属于正常视力，根据函数增减性写出对应的分辨视角 θ 的范围.

素材 3　如图③，当 θ 确定时，在 A 处用边长为 b_1 的 Ⅰ 号“E”测得的视力与在 B 处用边长为 b_2 的 Ⅱ 号“E”测得的视力相同.

探究 3　若检测距离为 3 米，求视力值为 1.2 时对应行的“E”形图边长.

[评析]本题考查重点为反比例函数、相似三角形。《课程标准(2022年版)》的学业要求中指出：知道当 $k>0$ 和 $k<0$ 时反比例函数 $y=\frac{k}{x}(k\neq0)$ 图象的整体特征；能用反比例函数解决简单实际问题。了解相似三角形对应线段的比等于相似比。会利用图形的相似解决一些简单的实际问题。

本题融光学原理、图形变化、函数探究、视力表设计等为一体，通过两个边长求值、一个求分辨视角 θ 的范围问题解决，让学生经历在真实情境中发现提出问题、分析解决问题的过程，引导学生关注生活，学会利用已有的数学知识解释生活现象，并发展抽象能力与模型观念等核心素养。

第二节 “教—学—评”一体化的优化策略

一、 指向核心素养的目标转化

落实立德树人是教育的根本任务,因此学习目标着眼于立德树人的根本任务融入学生的核心素养发展之中,而学习过程实际上是将立德树人的育人目标转化为教学实践,使其真正落实的过程。因此分析核心素养,将其转化为可操作的学习目标实现是“教—学—评”一体化的第一步。

(一) 阶段性分析核心素养,关注素养形成的进阶性

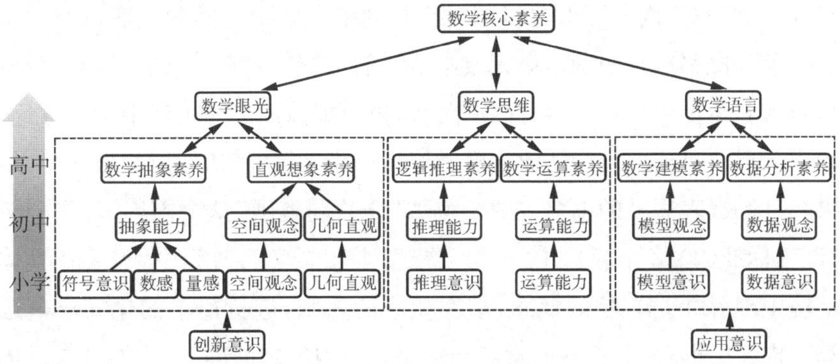

图 7-2-1 数学核心素养阶段性表现

《课程标准(2022 年版)》提出“三会”素养目标,即会用数学的眼光观察世界,会用数学的思维思考世界,会用数学的语言表达世界,但是“三会”在具体的学业评价中较难直接落实。因此,新课标把高中课标的 6 个核心词、原来义教阶段的 10 个素养词作为不同学段具体的素养表现,以便指导学业评价(见图 7-2-1)。其中 7—9 年级的九个具体素养表现分别为抽象能力、推理能力、运算能力、几何直观、空间观念、数据观念、模型观念、应用意识、创新意识。

素养的形成并非一蹴而就,而是在循序渐进、不断深化的学习实践中

得以实现,因此要将核心素养总目标与阶段性要求融入教学内容主线与特定教学内容中,既保证核心素养的整体性要求,又保证核心素养的阶段性特点。例如在小学我们培养的符号意识、量感和数感,在初中进一步表现为抽象能力,到高中表现为抽象素养。低年级更具体、更侧重于意识,高年级更抽象、更侧重于观念和能力。在整个素养的培育过程中,初中是承上启下的关键时期。所以初中数学的学习目标、学习内容、教学活动以及评价设计,要充分考虑该阶段的一般性和特殊性,充分考虑学生从具体到抽象过渡的认知特征,这就要求学习目标必须体现进阶与综合的特征。

(二)素养目标转化为学习目标,关注课堂教学的可操作性

如何将素养目标转化为学习目标,首要的参考依据是《课程标准(2022年版)》,但是《课程标准(2022年版)》提供的教学目标相对宏观,教学实践中的可操作性有限,教师可以采用渐进式的分析方法来确定学习目标。首先对“内容要求”进行分析,找到单元知识之间的关联,再对“学业要求”进行分析,明确本单元或本节课的“四基”要求。其次,拆解、分析核心素养与重要知识内容之间的关系,再根据前两步分析确定学习方式,形成表现性目标。最后还要注意学习目标应采取“经历(过程)—习得(结果)—形成(表现)”的书写方式。例如“合并同类项”这个内容,首先分析《课程标准(2022年版)》中“内容要求”:学生在学习过程中,需要在具体情境中理解“同类项”的概念,掌握相应的法则,进行简单的化简求值运算。再经历拆解、分析核心素养与重要知识内容之间的关系:能够在具体情境中理解同类项、合并同类项的概念,经历合并同类项的过程,形成分类、化繁为简的数学思想,也能够根据数量关系,列出整式模型建构模型思维。最后了解学生的具体学情,完成学习目标的制定:(1)在具体情境中理解“同类项”的相关概念及准则,能进行简单的化简求值运算。(2)经历概念形成及法则探究的过程,培养综合能力。通过小组合作的方式归纳并总结得出合并同类项的法则,并展开运算,体会“化繁为简”的数学思想。(3)掌握解题的一般步骤,从基本的数量关系中列出整式,经历数学建模的过程,并在多元化的交流中培养独立思考、创新意识及合作交流能力。

二、指向核心素养的教学建议

《课程标准(2022年版)》从学习目标、学习内容、学习方式和学习评价四个方面对一体化提出了要求,学习内容、学习方式、学习评价都应指向学习目标,以此来发展学生的核心素养。而"教—学—评"一体化的核心是学生的学习,教学、评价都要为学生的学习服务,这提示"教—学—评"一体化实践也应以核心素养为导向,遵从学习逻辑。

(一)整体把握学习内容,实现"教教材"到"用教材"

教材是促进《课程标准(2022年版)》融入数学教学的一种途径,也是落实数学课程标准和检验数学课程标准的良好工具。自新中国成立以来,我国的数学教材经历了多次改版与完善,各省市根据当地教育情况和教学特点选择教材。比如浙江初中数学有些县市区选用的是人教版教材,有的则是浙教版教材。将教材作为学习内容的全部并不能满足需要,所以应建立起正确的"教材观",学会如何从整体上把握教学内容,学会"用教材"教学,而非"教教材"。

为落实"教—学—评"一体化,教师在重构教材内容时,首先应遵循《课程标准(2022年版)》。每一版本的教材都有其自身的风格和特点,他们或多或少会高于《课程标准(2022年版)》要求,但不能偏离《课程标准(2022年版)》的要求。其次,要整体把握教学内容的结构关系,保证知识结构之间的一致性关联,以促进学生的认知发展。最后,根据学生的认知规律调整知识呈现的逻辑结构,将教材结构转化为适合学生学习的教学结构。这种调整要么是对一章的知识呈现结构的调整,要么是对部分内容序列的重新安排,以帮助学生从更合理、更流畅的教学结构中掌握所学知识,构建知识体系,明确知识点在相应知识体系中的位置和作用,以及它们与其他知识点的联系和差异,从而形成一个相对稳定的认知结构。

(二)评价引领任务设计,促进学习活动有效展开

在传统教学设计过程中,学习任务多放在学习评价的前面。教师们认识学习评价主要用于检测学生的学习结果,而忽视学习评价对于学习

过程的引领作用，弱化评价与学生学习过程之间的关系。因此，基于核心素养的“教—学—评”一体化强调评价对学习任务设计的“定位作用”。

学生课堂中的学习过程应包括学习活动和学习评价，学习活动以学习任务的方式展开。学习目标是学习任务设计的依据，每一个任务在内容范围、深度、广度等均与对应的学习目标相匹配。而学习评价是收集学生学习证据的系统，为判断和改善他们的学习状况提供依据。基于核心素养的“教—学—评”一体化，要求评价引领任务设计，数学学习任务须具备形成性评价的功能。当学生完成学习任务时，教师可以从他们的反应中了解他们的数学学习状况，确认他们的学习状况与学习目标之间的差距，并以此为基础进行统筹规划。同时需要指出的是，这些形成性评价任务引领着学习过程的展开。

学习任务的设计实际上是一种自下而上不断回溯的一个过程。这个单元的学习指向哪些核心素养？怎样的核心观念才利于培养这些核心素养？以核心观念、学生学情为依，最终指向核心素养的学习目标如何达成？哪些主干问题是学习目标顺利落地的抓手？主干问题需要哪些子问题的铺设才能展开有意义的学习任务？

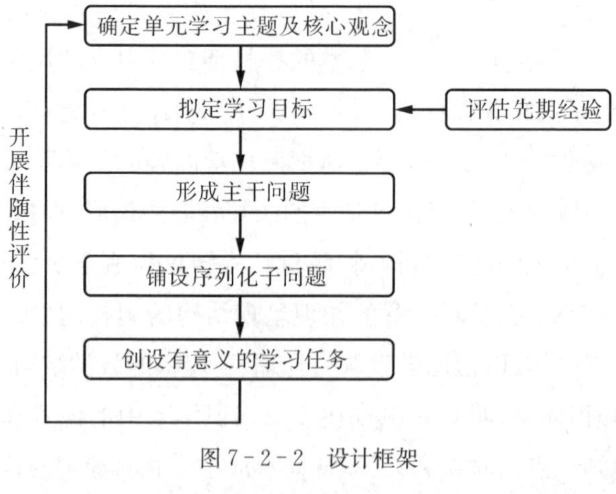

图 7-2-2　设计框架

这样的设计框架是从整体出发，层层分析递进后生成，而非对课时内容进行简单的叠加（如图 7-2-2）。在设计学习任务时，需要面对不同基础和认知水平的学生，应当为学生提供更多的机会，激发数学思考，形成性评价则一直伴随学习任务的设计及展开。

（三）选择合适的学习方式，学科实践贯穿教学过程

数学核心素养是学生在真实问题情境中通过积极参与问题解决等活动才能逐步形成的。如果学生没有经历深刻而完整的数学实践，他们就无法获得真实的活动体验，数学核心素养也就无法形成。新课标下的“教—学—评”一体化强调学生体验学习和运用知识解决实际问题的过程，它不仅注重在真实情境中的学会，而且鼓励学生积极自主地参与学习。“教—学—评”一体化不再局限于简单的知识学习，而是存在于学生参与学习活动、完成学习任务、评价学习质量的全过程。教师的教学具有指导性、生活性、发展性，为学生将经验转化为活动、将任务转化为素养创造条件，为学生创设真实生活情境，引导学生运用知识和技能解决现实中的问题，教学的本质是帮助学生建立发展性的学习过程，从而实现深度学习。

学科实践是为学生提供了一种具身实践的方式去获取、理解以及应用所学知识的机会，在此过程中学生的学习的是主动、积极的，学生的主体地位也得到了充分的凸显。围绕学习目标，将学科实践融入“教—学—评”一体中，不仅能让“教”和“学”达成和谐一致，也能让“评”更好地促进学生的学习。在深入分析学科的核心素养发展目标、教材内容的逻辑结构、学生的心理发展水平和认知起点、可用的教学资源以及课程要求等因素后，我们可以制定出本学期的学科实践活动，其中涵盖活动的具体内容、预期目标、实施形式、评价方法，以及实践活动如何与传统课堂教学有效结合的时机和方式，构建出一系列学科实践任务，明确学生应在何种真实问题情境中、采取何种方法、完成既定的学科实践目标。在真实的问题情境当中，教师应引导学生经历系列化的学习任务，不断积累数学活动经验，从而形成数学思维方法、发展数学核心素养。

三、指向核心素养的评价研究

“教—学—评”一体化的评价，不仅可以用来检测学生是否达成了预期的素养目标，也可以引导课程和教学朝着有利于学生学习的方向改进。教学评一致性理念的设计意蕴是将评价融入课堂教学的全过程，以评价

驱动教学和学习，让学生得以参与知识生成的整个过程，并在“反馈—调节”的迭代过程中不断促进核心素养的落地。

（一）依据学业质量标准设计评价，提高评价的科学性

当下评价理念已从“评知识”转变为“评素养”，但是如何将核心素养直接当作评价的目标或依据，教师往往存在较大困惑。学业质量标准在核心素养要求和学业评价之间架起了桥梁，学业评价依照学业质量标准来制定框架时，首先要分析《课程标准》中内容要求、学业要求与学业质量标准，再根据学生的学习情况合理设置情境，以科学规范的方式来对学生完成课程后学习目标的质量和成果进行评价。

例如，以函数为例，《课程标准（2022 年版）》的学业要求是“能识别简单实际问题中的常量、变量及其意义，并能找出变量之间的数量关系及变化规律，形成初步的抽象能力”，所以我们的评价就应围绕考查学生抽象能力这一素养目标。那么如何评价呢？《课程标准（2022 年版）》中给出了一个范例（第 92 题）：通过观察叠放杯子这一情境，探究杯子总高度的变化规律，知识技能方面考查学生对函数概念的理解，思维能力方面考查学生用数学思想分析解决实际问题的能力，核心素养方面考查学生由现实问题抽象出数学问题的能力。

（二）创设真实问题情境，关注核心素养的表现性

在指向核心素养的“教—学—评”一体化实践中，评价的目的在于检测素养培养的成效。核心素养是学生在真实问题情境的问题解决过程中逐步发展而成的。因此评价应专注收集学生在真实情境中能做什么的信息。尽管数学学业评价以核心素养为导向，但这并非忽视学生知识与技能的评价，实际上核心素养的评价与数学知识与技能密切相关。与以往的学业评价不同，以核心素养为导向的评价除了考查学生对知识的记忆以及认知技能以外，更加注重学生对数学知识的整体结构把握以及知识运用能力，关注数学思维的发展。真实情境能够为学生提供仿真的生活状态，促使学生将所学知识运用其中。学业评价中的问题情境可以是与学生密切相关的生活和社会情境，也可以是符合学生认知发展的数学或

科学情境。通过设置不同的问题情境，让学生经历用数学的眼光发现和提出问题，并用数学的思维和语言分析、解决问题的过程，从而逐步形成模型观念、应用意识等数学核心素养。

此外，除了使用纸笔测试来评估学生知识掌握情况外，将表现性评价应用于初中数学教学可以更好地了解学生的数学理解水平，从而有效地提高教学质量。在评价过程中首先要明确与具体学习内容相关的核心素养内涵，对学习内容进行进一步分解、描述和表征，并在此基础上制定可操作的评价框架，设计表现性任务及不同的水平层次。评分规则的制定需要考虑素养的进阶性，理解素养从简单到复杂的发展过程。比如初中抽象能力，根据发展过程可以划分为三个水平，知识理解水平（水平一）：建构从简单的情境中抽象出数学概念、法则，并能用数学符号予以表达；知识迁移水平（水平二）：能够从比较复杂的情境中抽象出核心变量、变量的规律及变量之间的关系；知识创新水平（水平三）：能够从具体的问题解决中概括出一般结论，形成数学的方法与策略。